ECKART MEYNERS
HANNES MÜLLER
KERSTIN NIEMANN

Reiten als Dialog

DIE VERKNÜPFUNG VON
REIT- UND BEWEGUNGSLEHRE

KOSMOS

Vorwort ... 4

Die Entstehung der Reitlehre ... 8
Zielorientierte Pferdeausbildung ... 9
Das Wesen der Skala der Ausbildung ... 12
Die Funktionen der Reitlehre ... 15
Verständnis vom Reiten als Dialog ... 18

Basiselemente: Gleichgewicht und Hilfen ... 24
Was sind Fähigkeiten und Fertigkeiten? ... 25
Gleichgewichts- und Rhythmusfähigkeit ... 33
Gleichgewicht und Rhythmus ... 35
Gleichgewichtsübungen ohne Pferd ... 38
Gleichgewichtsübungen auf dem Pferd ... 40
Übungen aus dem 6-Punkte-Programm im Sattel ... 43
Die Hilfengebung des Reiters ... 51
Hilfsmittel sind keine Hilfen ... 66
Ausblick: Das Zusammenspiel der Hilfen ... 67
Unabhängige Hilfen ... 68

Grundlagen der Vorbereitung des Reiters ... 70
Aufwärmen ... 71
Beim Aufwärmen gilt! ... 75
Arten der Vorbereitung ... 77
Aktives Entmüden – der Cool-Down-Vorgang ... 78
Die Skala der Ausbildung des Reiters ... 79

Drei grundlegende Reittechniken ... 84
Stellen, Biegen und halbe Paraden ... 85
Die Technik des Stellens ... 89
Die Technik des Biegens ... 94
Die Technik der halben Paraden ... 102

Reiten lernen im Dialog ... 108
Funktionales Reiten lernen ... 109
Vorgehen bei der Planung ... 111
Hintergründe der Reitlehre ... 115
Dialog im Reitunterricht ... 120
Kriterien für einen dialogischen Unterricht ... 135

Skala der Ausbildung: Gewöhnungsphase — 152

Bedeutung der Gewöhnungsphase — 153
Takt beim jungen Pferd — 153
Dreidimensionalität des Reiters — 161
Losgelassenheit — 163
Anlehnung — 168
Positiver Spannungsbogen wird erzeugt — 171

Schwung, Geraderichten, Versammlung — 172

Von der Gewöhnung zur Schub- und Tragkraft — 173
Weiterentwicklung des Pferdes — 174
Schwung — 175
Geraderichten — 190
Versammlung — 204
Ausblick: Durchführung eines Ausbildungsprojekts — 214

Service — 226

VORWORT

Als wir uns erstmals über ein Buchprojekt unterhielten, das die Erkenntnisse der Reitlehre und der Bewegungslehre verquicken sollte, kamen sehr gemischte Gefühle auf. Zwar hatte die Erfahrung gezeigt, dass es unbedingt nötig war, die Verknüpfung zwischen Reit- und Bewegungslehre nicht nur in der Praxis zu demonstrieren, sondern sie auch in Worten festzuhalten. Die praktischen Seminare, die der Reitlehrer Hannes Müller und der Sportpädagoge Eckart Meyners gemeinsam abhielten, waren immer ein Erfolg, keine Frage. Aber diese Erkenntnisse zusammenfügen?

Es regten sich außerdem Zweifel, ein weiteres Buch über die Reitlehre zu schreiben, denn die Reitlehre ist nicht neu. Die Skala der Ausbildung des Pferdes genauso wenig, das Rad des Reitenlernens kann auch nicht neu erfunden werden. Und Altes aufzuwärmen, kann nicht das Ziel eines knapp 200-Seiten-Buches sein, in das jeder der drei an diesem Buch Beteiligten am Ende viel Zeit, Gedanken, Austausch und Energie gesteckt hat.

Pferdewirtschaftsmeister Martin Stamkötter (Jahrgang 1976) absolvierte seine Ausbildung am nordrhein-westfälischen Landgestüt. Er ritt dann viele Jahre unter Anleitung von Johann Hinnemann die Landbeschäler im Sport. Bis Grand Prix stellte der Träger des Goldenen Reitabzeichens die Hengste vor.

Was dafür sprach, war der gewählte Blickwinkel: ein Buch, das gleichermaßen Reit- und Bewegungslehre miteinander verknüpft. Die Praxis hat gezeigt, dass mit dieser Verknüpfung von Bewegungslehre des Reiters und Reitlehre mehr als erstaunliche Ergebnisse innerhalb kurzer Zeit bei Reiter und Pferd erzielt werden können, um harmonisches Reiten zu ermöglichen.

Leider wird heute oft vernachlässigt, dass nicht nur das Pferd, sondern auch der Reiter mit Geduld und Muße ausgebildet werden muss. Es hilft ihm nicht nur das Wissen um die Anwendung von Hilfen weiter, sondern vor allem das reiterliche Gefühl. In den Reithallen landauf, landab hört man immer noch Korrekturen wie: „Absätze tief!", „Gerade sitzen!" oder „Kopf hoch!" Dies sind alles Korrekturen, die die äußere Form des Reiters auf dem Pferd ansprechen, getreu dem Ihnen sicher bekannten Motto: „Nur aus einem korrekten Sitz kann auch eine korrekte Hilfengebung erfolgen."

Dieser Satz ist absolut richtig! Aber die Schlussfolgerung, die häufig daraus gezogen wird, geht in die falsche Richtung: Um gefühlvoll reiten zu lernen, wird es nie genügen, von Kopf bis Fuß „formvollendet" (aber dabei möglicherweise steif wie ein Brett) auf dem Pferd zu sitzen. Viel wichtiger ist es, als Reiter zu lernen, sich der Bewegung des Pferdes anzupassen und das Pferd nicht durch eigene Steifheit oder Blockaden in seiner Beweglichkeit zu behindern.

Die Funktion, nicht die Form soll in diesem Buch die wichtigste Rolle spielen. Das heißt: Natürlich ist es wichtig zu wissen, wie eine Volte aussehen muss, damit man sie überhaupt reiten kann. Entscheidender ist jedoch, Wissen und Gefühl dafür zu entwickeln, welche Voraussetzungen Pferd und Reiter mitbringen müssen, um die Struktur dieser gebogenen Linie zu erkennen und seine Hilfen entsprechend dieser Struktur zu koordinieren. Denn im Prinzip ist es egal, ob Sie eine Volte, Schlangenlinien oder irgendeine andere gebogene Linie reiten wollen: Es geht nicht um die einzelne Figur, sondern um übergeordnete Zusammenhänge von Bewegungsabläufen bei gebogenen Linien und um deren Funktion in veränderten Lektionszusammenhängen.

Wenn diese Zusammenhänge erkannt und die dafür geeignete Hilfengebung gefühlvoll umgesetzt werden kann, wird der Reiter diese grundlegenden Prinzipien auf alle gebogenen Linien übertragen können.

1 *Mandy Zimmer, Jahrgang 1988, kommt aus Luxemburg und bildet sich reiterlich bei Olympiasieger und Ex-Bundestrainer Klaus Balkenhol weiter. Ihr Berufsziel ist Pferdewirt. Sie hat Turniererfahrung bis zur Klasse S. Sie hat bei der Fotoproduktion die Verknüpfung von Reit- und Bewegungslehre erstmals erlebt.*

2 *Die erfolgreiche Dressurreiterin und Pferdewirtin Helen Langehanenberg, Jahrgang 1982, ist Mitglied in der Perspektivgruppe Dressur und im B-Kader. Ihre Ausbildung absolvierte sie bei der Mannschaftsolympiasiegerin Ingrid Klimke.*

Fazit: Wenn der Funktion entsprochen wird, ist die Form automatisch korrekt und nicht umgekehrt.

Sie erfahren also in diesem Buch nicht, welcher Unterschied zwischen dem Reiten einer Volte und einer Schlangenlinie besteht. Sie erfahren stattdessen: Welche Prinzipien stecken hinter der weltweit anerkannten Skala der Ausbildung? Welche Zusammenhänge bestehen zwischen den einzelnen Fähigkeitsbereichen (Takt, Losgelassenheit, etc.) der Skala der Ausbildung? Und welche grundlegenden Fähigkeiten und Fertigkeiten (Hilfen, Techniken, Lektionen) muss der Reiter beherrschen, damit er imstande ist, auf das Pferd korrekt einzuwirken? Und zwar in einer Weise, dass es die sechs Fähigkeitsbereiche der Skala der Ausbildung entwickeln kann.

Wunsch und Ziel ist es, die Tätigkeit des Reitens als Dialog zwischen Mensch und Pferd verständlich und nachvollziehbar darzustellen. In Praxis und Wissenschaft hat sich das „dialogische Bewegungskonzept", begründet durch den holländischen Wissenschaftler Jan Tamboer, bewährt.

Vorwort

Die Sichtweise des dialogischen Bewegungskonzepts geht davon aus, dass der Reiter im Unterricht nicht bewegt wird (ausschließlich durch Anweisungen des Reitlehrers), sondern weitestgehend sich bewegt.

Auf das praktische Reiten übertragen bedeutet dies, dass ein Reiter in einer Situation weitestgehend eigenständig etwas tut und damit zielorientiert wirken möchte, also eine Absicht mit den eigenen Bewegungen in Bezug auf das Pferd in spezifischen Reitsituationen (Halle, Außenplatz, Wald, etc.) verfolgt.

Die dialogische Sichtweise setzt immer eine Einsicht in den Sinn des Bezugs von Reiter, Pferd und Reitsituation voraus. Es werden Funktionen von Reiter und Pferd und nicht primär die äußeren Formen beider angestrebt. Es geht also nicht um rein mechanische Abläufe, sondern in der Lehre über Reiter- und Pferdebewegungen sind muskuläre, nervale und psychische Prozesse insofern von großer Bedeutung, als sie Teilbedingungen für Funktionen (Absichten/Intentionen) darstellen (siehe Anregungen zu mehr Dialog im Reitunterricht Seite 120).

Wir beschäftigen uns alle seit Jahrzehnten mit der Ausbildung von Pferden und Reitern, und uns sind bei der Arbeit an diesem Buch viele neue Einsichten gekommen. Altbekanntes erwachte zu neuem Leben, scheinbar langweilige Theorie wurde plötzlich wieder spannend, viele Fragen wurden nächtelang diskutiert. Das hat am Ende die Gewissheit gebracht: Dieses Buch ist notwendig, weil bisher die Verknüpfung von Reitlehre und Bewegungslehre des Reiters fehlt. Allein die Reitlehre zu beherrschen, reicht für Ausbilder und Reiter heute nicht mehr aus, um die Hintergründe von Problemen von Reiter und Pferd zu erkennen.

Es ist erforderlich, dass Reitlehre und Bewegungslehre eine Einheit bilden – und dass vor diesem Hintergrund auch der Reitunterricht noch unterstützender wirken kann.

Wir hoffen, dass wir Ihnen diese Verknüpfung von Reiter- und Pferdebewegungen durchschaubar machen können. Denn das Gefühl, mit seinem Pferd in einen Dialog zu treten, mit ihm eins zu werden, ist doch das, was Reiten so einzigartig macht.

Eckart Meyners, Hannes Müller, Kerstin Niemann

Die Pferdesportjournalistin und Pferdewirtin Kerstin Niemann hatte nach einen Reitunfall Probleme, die Losgelassenheit auf dem Pferd zurückzugewinnen.

Die Entstehung der Reitlehre

Zielorientierte Pferdeausbildung

Die Beschäftigung mit der Ausbildung von Pferden hat eine lange Tradition – eine allseits anerkannte Lehre allerdings gab es viele Jahrhunderte lang nicht. Stets war die Ausbildung des Pferdes am jeweiligen Verwendungszweck orientiert: Als Arbeitstier etwa war das Pferd ein hohes Wirtschaftsgut in der Land- und Forstwirtschaft, es musste stark und zugkräftig sein. Für den militärischen Einsatz dagegen musste das Pferd unter anderem gute Kondition haben, um für den Kampf wendig und schnell zu sein.

In der Schulreiterei wiederum ging es um Reitkultur, um Schönheit, Eleganz und Reinheit des Pferdes. In diesem reiterlichen Bereich entwickelten sich auch die ersten Schriften bzw. Lehren über die Ausbildung von Pferden. Diverse Hippologen wie Xenophon, Guérinière oder der Herzog von Newcastle brachten ihre Gedanken, Überlegungen und Erfahrungen zu Papier, nannten sie „Reitvorschrift" oder „Reitlehre". Über die Jahrhunderte wurden die vorhandenen Schriften ergänzt und weiterentwickelt.

Heeresdienstvorschrift von 1912

Aus gesammelten Schriften wie zum Beispiel denen von Xenophon, François Robichon de la Guérinière oder Antoine de Pluvinel entwickelte der 1808 geborene Hippologe Gustav Steinbrecht jene Gedanken, die erstmalig von seinem Schüler Paul Plinzner unter dem Titel „Das Gymnasium des Pferdes" bearbeitet, vervollständigt und herausgegeben

Die Heeresdienstvorschrift von 1912, kurz HDV 12, ging aus gesammelten Schriften verschiedener Hippologen hervor (u. a. „Das Gymnasium des Pferdes"). Auf diesen reitfachlichen Zusammenstellungen basieren die heutigen Richtlinien für Reiten und Fahren.

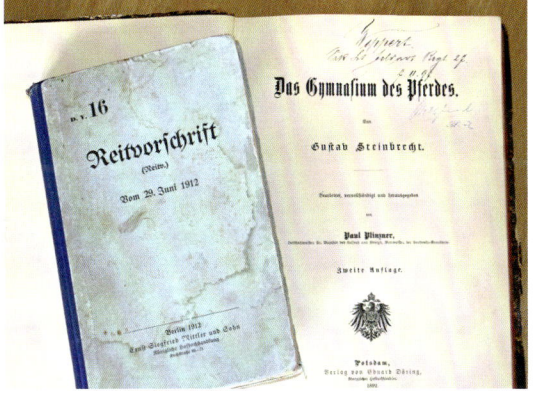
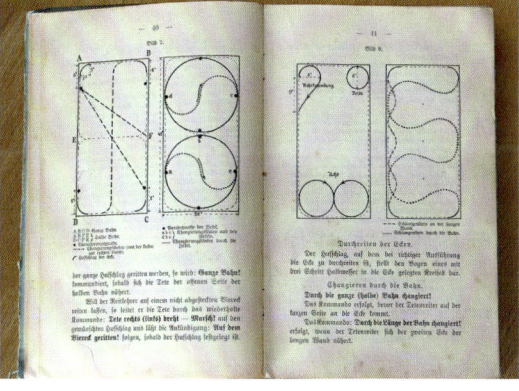

Bis heute verkörpert er die klassische Reitausbildung: Bronzeskulptur des Dressurreiters Freiherr Carl Friedrich von Langen auf „Draufgänger", siegreich bei den Olympischen Spielen von 1928 (Skulptur im Pferdemuseum Verden).

wurden. Doch erst durch die Überarbeitung und Kommentierung von Oberst Hans von Heydebreck hat dieses Werk den Stellenwert erhalten, den es bis heute genießt.

Auf diesem Werk basieren die Inhalte, aus denen die Heeresdienstvorschrift von 1912 (abgekürzt HDV 12) entstand und damit die heute gültigen „Richtlinien für Reiten und Fahren" der Deutschen Reiterlichen Vereinigung entwickelt wurden.

Die Notwendigkeit für die HDV 12 ergab sich aus der Situation. Im vorletzten und letzten Jahrhundert wurde das Reitpferd überwiegend militärisch genutzt. Später entstand daraus ein umfassendes Regelwerk zur Ausbildung von Militärpferden.

Ziel des Regelwerks war es, eine Art „Bedienungsanleitung" zu verfassen, die der Natur des Pferdes gerecht wurde und den Notwendigkeiten der Lebenssituation (militärischer Einsatz) entsprach. Auf diesem über Jahrhunderte weiterentwickelten Regelwerk basiert das, was wir heute als Reitlehre bezeichnen, bekannt als „Richtlinien" der Deutschen Reiterlichen Vereinigung (FN).

Kernstück ist ein weltweit anerkanntes Ausbildungsprinzip, das „Skala der Ausbildung" genannt wird. Die sechs zentralen Begriffe Takt, Losgelassenheit, Anlehnung, Schwung, Geraderichten und Versammlung sind die Fähigkeiten, die ein Pferd in seiner Ausbildung erwerben muss. Der Erfolg dieses Ausbildungsprinzips zeigte sich bereits in der ersten Hochblüte der Sportreiterei in den 1930er-Jahren, wie auch in der weltweiten Anerkennung der „deutschen Reitlehre" inklusive der Skala der Ausbildung.

Pferde als Sport- und Freizeitpartner

Mit dem Wegfall der militärischen Nutzung, vor allem aber mit der Technisierung in der Landwirtschaft, hat sich der Einsatz des Pferdes massiv verändert. Während das Pferd früher schwerpunktmäßig für die landwirtschaftliche Nutzung gezüchtet wurde (in den 1950er-Jahren etwa hatte das nordrhein-westfälische Landgestüt rund 150 Kaltbluthengste, aber nur etwa 50 Warmblüter, heute ist das Verhältnis nahezu umgekehrt), entwickelte sich in der Nachkriegszeit ein neues Nutzungsfeld für das Pferd: der Sport.

Während Pferde früher vielfach in Militär und Landwirtschaft genutzt wurden, ist das größte Nutzungsfeld heute der Breiten- und Leistungssport.

Heute wird die Mehrheit aller Pferde in Deutschland entweder im Leistungs- oder Breitensport genutzt. Die Komplexität dessen, was ein gutes Miteinander von Pferd und Reiter beinhaltet, erscheint allerdings je nach persönlicher Zielsetzung als zu „schwere Kost" und für die Ausübung des Reitsports als Hobby nicht unbedingt angemessen bzw. nicht notwendig.

Doch eine „light-Version" des Reitens gibt es nicht. Ohne Grundlagenwissen bezüglich der Bewegungslehre von Reiter und Pferd ist so eine komplexe Sportart wie das Reiten nicht zu erlernen. Als verantwortungsvoller Reiter ist man aus ethischen Gründen verpflichtet, sich und das ihm anvertraute Pferd gemäß der Skala der Ausbildung zu schulen.

Das Wesen der Skala der Ausbildung

Grundsätzlich hat die Ausbildung von Pferden vier wesentliche Ziele:
- richtiges Reiten ist praktizierter Tierschutz,
- Ausbildung ist die beste Unfallverhütung,
- Freude am Reiten hat nur der, der es beherrscht,

Reiten ist eine komplexe Sportart, weil zwei sich bewegende Lebewesen miteinander in einen harmonischen Dialog treten sollen. Ohne Kenntnis von Reit- und Bewegungslehre ist dies nicht möglich.

- nachhaltige Leistungssteigerung ist nur mit einer der Natur des Pferdes entsprechenden Ausbildung möglich.

Das Wesen der Skala der Ausbildung ist dadurch bestimmt, dass keine der sechs Fähigkeiten Takt, Losgelassenheit, Anlehnung, Schwung, Geraderichten und Versammlung isoliert betrachtet werden darf. Innerhalb dieses hierarchisch aufgebauten Systems ist die Reihenfolge der Fähigkeiten nicht austauschbar, denn sie sind vom Elementaren zum Komplexen gestaffelt.

Ein Beispiel: Wesentliche elementare Fähigkeiten des Pferdes sind Takt und Losgelassenheit, auch unter dem Reiter. Nur wenn diese Fähigkeiten vorhanden sind, ist es möglich, dass das Pferd unter dem Reiter komplexere Fähigkeiten wie Schubkraft oder Tragkraft entwickelt.

Fazit: Die Skala der Ausbildung hat eine komplexe Struktur mit mehreren Funktionen:
- kurzfristig: Aufbau einer Reiteinheit (Reitstunde),
- langfristig: sie dient als nachhaltiger Gesamt-Ausbildungsleitfaden,
- sie hat eine Kontrollfunktion über den Erfolg der geleisteten Ausbildungsarbeit,
- sie ermöglicht die Analyse von Ausbildungsproblemen und deren Lösungen.

Verschiedene Ebenen des Dialogs sind nötig, damit Pferd und Reiter am Ende zu einer Einheit verschmelzen. Nicht nur zwischen Pferd und Reiter, sondern auch zwischen Reiter und Lehrer muss ein Austausch stattfinden.

Die Entstehung der Reitlehre

Fehlinterpretationen der Skala der Ausbildung

- Es besteht die Annahme, dass die Skala der Ausbildung nur für den Dressursport maßgeblich ist. Hier handelt es sich um ein Missverständnis. Die Prinzipien der Skala der Ausbildung gelten für Pferde aller Nutzungsarten – ob im Leistungssport oder Breitensport, ob für Dressur, Fahren oder Springen.
- Innerhalb der Reitlehre gibt es Fachbegriffe, die der Reiter zwingend wissen, verstehen und anwenden können muss. Häufig allerdings

Ziel der Ausbildung ist es, ein Pferd seinen natürlichen Anlagen entsprechend zu fördern. Die Natur gibt sozusagen den Ausbildungsweg des Pferdes vor. Deshalb heißt es auch, dass die Ausbildung des Pferdes „der Natur abgelauscht" ist.

wird die Bedeutung der Fachbegriffe aus der Umgangssprache abgeleitet, was der Komplexität der Gesamtsituation nicht gerecht wird.
- Für viele scheint die Skala der Ausbildung durch ihre aufsteigende Hierarchie ein starres System zu sein, das Reiter und Pferd einengt. Dabei wird übersehen, dass eine hohe Variabilität innerhalb der einzelnen Fähigkeitsbereiche im Sinne einer vielseitigen und abwechslungsreichen Ausbildung vorhanden ist. D. h. viele verschiedene Lektionen können benutzt werden, um das Gleiche zu erreichen (systematisches statt schematisches Vorgehen).
- Scheinbar befasst sich die Skala der Ausbildung „nur" mit der Grundausbildung des Pferdes. Ein Pferd mit dem Ausbildungsstand der Klasse L hat bereits alle sechs Fähigkeitsbereiche in der Grundausbildung durchlaufen. Es kann für den Betrachter verwirrend sein, dass mit steigenden Leistungsanforderungen keine neuen Fähigkeitsbereiche hinzukommen. Stattdessen steigert sich die Qualität der Fähigkeiten bis zum individuellen Leistungsmaximum.

Zur Verdeutlichung ein Beispiel bezogen auf die Entwicklung des Gangmaßes im Trab: Grundlage ist der geregelte Arbeitstrab, aus dem das Tritte-Verlängern entwickelt wird. Aus diesem „Schwung holen" wird das Pferd zurückgeführt zur beginnenden Versammlung. Diese wiederum überprüft der Reiter durch die Verstärkung, also den Mitteltrab. Der Mitteltrab lässt sich mit zunehmendem Ausbildungsstand des Pferdes zurückführen zu einer verbesserten Versammlung, die dann in verbesserter Verstärkung zum starken Trab führt.

Dieses Grundprinzip, Lektionen und Übungen vom elementaren zum komplexen System aufbauend zu erklären, wird innerhalb der nachfolgenden Buchkapitel immer wieder aufgegriffen.

Natürliche Bewegungen
Die Bewegungen der Pferde unter dem Reiter sind aus der primären Natur der Pferde abgeleitet.

Die Funktion der Reitlehre

Reiten wird oftmals, vor allen Dingen von Nichtreitern, als Zwang für das Pferd verstanden. Vielen Menschen ist nicht ersichtlich, wie es abläuft und wie das Zusammenspiel zwischen Reiter und Pferd vor sich geht.

Der Anblick von anspruchsvollen Lektionen wie der Piaffe oder der Anblick eines Pferdes, das 1,60 Meter hohe Hürden überwindet – sei es im Training oder bei hochklassigen Dressur- und Springprüfungen –

Pferde zeigen auf der Weide im Umgang mit ihren Artgenossen alle Bewegungen, die man später unter dem Sattel erarbeiten kann. Das Imponiergehabe von Hengsten zum Beispiel ähnelt dem Bewegungsablauf der in hohen Dressurprüfungen geforderten Piaffen und Passagen.

stoßen bei nicht eingeweihten Zuschauern auf Unverständnis: Warum veranlasst man Pferde zu solchen Bewegungsabläufen? Dressurlektionen wie Passage oder Piaffe werden als gekünstelt angesehen („abgerichtete Pferde") und Sprünge über hohe Hindernisse als Vergewaltigung von Pferden betrachtet. Negativ fallen auch die Interpretationen aus, wenn Vielseitigkeitsturniere übertragen werden, bei denen Pferde schwierigste Geländehindernisse überwinden müssen.

All diese Reitsituationen sind nur möglich, weil Pferde diese Fähigkeiten von Natur aus mitbringen. Mit keiner noch so ausgeklügelten Reitlehre würde es gelingen, diese Verhaltensweisen aus dem Pferd herauszulocken, wenn nicht die innere Bereitschaft und das genuine Bewegungsrepertoire im Pferd angelegt wären.

In diesem Zusammenhang ist es wichtig zu betonen, dass das Pferd von seiner primären Natur aus eine Reitlehre nicht benötigen würde, weil es genetisch alle Bedingungen mitbringt, die oben beschriebenen Bewegungsabläufe in ihrer originären Umgebung zu zeigen.

Eine Passage oder Piaffe ist eine natürliche Bewegung des Pferdes. Man beobachte in der freien Natur, wie sich ein Hengst verhält, wenn er sich einer rossigen Stute nähert. Man kann erkennen, wie ausdrucksvoll sich das männliche Pferd der Stute mit passage- und piaffeähnlichen

Bewegungen präsentiert. Ebenso sind Pferde dazu fähig, in der freien Natur Hindernisse springend zu überwinden.

Der Unterschied zwischen den Bewegungsabläufen im freien Bewegungsleben und den heutigen, für die originäre Natur des Pferdes künstlichen Sporträumen, besteht darin, dass der Reiter durch das Besteigen des Rückens die primäre Natur des Pferdes zerstört. Diese muss auf einer sekundären Ebene wiederaufgebaut werden.

Zu diesen Zwecken hat sich im Laufe der Jahrhunderte die heutige sogenannte klassische Reitlehre entwickelt. Diese hat sich durch viele Pferde- und Reitausbilder ursprünglich über eine Erfahrungslehre bis heute, unter Einbeziehung moderner wissenschaftlicher Erkenntnisse rund um das Pferd, zu einem in sich stringenten Ausbildungssystem für Pferde (und Reiter) entwickelt.

All dies ist u. a. in den Bänden 1 und 2 der „Richtlinien für Reiten und Fahren" der Deutschen Reiterlichen Vereinigung zusammengefasst. Die darin enthaltene Skala der Ausbildung ist die beste Bewegungslehre für das Pferd. Wie beschrieben, ist sie aus der HDV 12 entstanden, in der die Ausbildung des Pferdes im Mittelpunkt stand. Dies setzt aber eine komplexe Ausbildung des Reiters voraus, was heute vielfach in Vergessenheit geraten ist.

Reiter im Wandel

So wie sich Pferde heute nicht mehr vorwiegend in der freien Natur bewegen, so ergeht es auch den Reitern. Die heutige Wohlstandsgesellschaft hat dazu geführt, dass den Menschen der sensible Umgang mit dem eigenen Körper verloren gegangen ist. Hintergründe: Sie bewegen sich generell zu wenig und auch zu wenig differenziert. Körperliche, psychische und koordinative Defizite sind die Folge.

Weiterhin sind erhebliche Defizite beim Umgang des Menschen mit dem Pferd aufgetreten. Dessen natürliche Bedürfnisse und das Verständnis des Menschen für das Wesen des Pferdes sind aber zentraler Bestandteil der Ausbildung eines Reiters. Nur wer die Natur des Pferdes versteht, kann ein Pferd auch seiner Natur entsprechend ausbilden.

Zur Ausbildung des Reiters gehört weiterhin: Ihm muss der Umgang mit dem eigenen Körper vermittelt werden, um Fähigkeiten und Fertigkeiten zu erwerben, mit sich und mit den Bewegungen des Pferdes natürlich umzugehen.

Reit- und Bewegungslehre
Ziel dieses Buches ist es, Ihnen als Reiter zu vermitteln, wie Ihr Körper funktioniert und wie Ihr Körper mit den natürlichen Bewegungen des Pferdes korrespondieren muss. Nur wenn der Reiter gelernt hat, eine Verknüpfung von Reit- und Bewegungslehre herzustellen, kann sich das Pferd auch unter dem Reiter natürlich bewegen.

Nur durch die Wiederherstellung der Natürlichkeit von Reiter und Pferd kann es gelingen, dass gemeinsame Unternehmungen sowohl im Leistungs- als auch im Breitensport relativ spannungslos ablaufen und einem harmonischen Dialog gleichkommen.

Verständnis vom Reiten als Dialog

Wenn das Pferd wieder zu seiner Natürlichkeit zurückfinden soll, muss der Reiter ein spezifisches Verständnis für das Reiten entwickeln. Reiten in diesem Sinne darf nicht nach rein mechanischen Prinzipien (= Form vor Funktion) erfolgen. Dann stünden nur die Körper beider Partner im Mittelpunkt, obwohl beide individuelle Wesen sind. Reiten in unserem Verständnis folgt der Sichtweise, dass eine Harmonie zwischen Mensch und Pferd nur unter dem Verständnis einer dialogischen Auseinandersetzung zu erreichen ist. Was ist nun unter Reiten als Dialog zu verstehen?

Der Schritt ist die einzige schwunglose Grundgangart. Oft wird verkannt, wie schwierig es gerade in dieser Gangart ist, das Pferd nicht zu stören. Es benötigt seine „Balancierstange Hals", um im Schritt im Takt bleiben zu können.

Jeder Reiter bewegt sich anders auf seinem Pferd, auch wenn der Reiter gemäß der Reitlehre den sogenannten korrekten Sitz in den entsprechenden Lektionen einnehmen sollte.

Aber den für alle gültigen, richtigen oder korrekten Sitz gibt es nicht, weil jeder Reiter ein individuelles Wesen mit vollkommen eigenen Bedingungen ist (auf körperlicher, geistiger und psychischer Ebene).

Somit wird deutlich, dass Reiten ein unabgeschlossener Prozess des Reiters in Koordination mit dem Pferd ist, der ständigen Veränderungen unterworfen ist.

Aus der Sportwissenschaft wissen wir, dass es für jeden Menschen und jeden Bewegungsablauf nur eine optimale Bewegungslösung (Funktion) gibt. Es gilt also beim Reiten, diese individuellen Bewegungslösungen für jede Pferd-Reiter-Kombination herauszufinden.

Das Miteinander von Mensch und Pferd soll harmonisch sein und wie ein Dialog zwischen zwei sich verstehenden, aufeinander eingehenden Wesen ablaufen.

Wenn nun Reiten als Dialog zwischen Reiter und Pferd verstanden wird, so spielen beide Partner eine gestaltende Rolle. Der Reiter darf das Pferd ebenso wenig in eine Form pressen, wie er sich selbst nicht starren, formalen Sitzvorgaben anpassen soll.

Als Reiter sollten Sie sich an folgendem Grundsatz orientieren:

„Versuche, wenn du (das Pferd, der Verf.) in irgendeiner Weise bedienst, zu erfühlen, wie du auf es einwirkst und was es dann von dir will. Wenn du zunächst auf seinen Willen einschwenkst, wird es später auch auf deinen Willen einschwenken." (Tholey 1987, S. 101)

> Im Trab ist es von hinten besonders gut zu sehen, dass beim Reiten komplexe, dreidimensionale Bewegungsabläufe im Rücken des Pferdes und im Becken des Reiters ablaufen. Den Rückenbewegungen des Pferdes folgend muss der Reiter sein Becken nach rechts und links, oben und unten sowie vor und zurück bewegen können.

Die Reiterin sendet körpersprachliche Signale aus, die das Pferd versteht – es reagiert auf ihr Treiben mit gutem Vorschub aus der Hinterhand.

Reiten in diesem Sinne meint also für den Reiter ein Aussenden von körpersprachlichen Botschaften (über die unterschiedlichen Hilfen), die vom Pferd verstanden und beantwortet werden müssen.

Die Besonderheit in dieser Sportart ist, dass sich sowohl der Pferderücken als auch das Reiterbecken dreidimensional bewegen und aufeinander abstimmen müssen (vor-zurück, rechts-links, oben-unten). In dieser Besonderheit liegen auch reitspezifische Probleme.

Entwicklungsvorsprung

Die dialogische Kommunikation kann nur gelingen, wenn einer von beiden Partnern einen Entwicklungsvorsprung besitzt. Wenn der Reiter reitfachlich kompetent ist (emotional, kognitiv, reittechnisch und gefühlsmäßig), so ist er imstande, über seine Körpersprache wahrzunehmen, was das Pferd annimmt oder nicht, um darauf eingehend flexibel handeln zu können. Reagiert das Pferd unsicher, muss der Reiter dazu in der Lage sein, seine Hilfengebung so zu verändern, dass das Pferd sie annehmen und umsetzen kann (Flexibilität des Reiters gemäß Problemsituation des Pferdes). Beide Sprachsysteme müssen sich so im Verlaufe des Dialogs angleichen, sie müssen auf dasselbe „Sprachniveau" gelangen.

Ebenso ist es mit einem erfahrenen Pferd, das imstande ist, die gewünschten Bewegungsabläufe (Lektionen) bei sich „abzurufen", selbst wenn der noch unerfahrene Reiter seine Einwirkung auf eine noch nicht koordinativ gesicherte Art und Weise auf das Pferd überträgt.

Ziel ist es, dass beide Wesen lernen, in sich und den Partner „hineinzuhorchen", um sich und ihn zu verstehen.

Dialog = harmonisches Zusammenspiel

Ziel ist es, dass beide Partner, also Reiter und Pferd über einen längeren Zeitraum immer deutlicher zu einer harmonischen Einheit (Dialog) zusammenwachsen.

Bei einer solchen Betrachtung von Reiter und Pferd dürfen beide nicht nur als bewegende Körper gesehen werden. Es sind nicht lediglich Körper, die sich z. B. dressur- oder springmäßig bewegen, sondern eigenständige, individuelle Wesen, die sich mit einer gemeinsamen Aufgabe auseinandersetzen (das Pferd ist kein Sportgerät).

Sowohl Reiter als auch Pferde haben spezifische Charaktere, die beachtet und zu einem harmonischen Gesamtbild zusammengefügt werden müssen.

Die Dialoge zwischen Reiter und Pferd gleichen einem Gestaltkreis, innerhalb dessen jedes Wesen je nach Situation sich einmal dominanter und einmal angepasster verhält. Es gilt also den Blick auf die individuelle Art des Zusammenspiels von Reiter und Pferd zu richten und nicht auf die ausschließlich von außen wahrnehmbaren Bewegungsabläufe in Raum und Zeit. Wenn vom Reiten gesprochen wird, dann

Auf dem Foto oben zeigt das Pferd durch sein Ohrenspiel, aber auch durch seine Körperhaltung (tiefes Genick), dass der Dialog zwischen Reiterin und Pferd gestört ist. Die Reiterin passt sich dem Bewegungsfluss des Pferdes nicht an.

Das Ohrenspiel des Pferdes (unten) deutet darauf hin, dass hier ein guter Dialog zwischen Reiter und Pferd abläuft. Ein Ohr ist zum Reiter orientiert, eines in Bewegungsrichtung des Pferdes.

Entwicklungsvorsprung
Der unerfahrene Reiter gehört auf das ausgebildete Pferd, der ausgebildete Reiter gehört auf das unerfahrene Pferd.

Zur Entwicklung von Bewegungsgefühl muss ein junger Reiter eine möglichst vielseitige Ausbildung erhalten. Er sollte unbedingt neben dem dressurmäßigen Reiten auch springen und ins Gelände gehen, auch wenn es nicht gleich von Anfang an perfekt ist.

darf nicht mehr nur die äußere Erscheinung der Pferde und Reiter betrachtet und beurteilt werden. Nur die Fähigkeit, auch ein „inneres Bild" (das Bewegungsgefühl) des Reiters erfassen zu können, ermöglicht einen vollständigen Eindruck davon, was Pferd und Reiter darbieten.

Dabei darf nicht nur die Auseinandersetzung des Reiters mit dem Pferd als Dialog verstanden werden, sondern auch die Art und Weise, wie der Reiter mit sich selbst dialogisiert. An seinen Bewegungsabläufen muss zu erkennen sein, dass er nicht vorrangig mechanisch reitet, sondern seine Hilfen und die Antworten des Pferdes in einem Funktionszusammenhang der Auseinandersetzung mit den erreichten/ nicht erreichten Zielen zu sehen sind.

Ziel des Reiters muss es sein, mit dem Pferd so zu verschmelzen, dass der Außenstehende eine Einheit der Bewegungsabläufe (Bewegungsharmonie) beider Wesen erkennt.

Harmonie meint, dass die Bewegungen vom Pferd auf den Reiter, vom Reiter auf das Pferd so übertragen werden, dass ein gemeinsamer Bewegungsfluss entsteht. Dieser ist dann zu erkennen, wenn bei beiden Lebewesen keine eckigen Abläufe, keine ruckartigen Teilbewegungen wahrzunehmen sind. Es findet eine Koordination, ein dialogisches Zusammenspiel aller Teilbewegungen beider Wesen statt.

Die Begriffe Dialog und Harmonie sind ebenfalls auf das Zusammenspiel zwischen Ausbilder und dem Pferd/Reiter-Paar zu beziehen. Auch in diesem Zusammenhang muss die Wechselseitigkeit von Kommunikationsprozessen sichtbar werden.

Daraus folgt, dass der Reitunterricht nicht mehr ausschließlich anweisungsorientiert erfolgen darf, sondern sich weitestgehend an gemeinsam entwickelten Aufgaben orientieren muss (siehe Seite 109).

Weiche, fließende Bewegungen kennzeichnen einen guten Dialog zwischen Reiter und Pferd.

Auf einen Blick

- Zwar beschäftigten sich viele Hippologen mit der Ausbildung des Pferdes, doch eine allseits anerkannte Lehre gab es viele Jahrhunderte nicht.
- Zu Beginn des 20. Jahrhunderts entstand die Heeresdienstvorschrift von 1912 (HDV 12), deren Inhalte heute weitestgehend in den „Richtlinien für Reiten und Fahren" wiederzufinden sind.
- Die Nutzung des Pferdes hat sich stark verändert. Heute werden fast alle Pferde als Sport- und Freizeitpartner gehalten.
- Die Ausbildung des Pferdes hat vier wesentliche Ziele: Gesunderhaltung (Tierschutz), Unfallverhütung, Freude, Leistungssteigerung. Diese Ziele können durch die Anwendung der Skala der Ausbildung nachhaltig erreicht werden.
- Die Skala der Ausbildung ist ein System, mit dessen Hilfe ein Pferd seiner Natur entsprechend ausgebildet wird. Vielen Reitern scheint sie jedoch zu kompliziert.
- Reiten erfordert Bewegungsgefühl. Doch in der heutigen bewegungsarmen Zeit fehlen den Reitern motorische Grunderfahrungen. Diese Grunderfahrungen müssen durch zusätzliche Bewegungsaufgaben kompensiert werden.
- Damit Reiter und Pferd in einen Dialog treten können, muss einer der beiden einen Erfahrungsvorsprung haben.

Basiselemente: Gleichgewicht und Hilfen

Was sind Fähigkeiten und Fertigkeiten?

Bevor im weiteren Verlauf des Buches auf Gleichgewicht, Rhythmus und Hilfen eingegangen werden kann, soll der Zusammenhang von Fähigkeiten und Fertigkeiten aus Sicht der Bewegungslehre genauer erläutert werden. In der Bewegungslehre wird die Analyse der Bewegung mittels einer Außen- und einer Innensicht unterschieden. Innere Abläufe von Bewegungen sind schwer beobachtbar und können nur aus äußerlich sichtbaren, beobachtbaren Merkmalen erschlossen werden. Fähigkeiten gehören in diesem Zusammenhang zu Aspekten der Innensicht, während die Fertigkeiten der Außensicht zugeordnet werden können.

Fähigkeiten

Experten der Bewegungslehre definieren Fähigkeiten mit einem hohen Allgemeinheitsanspruch bzw. Generalisierungsanspruch. Von Fähigkeiten wird gesprochen, wenn sie für mehrere sportliche Handlungen zutreffen, grundlegende Bewegungsvoraussetzungen darstellen oder ein Transfer (eine Übertragung) auf verschiedene sportliche Handlungen möglich ist.

Fähigkeiten beziehen sich nicht streng auf eine Sportart (Reiten, Fußball, etc.) oder eine Bewegungstechnik (Speerwurf, Sprungwurf etc.), sondern sind sportarten- und technikübergreifend.

In diesem Zusammenhang wird in koordinative und konditionelle Fähigkeiten unterschieden. Dabei sind koordinative Fähigkeiten informationsorientiert, während konditionelle Fähigkeiten energetisch orientiert sind (vgl. Autorenliste 1).

Harmonischer Dialog

Nur ein Reiter, der koordinative und konditionelle Fähigkeiten besitzt, kann mit dem Pferd in einen harmonischen Dialog treten.

koordinative Fähigkeiten = informationsorientiert	konditionelle Fähigkeiten = energetisch orientiert
Gleichgewichtsfähigkeit	Schnelligkeit, Schnellkraft, Schnelligkeitsausdauer
Rhythmusfähigkeit	
Reaktionsfähigkeit	Kraft, Schnellkraft, Kraftausdauer
Optische Orientierungsfähigkeit	Ausdauer, Kraftausdauer, Schnelligkeitsdauer
situative Umstellungsfähigkeit	
kinästhetische Differenzierungsfähigkeit	
Kopplungsfähigkeit	

Um harmonische Bewegungsabläufe zu erzeugen, muss der Reiter vom Kopf (1) über Schultern (2) und Becken (3) bis zu den Füßen (4) losgelassen sein. Diverse Übungen im Sattel können dazu beitragen.

Unter Informationsorientierung versteht man, dass diese Fähigkeiten in Abhängigkeit von den Sinnesaufnahmen stehen (Ohr, Auge, Haut, Bewegungssinn, Gleichgewichtssinn-Innenohr). Zu den koordinativen Fähigkeiten gehören u. a. Gleichgewichts-, Rhythmus-, Reaktions-, optische Orientierungs-, situative Umstellungs-, kinästhetische Differenzierungsfähigkeit, Kopplungsfähigkeit etc. (vgl. Autorenliste 2).

Energetisch orientierte Fähigkeiten sind die konditionellen Fähigkeiten wie u. a. Schnelligkeit, Kraft, und Ausdauer.

Fertigkeiten

Im Sport wird der Außenaspekt der Bewegung (äußere Betrachtung) in Form von Fertigkeiten sichtbar. Fertigkeiten sind im Reitsport die Lektionen/Techniken wie etwa Rückwärtsrichten, Seitengänge, Kurzkehrt. In anderen Sportarten werden sie als Techniken bezeichnet. Um diese Fertigkeiten (= Lektionen/Techniken) vollziehen zu können, muss der Reiter zunächst das Zusammenspiel der Gewichts-, Schenkel- und Zügelhilfen beherrschen, die sich dann in den drei grundlegenden Reittechniken Stellen, Biegen und halbe Paraden widerspiegeln (siehe Seite 84). Mit den drei für den Reitsport aufgeführten genannten Reittechniken ist es dem Reiter möglich, alle Gymnastizierungseffekte beim Pferd zu erzielen.

Fähigkeit und Fertigkeit beim Reiten

Für die koordinative Leistung des Reiters sind die Fähigkeiten Gleichgewicht und Rhythmus von zentraler Bedeutung. Nur wenn sich ein Reiter im Gleichgewicht befindet, können seine Bewegungsabläufe rhythmisch sein. Jeder Rhythmusfehler ist ein Gleichgewichtsfehler. Ein Reiter, der sich nicht im Gleichgewicht und Rhythmus befindet,

Die drei wesentlichen Hilfen des Reiters sind die Gewichts-, Schenkel- und Zügelhilfen. Keine der Hilfen wird isoliert gegeben; sie stehen immer in einem Zusammenhang. Die Gewichts- und Schenkelhilfen erzeugen Energie, die durch den Körper des Pferdes zum Maul fließt.

muss so viel auf sich selbst achten, dass er die Koordination seiner Hilfen, die Reittechniken und damit auch die Fertigkeiten (= Lektionen/Techniken) nicht mehr optimal steuern kann. Er wirkt somit gegen das Pferd und kann keine harmonische Einheit mit dem Pferd bilden.

Gleichgewichtsfähigkeit und emotionales Ungleichgewicht

Das emotionale und körperliche Gleichgewicht des Menschen stehen in Beziehung zueinander, d. h., wer sich emotional im Ungleichgewicht befindet, gerät auch körperlich aus der Balance und umgekehrt. Der Reiter kommt aus dem Lot, der Reiterkörper funktioniert nicht mehr.

Das Bootsmastmodell hat sich bewährt, um die Wirkungsweise des menschlichen Körpers zu verdeutlichen. Die entscheidende Idee, die hinter dem Bootsmastmodell des menschlichen Körpers steckt, ist die, dass jede Positionsveränderung von Körperteilen sofortige Veränderungen des gesamten Systems nach sich ziehen.

Ängste zeigen sich bei Menschen unter anderem an hochgezogenen, seitlich oder nach vorne geneigten Schultern. Diese an den Schultern feststellbaren Veränderungen wirken sich automatisch auf das gesamte Verspannungssystem des Reiterkörpers aus. Die Folge sind körperliche Verschiebungen nicht nur im Brustbereich, sondern auch in der Hüfte, in den Knien und sogar bis in die Füße hinein.

Bei der Interpretation des Bootsmastmodells ist zu berücksichtigen, dass der „Mast" des menschlichen Körpers – die Wirbelsäule – nicht stabil, sondern labil ist. Die Wirbelsäule ist also nicht mit einem festen Bootsmast zu vergleichen, sondern ist in sich veränderbar. Wenn also bereits psychische Belastungen am muskulären Gleichgewicht zerren, dann werden die Probleme des natürlichen Ungleichgewichts noch verstärkt.

Fast alle Menschen in unserer Gesellschaft bewegen sich zu wenig, zivilisationsbedingte Haltungs- und Bewegungsstörungen sind die Folge. Dies trifft auf Reiter genauso zu wie auf fast alle anderen Sportler. Fast jeder Reiter hat muskuläre Ungleichgewichte, die Reiterschwächen oder -fehler bewirken.

Einseitige Belastungen des modernen Lebens, Fehlbelastungen, Überbelastungen und mangelhafte und/oder falsche Gymnastik führen zu weiterer Verkürzung von Muskeln, die schon von Natur aus dazu neigen.

Das Bootsmastmodell stellt dar, dass jede Veränderung an einer Stelle das gesamte System beeinflusst.

1 *Rückenmuskulatur*   **2** *Rückenmuskulatur*

3 *Gerade Bauchmuskulatur*   **4** *Schräge Bauchmuskulatur*

5 + 6 *Gesamte Rückseite des Reiters*

7 *Gesamte Frontseite des Reiters*

Kräftigungsübungen

Diese Übungen können Bewegungsdefizite bei Reitern ausgleichen, sodass es dem Sitz auf dem Pferd zugute kommt. Die Übungen können langsam dynamisch vollzogen werden. Dann ist eine Wiederholungszahl von 8 bis 12 Mal notwendig (Serie). Je nach Konditionszustand können mehrere Serien vollzogen werden. Dieselben Übungen können aber auch in statischer Haltung vollzogen werden. Dann muss der Haltezustand in der Endposition 10 Sekunden gehalten werden. Dies kann ebenfalls wiederholt werden. Zwischen den Wiederholungen sollten Pausen von 15 bis 20 Sekunden erfolgen.

Daraus ergibt sich die Aufgabe, diese Verkürzungen durch entsprechend gezieltes „Längen" (u. a. Dehnen) aufzuheben. Inaktivität, unbeanspruchte Muskelgruppen und falsche Gymnastikübungen führen dazu, dass bereits zur Abschwächung neigende Muskeln noch weiter geschwächt werden. Jeder Reiter muss sich dieser Hintergründe bewusst werden und mit entsprechenden Übungen dafür sorgen, dass diese Muskeln gezielt gestärkt (gekräftigt) werden, um das Ungleichgewicht nicht noch größer werden zu lassen – und zwar am besten, bevor er aufsitzt!

Gleichgewicht als fundamentale sensorische Fähigkeit des Menschen

Gleichgewicht ist eine Fähigkeit des Menschen, die eine enge Beziehung zu allen Sinnen hat. Gleichgewichtsstörungen beeinflussen alle Sinne negativ (Ayres/Robins). Ein sich nicht im Gleichgewicht befindlicher Reiter hat automatisch Schwierigkeiten, seine Sinne optimal zum Lernen von Fertigkeiten (Reittechniken, Hilfen) einzusetzen.

Die Notwendigkeit des Reiters, seine Aufmerksamkeit ständig auf die Erhaltung seines Gleichgewichts zu lenken, stört u. a. die Informationsaufnahme seines Auges. Er kann dadurch z. B. seine Hilfen nicht so einsetzen, dass er Dressurlektionen gezielt an den Bahnpunkten vollzieht. Ein Springreiter hat als Folge davon stets Probleme mit der Distanz bei den Hindernissen.

Verschiedene, auch ungewöhnliche Sitzpositionen können dazu beitragen, dass der Reiter sein individuelles Gleichgewicht im Sattel findet.

Was versteht man unter Gleichgewicht?

Gemäß den Bewältigungssituationen werden das Standgleichgewicht, das Balanciergleichgewicht, das Drehgleichgewicht und das Fluggleichgewicht unterschieden.

Für die Bewältigung von Gleichgewichtssituationen ist das vestibuläre und kinästhetische System des Menschen verantwortlich (vgl. Autorenliste 3).

Das vestibuläre Sinnesorgan befindet sich im Innenohr des Menschen. Das Innenohr ist mit Flüssigkeit gefüllt, darin angeordnet sind hoch sensible Härchen mit Kristallen, die Lageveränderungen dem Gehirn übermitteln. Drei weitere Systeme im Ohr (Sacculus, Utriculus, Bogengänge) sind für die Übermittlung von Bewegungen vorwärts, rückwärts, oben/unten und für Drehbewegungen zuständig. Das vestibuläre System arbeitet u. a. mit anderen Sinnesorganen wie dem Auge und Ohr zusammen, signalisiert dem Gehirn entsprechende Differenzen der Körperpositionen in Unruhesituationen, sodass diese Differenzen ausgeglichen werden können.

Wichtig ist, dass der Kopf weder zu stark nach vorne oder in den Nacken geneigt oder zur Seite getragen wird. In diesen Haltungen wird die Informationsaufnahme im Innenohr verzerrt und die Ausgleichsregulierungen finden nicht situationsgerecht statt.

Das kinästhetische System erhält seine Informationen von Rezeptoren an Gelenken, Sehnen und Muskeln, den Propriorezeptoren. Diese signalisieren schneller als alle Rezeptoren der anderen Sinne (Auge, Ohr, Haut) Positions- und Stellungsveränderungen des Körpers. Durch feine Muskeltätigkeiten werden Ungleichgewichte ausgeglichen, damit der Mensch im Gleichgewicht bleibt.

Die Propriorezeptoren sind mit allen anderen Rezeptoren verbunden und bilden eine in sich geschlossene, funktionierende Einheit. Ihnen ist es möglich, Gleichgewichtsstörungen so schnell wahrzunehmen und auszugleichen, dass ein Außenstehender überhaupt nicht merkt, dass die Person aus dem Gleichgewicht geraten ist. Voraussetzung für eine hohe Sensibilität der vestibulären und kinästhetischen Systeme (Analysatoren) sind vielfältige und umfangreiche Bewegungen des Menschen. Nur durch ständiges Anregen („Trainieren") beider Systeme werden sie optimal ausgebildet und bleiben in ihrer Leistungs- und Leitungsfähigkeit erhalten.

Cross-koordinative Übungen sind für Gehirn und Körper des Reiters besonders hilfreich. Wenn sie im Sprung vollzogen werden, unterstützen sie das Fluggleichgewicht intensiv.

Die Gleichgewichtsfähigkeiten des Menschen

Standgleichgewicht erwirbt jeder Mensch in seiner natürlichen Entwicklung und ist Basis für einen gesunden Aufbau seiner Persönlichkeit (Selbstwertgefühl und Ich-Identität).

Balanciergleichgewicht ist eine Fähigkeit, die der Reiter auf dem Pferd nicht gehend, sondern sitzend vollzieht. Er muss sie im hohen Maße besitzen, um problemlos reiten zu können.

Drehgleichgewicht meint die Fähigkeit, sich um die eigene Achse drehen zu können, ohne grobmotorische Ausgleichbewegungen mit Armen und Händen vollziehen zu müssen.

Fluggleichgewicht ist die Fähigkeit des Menschen, sich vom Boden lösen zu können, sich in die Luft zu schrauben und sicher zu landen. Der Mensch darf dabei die aufrechte Haltung der Längsachse bei der Landung nicht verlieren.

Ohne Gleichgewicht kein Bewegungslernen
Gleichgewicht ist eine von mehreren koordinativen Fähigkeiten, die die Grundlage für das Bewegungslernen schlechthin darstellt. Dabei kann Gleichgewicht als höchste Fähigkeit verstanden werden. Ein Mensch, der sich um sein Gleichgewicht bemühen muss, kann anderen Bewegungsanforderungen keine Aufmerksamkeit schenken, ist also im Sinne des Bewegungslernens eingeschränkt.

Auf den Reiter kommen schon zu Beginn der Reitausbildung sehr viele Detailbewegungen und Fertigkeitsanforderungen (Koordination der Hilfen) im eigenen Körper und im Kontakt mit dem Pferd zu. Diese steigern sich im Verlauf der Ausbildung immer mehr. Daraus folgt, dass er bei Gleichgewichtsstörungen mit der Koordination seines Körpers und in Kooperation mit dem Pferd große Schwierigkeiten bekommen wird.

Koordination bedeutet im sportpädagogischen Sinne das muskuläre Zusammenspiel aller Teilbewegungen innerhalb des Reiters, also die harmonische Abstimmung seiner einzelnen Körpersegmente auch in Koordination mit den Bewegungen des Pferdes (Gesamtkoordination Reiter und Pferd, siehe Eckart Meyners „Aufwärmprogramm für Reiter" und „Übungsprogramm im Sattel" 2008, 2009).

Gleichgewichts- und Rhythmusfähigkeit

Gleichgewichts- und Rhythmusfähigkeit beziehen sich wechselseitig aufeinander. Gemeint ist mit dieser Aussage, dass ein Reiter sich nur rhythmisch bewegen kann, wenn er sich emotional, muskulär, vestibulär und kinästhetisch vollkommen im Gleichgewicht befindet.

Fehlendes Gleichgewicht bewirkt Störungen im Rhythmus. Jeder Rhythmusfehler ist ein Zeichen dafür, dass sich der Reiter nicht im Gleichgewicht befindet.

Dabei muss, bezogen auf die muskulären Ungleichgewichte, betont werden, dass sich Rhythmusfehler auch aufgrund körperlicher Blockaden ergeben.

Der Ausbilder muss in den entsprechenden Situationen ergründen, ob die reiterliche Schwäche aufgrund des fehlenden Gleichgewichts oder muskulärer Ungleichgewichte entstanden ist.

Was ist Einwirkung?
Zunächst muss sich der Reiter den Pferdebewegungen anpassen. Nur durch dieses „Verschmelzen" mit dem Pferd ist es möglich, eine positive Beeinflussung der Pferdebewegungen über Gewichts-, Schenkel- und Zügelhilfen vorzunehmen. Das nennt man Einwirkung.

Gleichgewichts- und Bewegungsrhythmusfähigkeit

Damit das Pferd unter dem Reitergewicht zu seinem naturlichen Gleichgewicht zurückfindet, ist es zwingend notwendig, dass der Reiter selbst im Gleichgewicht ist und sich dem Rhythmus des Pferdes anpassen kann.

Als Rhythmus bezeichnet man die zeitliche, räumliche und dynamische Ordnung einer Bewegung. Es geht um das Wiederkehren von An- bzw. Abspannbewegungen des Reiters insgesamt oder in Teilbewegungen.

Rhythmus ist weiter bestimmbar als Objekt-Rhythmus und Subjekt-Rhythmus. Das Pferd gibt dem Reiter einen Objekt-Rhythmus vor. Ein junges Pferd kann aufgrund seiner Voraussetzungen (Größe, Muskulatur, Hebelverhältnisse, Temperament) im Augenblick nur in seinem natürlichen Rhythmus gehen, es ist noch nicht in der Lage, sich gemäß den Anforderungen der Skala der Ausbildung zu bewegen.

Diesem Objekt-Rhythmus muss sich der Reiter zunächst anpassen, damit ein harmonisches Zusammenspiel gelingt.

Nur wenn sich der Reiter zu Beginn in einen identischen Rhythmus mit dem Pferd bringen kann, ist er später auch dazu in der Lage, den Rhythmus des Pferdes (Objekt-Rhythmus) durch seinen Körper (subjektiv) zu verändern. Dann kann sich das Pferd gemäß der Reitlehre optimal bewegen. Diese subjektive Veränderung wird in der Reitersprache als Einwirkung bezeichnet.

Jede Gangart stellt aufgrund des unterschiedlichen Rhythmus andere Anforderungen an den Reiter. Der Schritt ist ein Vier-, der Trab ein Zwei- und der Galopp ein Dreitakt. Reiter müssen lernen, sich bei Gangartwechsel den Veränderungen im Bewegungsablauf schnell anpassen zu können.

Ein Beispiel: Beim Leichttraben kann man das koordinative Zusammenspiel von Reiter und Pferd gut erkennen. Das äußere Kennzeichen eines optimalen Rhythmus ist der stete, weiche und harmonische Bewegungsfluss in den jeweiligen Übergängen und Wiederholungen, auch im Tempo und Rhythmus des Pferdes.

Erst wenn sich der Reiter sowohl im Gleichgewicht als auch im Rhythmus befindet, besteht die Möglichkeit des Anwendens der Fertigkeiten/Lektionen/Techniken oder Hilfen, weil der Reiter sich erst jetzt dem Pferd anpassen und spüren kann, wann er z. B. welche Hilfe einsetzen muss. Beide Rhythmen vereinigen sich, sie verschmelzen miteinander (Meinel/Schnabel 2007).

Somit sind Grundlagen geschaffen, sich in die Pferdebewegungen hineinzufühlen und mit dem Pferd einen möglichst störungsfreien Dialog zu führen, denn die koordinativen Fähigkeiten und Fertigkeiten sind die „Sprache des Reiters", um mit dem Pferd störungsfrei zu kommunizieren. Es finden also ständig Prozesse des Hineinhorchens (über die Fähigkeiten) und Bewirkens (Fertigkeiten, Lektionen, Techniken, Hilfen) durch den Reiter statt (vgl. Meyners 2009).

Gleichgewicht und Rhythmus

Für das Pferd ist es also unerlässlich, dass der Reiter zunächst ein ausgeprägtes Gleichgewichts- und Rhythmusgefühl mitbringt, um dem Pferd zuerst in seinen Bewegungen zu folgen und diese später gemäß der Reitlehre positiv zu beeinflussen (Einwirkung).

Die Einwirkung des Reiters beeinflusst beim Pferd drei wesentliche Dinge: Gangart, Bewegungsrichtung und Haltung.

Da der Reiter derjenige ist, der das Pferd aus seinem originären Umfeld herausholt, es aus seinem natürlichen Gleichgewicht bringt (indem er sich auf den Pferderücken setzt), muss das erste Ziel des Reiters immer sein, das natürliche Gleichgewicht des Pferdes wiederherzustellen (siehe Seite 153).

Dies ist das Ziel, das sich wie ein roter Faden durch die gesamte Ausbildung des Pferdes zieht: Das Pferd muss trotz der zusätzlichen Last des Reitergewichts im Gleichgewicht bleiben.

Hier ist es unerheblich, ob es sich um ein junges oder ein ausgebildetes Pferd handelt: also entweder eines, das unvertraut mit dem Reitergewicht und den Hilfen ist oder eines, das die Reiterhilfen und reiterliche Einwirkung bereits kennt. Nicht nur zu Beginn der Ausbildung eines Pferdes, auch zu Beginn einer jeden Reiteinheit geht es darum, dass Reiter und Pferd ihren natürlichen Rhythmus in der Bewegung miteinander abgleichen und finden können.

Für einen Anfänger macht es zu Beginn der reiterlichen Ausbildung keinen Sinn, damit konfrontiert zu werden, dass er sein Pferd durchs Genick reiten, eine korrekte Hilfe zum Angaloppieren geben soll oder es in Wendungen nach innen stellen und biegen muss. Damit ist der Reiter anfangs schlichtweg überfordert, weil er noch nicht genügend koordinative Fähigkeiten entwickelt hat. Reiterliche Einwirkung aber kann erst dann entwickelt werden, wenn der Reiter gelernt hat, auf dem sich bewegenden Pferd in jeder Gangart im Gleichgewicht und Rhythmus zu bleiben.

Es geht also darum, als Reiter zuerst zuzulassen, auf und von dem Pferd bewegt zu werden. Später wirkt der Reiter bewusst auf das Pferd ein.

Diese Einstimmung aufeinander, diese Harmonisierung von Reiter und Pferd, sollte der Beginn jeder Reiteinheit und stets Ziel der Ausbildung in jeder Ausbildungsstufe sein.

Rhythmus finden – jeden Tag
Eigentlich beginnt jede Reiteinheit gleich: Zuerst müssen Reiter und Pferd ihren Rhythmus finden und abgleichen. Nur dann kommt es zu einem harmonischen Dialog.

Was bewirken Hilfen?

Festgestellt wurde, dass der Reiter mit seinen Hilfen GANGART, HALTUNG und GANGMASS beeinflussen kann. Voraussetzung für die Anwendung der Hilfen in den drei Grundgangarten Schritt, Trab und Galopp ist beim Reiter zunächst seine eigene Bewegungsrhythmusfähigkeit. Damit ist gemeint, dass der Reiter auf die unterschiedlichen Rhythmen in den Gangarten des Pferdes zunächst eingehen, sich anpassen muss. Das heißt, er muss dem Rhythmus bzw. Takt des Pferdes folgen. Erst wenn dies gelingt, kann der Reiter den vom Pferd vorgegebenen Rhythmus/Takt verändern. Der Schritt ist die Gangart, die im Takt am störfälligsten ist, da der Schritt keine Schwebephase hat. In den Gangarten mit Schwebephase kann der Reiter durch gefühlvolles Kippen des Beckens den Takt des Pferdes regulieren/beeinflussen.

Was bewirken Hilfen?

Auch die HALTUNG des Pferdes lässt sich vom Reiter aktiv verändern. Je nachdem, in welchem Maß er treibt und diese treibende Hilfe mit seinen Zügelhilfen wieder abfängt, kann er das Pferd in unterschiedliche Haltungen bringen. Durch Verlängern des Zügelmaßes öffnet sich das Pferd in der Ganasche, die maximale Dehnungshaltung erreicht der Reiter durch Zügel-aus-der-Hand-Kauen-Lassen. Fängt der Reiter den treibenden Impuls gefühlvoll mit der Hand ab, richtet sich das Pferd in Hals und Genick vermehrt auf (Fotos oben). Genau dasselbe Prinzip wendet der Reiter beim Verändern der GANGMASSE an. Oben rechts will der Reiter sein Pferd vermehrt versammeln, es also in diesem Fall dazu bringen, seine Galoppsprünge zu verkürzen. Das Pferd richtet sich vermehrt auf. Wenn der Reiter seinen treibenden Impuls mehr „durchlässt", wie rechts im Foto, verlängert sich die Bewegungsamplitude des Pferdes, der Galoppsprung wird raumgreifender.

Gleichgewichtsübungen ohne Pferd

Hier sind exemplarisch einige wenige Übungen aufgezählt. Es gibt eine Vielzahl weiterer nützlicher Übungen, die Sie im Buch „Aufwärm- und Übungsprogramm für Reiter" von Eckart Meyners nachlesen können.

Übungen in Bewegung
- Gehen mit Positionsveränderungen: auf Absatz (1), Ballen (2), Außenkante (3), Innenkante (4).
- Hüpfen auf einem Bein (5).
- Hüpfendes Laufen (Hopserlauf) mit Verwringungen im Hüftbereich (6–8).

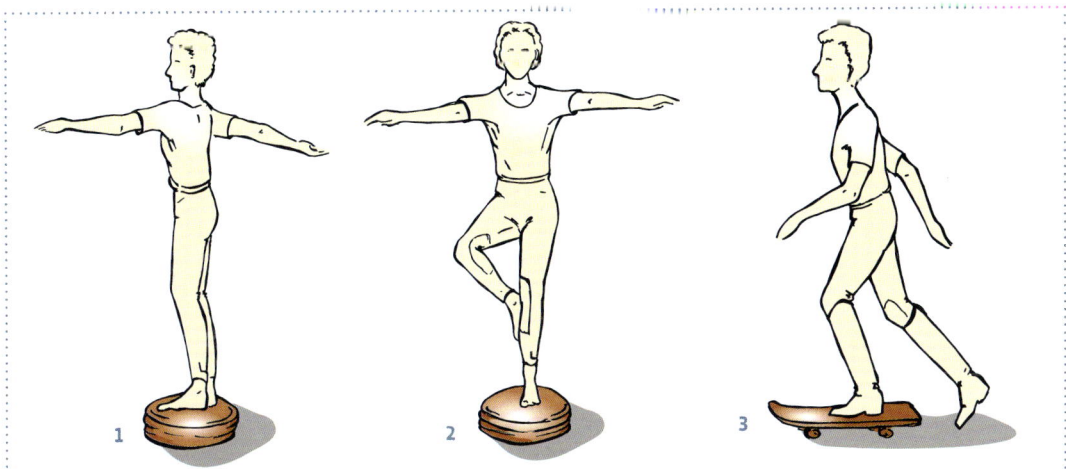

Übungen auf Koordinationskissen
- Stehen auf beiden Füßen und drehen des Oberkörpers. (1)
- Stand auf einem Bein, dann auf Außenkante, Innenkante, Absatz, Ballen stehen (2).

Übung auf mobilem Gerät
- Gleichgewicht halten auf einem Skateboard (3).

Übungen mit einem Medizinball
- In die Hocke gehen und wieder aufrichten (4).
- Bäuchlings auf dem Ball liegen und den Körper strecken (5).

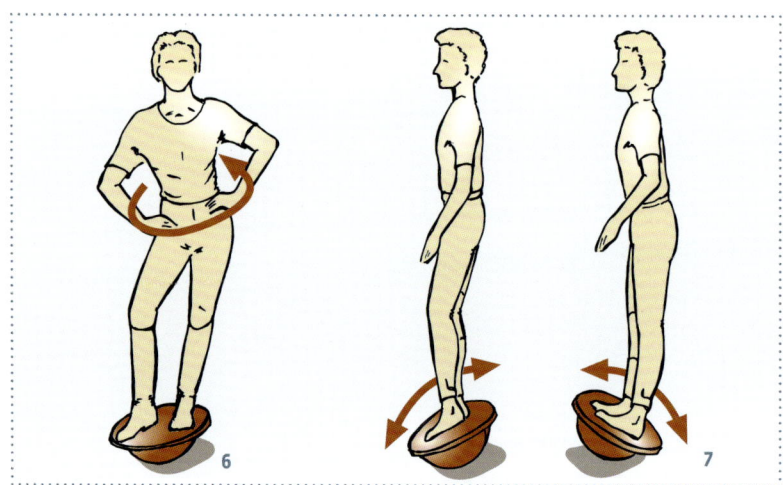

Übungen mit einem Sportkreisel
- Aufsteigen auf den Kreisel. Rotationsbewegungen mit dem Becken vollziehen (6).
- Verlagern des Gleichgewichts nach vorwärts/rückwärts (7). Auch eine Verlagerung von rechts nach links ist sinnvoll. Weitere Übungen siehe Eckart Meyners „Bewegungsgefühl des Reiters".

Gleichgewichtsübungen auf dem Pferd

Sitzübungen an der Longe und beim freien Reiten

Die Annahme, dass formale Sitzübungen an der Longe ohne Zügel und Bügel den Sitz verbessern, lässt sich aus bewegungswissenschaftlicher Sicht nicht bestätigen. Gemäß dem bewegungswissenschaftlichen Ansatz der Funktionstheorie (Göhner) können Veränderungen von Bewegungsabläufen im Menschen nur stattfinden, wenn positionell und energetisch dieselben Vorgänge ablaufen wie in der originären Situation. Dies ist nicht der Fall, wenn der Reiter keine Zügel in der Hand hält oder wenn er ohne Bügel reitet.

Positive Effekte von Sitzübungen an der Longe sind dennoch aus der Praxis nicht wegzudenken. Reiter erfahren beim Reiten ohne Bügel und ohne das Einnehmen von Formen, dass sie durch das Pferd beweglicher werden können. Sie sind in der Lage, sich auf das „Bewegtwerden"

Sitzübungen

Formale Sitzübungen an der Longe sollten durch Übungen mit variablen Sitzanforderungen ersetzt werden. Die Bewältigung unterschiedlicher Aufgaben führen den Reiter zu höherer Flexibiliät im Sitz.

zu konzentrieren. Diese Verbesserung hat später häufig einen positiven Einfluss auf das weitere Erlernen des sogenannten „richtigen" Sitzes. Leider werden Reitschüler bei den gängigen Sitzübungen an der Longe oft zu starr in eine Form gepresst. Sie sollen sich im Oberkörper aufrichten, die Beine strecken etc. Dabei wird zu wenig berücksichtigt, dass durch diese Streckungen die Reiter erst recht steif und fest werden. Ein übertriebenes Strecken der Beine kann das Becken blockieren.

Bei Sitzübungen an der Longe ohne Zügel und ohne Bügel darf der Reiter nicht dazu veranlasst werden, seine Arme gemäß der korrekten Zügelführung zu halten bzw. die Fußspitzen anzuziehen. Wenn die Hände ohne Zügel korrekt gehalten werden, benötigt der Reiter weitestgehend andere Muskeln als beim Reiten mit Zügeln.

Auch das Anziehen der Fußspitzen ohne Bügel führt dazu, dass das gesamte Bein sowie die Hüfte fest werden. Der Reitersitz wird unruhig. Der weiche Kontakt mit den Steigbügeln reicht aus, um Absatz und Fußspitze in ihre natürliche Haltung zu bringen. Das künstliche Anziehen der Fußspitze ohne Bügel blockiert das Bein. Ohne Bügel sollten die Beine darum so gehalten werden, wie sie natürlich fallen.

Kontrastübungen an der Longe und beim freien Reiten

Kontrastübungen ermöglichen dem Reiter, fühlend herauszufinden, was für ihn im Augenblick die optimale Sitzposition ist. Kontrastübungen können im Schritt, Trab und auch Galopp ausgeführt werden.

> **Was steif macht**
> Das vielfach praktizierte Hochziehen der Fußspitzen beim Reiten ohne Steigbügel macht den Reiter nicht nur im gesamten Bein, sondern auch in der Hüfte fest. Probieren Sie es aus: Setzten Sie sich ohne Bügel in den Sattel, ziehen Sie die Fußspitzen an und lassen Sie sie wieder herunter. Fassen Sie dabei unter die Sitzbeinhöcker, um die Ver- und Entspannung noch besser zu spüren.

Durch Kontrastübungen (verschiedene Sitzpositionen einnehmen) werden im Gehirn Impulse erzeugt, die zu einer „Selbstorganisation" führen. Das Gehirn wird dadurch fähig, für den Reiter die optimale Sitzposition zu signalisieren.

Dabei nimmt der Reiter jeweils extreme Positionen im Sattel ein. Im Schritt, Trab und Galopp sitzt der Reiter im Sattel, er rutscht nach links und rechts, bis er gerade noch das Gleichgewicht halten kann. Er beugt seinen Oberkörper so weit wie möglich nach vorne und hinten. Durch die extremen Belastungen in den unterschiedlichen Situationen findet der Reiter danach seine optimale Haltung leichter heraus. Sein Körper dankt es ihm, wenn er wieder gemäß seinem augenblicklichen Körperbau sitzen darf. Ähnliche Übungen können auch im leichten Sitz im Schritt, Trab und Galopp vollzogen werden.

Affenstellung an der Longe

Das Einnehmen der Affenstellung (leichter Sitz in der normalen Haltung) mit nach oben-hinten gezogenem Kopf (um das Okzipitalgelenk freizumachen) führt in relativ kurzer Zeit zu einem elastischen und ausbalancierten Sitz, weil diese Haltung die optimalen Bedingungen für alle Gelenke im Körper darstellt. Die Bewegungsübertragungen vom Kopf zu den Füßen fließen weicher, sodass ein steifer Reiter beweglicher wird. Ein zu mobiler Reitersitz wird in sich geschlossener, koordinierter.

Die Affenstellung an der Longe führt zu einem Bewegungsfluss durch den gesamten Körper des Reiters.

Die Anwendung des 6-Punkte-Programms an der Longe

Übungen an der Longe sollten nur Reiter durchführen, die sich im Gleichgewicht befinden. Unerfahrene Reiter neigen zum Klemmen, weil sie beim ständigen Reiten auf der gebogenen Zirkellinie versuchen, gegen die Zentrifugalkräfte anzukämpfen. Ganz wesentlich ist dabei auch, dass ein geeignetes, sich im Gleichgewicht befindendes Pferd zur Verfügung steht.

Bei Sitzübungen an der Longe kann ein Großteil der Übungen des 6-Punkte-Programms (mehr dazu im Buch von Eckart Meyners „Aufwärm- und Übungsprogramm im Sattel") weitestgehend problemlos ausgeführt werden, um sich auf dem Pferd optimal auf die späteren reiterlichen Aufgaben vorzubereiten.

Der Reiter vollzieht die vorgeschlagenen Übungen in allen drei Grundgangarten, also im Schritt, Trab oder Galopp auf dem Pferd. Er fühlt danach in seinen Körper hinein, welche Veränderungen sich ergeben haben. Somit wird er für die inneren Abläufe seiner Bewegungen sensibilisiert.

Übungen aus dem 6-Punkte-Programm im Sattel

Auf den folgenden Seiten sind einige exemplarische Übungen aus dem 6-Punkte-Programm aufgezählt. Das 6-Punkte-Programm zeigt Übungen für die sechs wesentlichen Knotenpunkte des Reiters, über die der Sitz des Reiters und sein Bewegungsgefühl in kürzester Zeit positiv verändert werden kann (siehe Eckart Meyners „Aufwärm- und Übungsprogramm im Sattel").

Alle Übungen können auf dem Pferd an der Longe oder auf einem geführten Pferd ausgeführt werden.

1) Kopf-, Hals- und Nackenbereich
Kopf in alle Richtungen bewegen

Sie bewegen den Kopf mehrmals in unterschiedliche Richtungen. Es soll möglichst keine Richtung wiederholt werden. Sie sollen alle Bewegungsmöglichkeiten des Kopfes ausnutzen (nach vorne, zur Seite, nach hinten, Kopf einziehen, nach oben strecken). Ihrem Einfallsreichtum sind keine Grenzen gesetzt.

Macht den Kopf-, Hals- und Nackenbereich lockerer: Bewegungen des Kopfes in alle Richtungen

1 *Die Blickrichtung ist entgegengesetzt zur Kopfdrehung (Augen drehen gegen Kopf).*

2 *Verspannungen lassen sich durch Eigenmassage lösen.*

Drehbewegungen mit Blick auf die Hand mobilisieren den Brustbeinbereich.

Augen drehen gegen den Kopf
Sie bewegen den Kopf nach rechts und links. Die Augen blicken dabei in die entgegengesetzte Richtung. In beide Richtungen zehn Mal wiederholen.

Massieren des Okzipitalgelenks
Sie können Verspannungen im Bereich des Okzipitalgelenks durch eine Massageübung lösen. Hierfür massieren Sie mit Ring-, Mittel- und Zeigefingern beider Hände die Stelle zwischen Schädel und erstem Halswirbel.

Variation: Danach können Sie noch eine Dehnung vornehmen: Die Fingerkuppe des linken Mittelfingers ruht auf dem Okzipitalgelenk; die Fingerkuppe des rechten Mittelfingers wird auf den Mittelfinger der linken Hand gelegt. Mit zur Seite gestreckten Ellenbogen üben Sie nun Druck aus.

2) Brustwirbelbereich bis Rumpf
Drehungen um die Längsachse mit Blick auf die Hand
Halten Sie den rechten Arm in Schulterhöhe nach vorn, winkeln ihn im Ellbogen leicht an (annähernd 90 Grad) und senken Sie das

Handgelenk ab, sodass die Hand locker fällt. Die Hand befindet sich in etwa 50 cm Abstand vor Ihren Augen.

Der Blick bleibt während der gesamten Übung auf das Handgelenk gerichtet. Nun wird der Oberkörper – mit Blick auf die Hand – so weit nach rechts und links geführt, wie es ohne Kraftaufwand möglich ist. Die Übung wird zehn Mal wiederholt und danach gegengleich mit dem linken Arm durchgeführt.

Durch Ziehen der Schultern mit den Händen in unterschiedliche Richtungen wird der gesamte Oberkörper flexibel.

Den eigenen Körper umarmen

Sie sitzen auf dem Pferd und legen die rechte Hand auf die linke Schulter, sodass der Ellbogen auf der Brust liegt. Die linke Hand wird zwischen der Brust und dem rechten Arm zur rechten Schulter geführt. Der rechte Ellbogen ruht nun auf dem linken Arm, der linke Ellbogen auf der Brust. Während die Hände auf den Schultern liegen bleiben, führen Sie die Ellbogen bis in die Waagerechte und darüber hinaus senkrecht nach oben, wobei die Augen die Ellbogen begleiten. Die Bewegungen sollen sich angenehm anfühlen, nicht mit Kraft Widerstände überwinden. Den ganzen Ablauf bis zu zehn Mal vollziehen, dann die Arme wechseln, und weitere zehn Wiederholungen.

Die Arme werden wieder wie im ersten Schritt gekreuzt, die Ellbogen bis in die Waagerechte gehoben und so weit nach rechts und links geführt, wie es ohne Kraftaufwand problemlos möglich ist. Die Augen begleiten die Ellbogen auch bei diesen Bewegungen. Danach wechseln Sie die Position der Arme.

Kreuzen Sie nun die Arme wieder wie im ersten Schritt. Führen Sie die Ellbogen in die Waagerechte und von dort im weichen Bogen einmal nach rechts oben, dann wieder nach links oben. Auch bei dieser Übung begleiten die Augen die Ellbogen. Wechseln Sie dann die Position der Arme.

Durch tägliches Zupfen lassen sich Schulterverspannungen schnell lösen.

3) Muskel- und Sehnenreflexe (Golgi-Sehnen-Organ)
Schulterheber und Brustmuskeln

Verspannungen können Sie durch Zupfen des Schulterhebers mithilfe des Daumens gegen Zeigefinger/Mittelfinger lösen. Auf dieselbe Weise können Sie die Brustmuskulatur anregen.

Achtung: Die zupfenden Berührungen können anfangs sehr unangenehm sein. Das bessert sich jedoch rasch, wenn Sie sich entschließen, sie täglich durchzuführen.

Vordere und innere Hüftbeuger

Auch die Hüftbeuger können durch Reduzierung hoher Reflexe geschwächt werden, sodass das Becken besser mitschwingen kann, weil es nicht mehr so stark nach vorn kippt und blockiert.

- Den vorderen Hüftbeuger spüren Sie, wenn Sie die Füße ein wenig heben. Jetzt ist der Hüftbeuger angespannt. Machen Sie mit den Fingerkuppen massageähnliche Reibebewegungen nach rechts und links über den Muskel-Sehnen-Strang. Wenn es sehr unangenehm ist, vorsichtig beginnen und den Druck allmählich verstärken. Bei täglicher Behandlung wird der Hüftbeuger schnell geschmeidig.
- Die inneren Hüftbeuger (Klemmer, Adduktoren) können Sie durch eine Zupfmassage entspannen (Daumen und Zeigefinger/Mittel-

Das Stimulieren des Hüftbeugers erzeugt ein flexibles Becken.

finger drücken gegen den Muskel-Sehnen- Strang und zupfen daran). Sie sitzen mit geöffneten Beinen auf dem Pferd und tasten den gesamten Muskel-Sehnen-Strang von den Knien bis zum Schambein zupfend ab. Das anfangs unangenehme Gefühl weicht bei täglicher Massage bald (Zunächst kann die Behandlung auch zu blauen Flecken führen, weil das Gewebe verklebt sein kann).

4) Kreuz-Darmbein-Gelenk und Mobilität des Beckens
Mobilisierungsübungen für das Kreuz-Darmbein-Gelenk
Auf einer Gesäßhälfte dynamisch sitzen
Sitzen ist kein starres Schema, sondern immer dynamisch. Stereotype Sitzmuster können Sie durchbrechen, indem Sie mit einer Hälfte des Beckens im Sattel hinausrutschen und die freie Körperhälfte sanft anheben und senken. Die Veränderung spüren Sie als angenehme Neuerung in der Ordnung des gesamten Körpers.

Zifferblatt einer Uhr
Sie sitzen auf dem Pferd und stellen sich vor, dass unter dem Sattel das Zifferblatt einer Uhr liegt. Wenn Sie das Becken nach rechts senken, sitzen Sie auf der 3, senken Sie nach links, sitzen Sie auf der 9. Diese beiden Bewegungen können Sie entweder nur zu einer Seite vollziehen

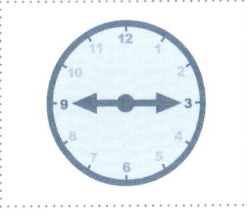

Mobilisieren des Beckens durch Anheben und Senken nach rechts und links.

oder Sie können sie auch fließend verbinden. Variieren Sie die Geschwindigkeit der Bewegungen. Die Bewegungsabfolgen sollen fließend und ohne Kraftanstrengung erfolgen (siehe Meyners 2009).

5) Beweglichkeit in den (großen) Gelenken
Schultern in alle Richtungen bewegen

Heben Sie die Schulter, senken Sie sie anschließend und verbinden dann das Heben mit dem Senken. Danach führen Sie die Schulter nach vorne, danach nach hinten und verbinden Sie die Bewegungen in beide Richtungen miteinander (beidseitig üben). Es folgen kreisförmige Bewegungen in beide Richtungen.

> Alle Bewegungen sollen zwischen 8- und 12-mal wiederholt werden.

Schulterbewegungen in alle Richtungen erhöhen die Mobilität des Schultergürtels. Dies wirkt sich positiv auf die Zügelführung aus.

Kreisende Bewegungen mit langem Bein aus dem Hüftgelenk
Nehmen Sie die Füße aus den Bügeln und kreisen Sie sie im Uhrzeigersinn und umgekehrt. Dabei sollen Sie die Größe der Kreise ständig verändern, damit alle am Hüftgelenk ansetzenden Muskeln bewegungsmäßig integriert werden. Variation: Dabei können die Fußspitzen entweder gestreckt oder gebeugt werden.

Radfahren (vorwärts und rückwärts)
Nehmen Sie die Füße aus den Bügeln und machen Sie Radfahrbewegungen vorwärts und rückwärts.

Das Hüftgelenk kann durch unterschiedliche Bewegungen der Beine mobilisiert werden, das Becken ebenfalls (unten).

6) Überkreuzbewegungen als Basis für den Drehsitz
Überkreuzbewegungen bereiten den Reiter für den optimalen Sitz vor. Das Drehen Schulter gegen Becken, Twisten und das wechselseitige Berühren der Fußspitzen mit der Hand unterstützen die situative Anpassungsfähigkeit des Reiters an das Pferd. Er wird somit fähig, seine Schulter parallel zur Schulter des Pferdes und sein Becken parallel zum Becken des Pferdes zu platzieren.

Schultern drehen gegen Hüften
Vollziehen Sie mit der Schulterachse aktive Bewegungen und drehen Sie sie entgegen gesetzt zu den Hüften.

Diese Übung kann auch mit passiven Bewegungen der Schultern vollzogen werden, indem die Hände des Reiters auf beide Schultergelenke gelegt werden und die Schultern entgegen gesetzt zum Becken ziehen.

1 Das Twisten mit verkürzten Bügeln ist hilfreich, um später seine optimale Position im Sattel zu finden.

2 Auch das Herunterführen der linken Hand zur rechten Fußspitze und umgekehrt trägt dazu bei.

Twisten in Affenstellung

Mit stark verkürzten Bügeln machen Sie aus dem Sitz heraus twistartige Bewegungen, d. h., das Becken wird gegen die Schulterachse gedreht, wobei die Hände bei der Bewegung über die Längsachse mitgenommen werden.

Linke Hand berührt rechte Fußspitze und umgekehrt

Diese Übung wird mit entgegengesetztem Drehmoment ausgeführt. Bewegen Sie abwechselnd einen Arm in Richtung des entgegengesetzten Fußes. Die Augen gehen in Richtung mit der Bewegung mit. Die Hand soll mehrmals zum gegenüberliegenden Fuß geführt werden, um die Körpermittellinie zu überqueren.

Die Hilfengebung des Reiters

Ist die Forderung erfüllt, dass der Reiter sich zwanglos im Gleichgewicht auf dem Pferd bewegen lassen kann, muss er lernen, die wesentlichen körpersprachlichen Signale, die ihn mit dem Pferd kommunizieren lassen, einzusetzen: seine Hilfen.

Die Hilfengebung des Reiters 51

Zu Beginn der reiterlichen Ausbildung geht es darum, zu erfassen, welche Hilfen dem Reiter zur Verfügung stehen und wie sie grundsätzlich ablaufen und benutzt werden. Erst wenn die reiterliche Grundausbildung weiter fortgeschritten ist, kann der Reiter die Vielschichtigkeit im Zusammenspiel seiner Hilfen so einsetzen, dass sie eine gezielte und gewollte Wirkung auf das Gehen des Pferdes haben.

Es wird sich erst im Verlaufe der reiterlichen Ausbildung für den Reiter herauskristallisieren, dass es eine Strukturierung zwischen treibenden und verhaltenden Hilfen gibt, die immer miteinander in einem Zusammenhang stehen. Doch den Reitanfänger mit dieser Komplexität von Anfang an zu konfrontieren, wäre eine Überforderung. Darum wird in diesem Kapitel – wie in einer Reitstunde für Einsteiger – zunächst ausschließlich behandelt, welche Hilfen es gibt und wie der Reiter sie anwendet. Später wird in praktischen Beispielen genauer auf das Zusammenspiel der Hilfen, die Verknüpfung von

Drei wesentliche körpersprachliche Signale stehen dem Reiter zur Verfügung: Gewichts-, Schenkel- und Zügelhilfen. Die Gewichtshilfen sollten vorherrschen. Alle drei Arten der Hilfen stehen immer im Zusammenhang. Sie sollen nicht isoliert gegeben, sondern müssen miteinander koordiniert werden.

treibenden und verhaltenden Hilfen, von einseitigen und beidseitigen Gewichts-, Schenkel- und Zügelhilfen und deren Wirkung auf das Pferd eingegangen.

Man unterscheidet grundsätzlich drei wesentliche Arten der Hilfengebung: Gewichtshilfen, Schenkelhilfen und Zügelhilfen. Alle drei stehen in einem ständigen Zusammenspiel. Dennoch müssen sie unabhängig voneinander erzeugt werden können, was wiederum nur gelingen kann, wenn der Reiter im Gleichgewicht ist.

Gewichtshilfen

Von den drei grundlegenden Hilfen ist die Gewichtshilfe des Reiters die natürlichste. Sie kann einseitig oder beidseitig erfolgen, be- oder entlastend wirken. Mit der Gewichtshilfe veranlasst der Reiter das Pferd, sein Tempo, seine Haltung oder seine Richtung zu verändern. Die Gewichtshilfe ist eine mechanische Bewegungsübertragung des Reitergewichts (Schwerpunkt Beckeneinwirkung) auf das Pferd und kein Signal, das das Pferd erst durch Konditionierung verstehen lernen muss.

Ein Beispiel: Neigt der Reiter seinen Körper nach rechts, wird das Pferd dem veränderten Gleichgewicht folgen und nach rechts wenden.

Fazit: Diese Funktionalität des Gewichtes ist es, mit der der Reiter zunächst am meisten umgehen sollte. Das Vorkippen des Beckens und

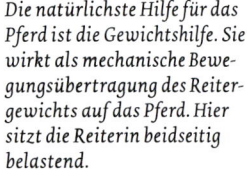

Die natürlichste Hilfe für das Pferd ist die Gewichtshilfe. Sie wirkt als mechanische Bewegungsübertragung des Reitergewichts auf das Pferd. Hier sitzt die Reiterin beidseitig belastend.

die damit beabsichtigte Entlastung des Pferderückens entspricht der Botschaft für das Pferd, nach vorne zu gehen, das Zurückkippen im Becken und die damit beabsichtigte Belastung des Pferderückens wird immer die Rückentätigkeit des Pferdes reduzieren und somit eher einen bremsenden Effekt haben.

Häufig wird in diesem Zusammenhang davon gesprochen, dass der Reiter nicht sein Becken, sondern seinen Oberkörper vorneigt – dies jedoch ist anatomisch-physiologisch (im funktionalen Sinne) nicht korrekt. Der Bewegungsursprung liegt im Becken, erst als Folge davon neigt sich der Oberkörper leicht vor und zurück (siehe unten).

Körperliche Voraussetzungen, um korrekte Gewichtshilfen zu geben
Beidseitige Gewichtshilfe

Die beidseitige Gewichtshilfe kann nur gegeben werden, wenn der Reiter aufrecht sitzt und die Wirbelsäule eine doppelte S-Form hat. Dabei muss das Becken des Reiters leicht nach vorne geneigt sein (ein leichtes Hohlkreuz zeigen), damit sich das Becken problemlos gemäß den Trabbewegungen des Pferdes nach rechts/links identisch weit senken und gleichzeitig vor und zurück bewegen kann (reaktive, keine aktiven Bewegungen).

Diese Beckenbewegungen nach vorne und zurück sind ebenfalls im Galopp wichtig, damit das Pferd nicht im Rücken blockiert wird, wenn

---

Erst das Becken, dann der Oberkörper
Um unterschiedlich belastende Gewichtshilfen geben zu können, muss der Reiter im Becken beweglich sein. Denn zunächst kippt das Becken vor oder zurück. Der Oberkörper folgt leicht den Bewegungen des Beckens.

Gerade bei jungen Pferden sitzt der Reiter innerhalb einer Reiteinheit immer wieder entlastend. Hier kombiniert die Reiterin den entlastenden Sitz auch noch mit einem Loben des Pferdes – das ist Motivation pur!

es ihn aufwölbt oder senkt. Nur unter diesen Bedingungen wirken beide Sitzbeinhöcker stetig optimal beidseitig. Durch die identische Beweglichkeit des Beckens nach vorne und hinten kann der Reiter ein Gefühl für die mittlere Position des Beckens entwickeln (neutrale Position, leicht nach vorne geneigt).

Der Balimo als Lernhilfe?

Da viele Reiter im Becken blockiert sind, können die dreidimensionalen Bewegungen zunächst auf dem Balimo reaktiviert werden. Erst wenn der Reiter diese Fähigkeiten wieder erworben hat, kann er die Rückenbewegung des Pferdes wahrnehmen und gezielt einwirken.

Auf dem Balimo kann man sich nie nicht bewegen, d. h., der Mensch sitzt wie auf dem Pferd in einer ständigen Unruhe. Diese ist nötig, um den gesamten Körper mit natürlichen Schwingungen zu versorgen. Diese Schwingungen werden vom Motor des menschlichen Körpers – dem Becken – bis zum Kopf und zu den Füßen übertragen. Feinfühliges Schwingen fordert und fördert unsere Wahrnehmung über eine erhöhte Beckenbeweglichkeit. Je größer die Vielfalt der Beckenbewegungen ist, desto besser wird der gesamte Körper natürlich aufgerichtet.

Der Balimo ist also ein Instrument, das dem Menschen hilft, insgesamt ein besseres Körpergefühl und Körperbewusstsein zu entwickeln und die Sitzhilfen (einseitig, beidseitig) systematisch zu üben.

Balimo = Pferderücken?

Der Balimo ist ein Instrument, das dem Menschen zu einem besseren und bewussteren Körpergefühl verhelfen kann. Dieses verbesserte Körpergefühl wirkt sich auf das Reiten aus – es gelingt oft besser. Der Balimo stellt allerdings keine Simulation des Pferderückens dar und ist damit auch nicht als Reitlehrgerät zu verstehen.

Der Balimo fördert die Beweglichkeit des Beckens in alle Richtungen. Kippt man das Becken von rechts nach links (von der 3 auf die 9), wirkt sich dies auch auf Oberkörper und Beine aus.

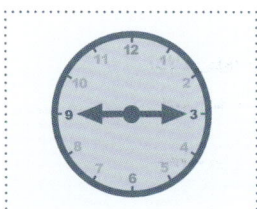

Dieser Reiter ist in seinem Becken auch bei den Vor-und-zurück-Übungen sehr beweglich. Darum ist es ihm später auch im Sattel möglich, den Bewegungen des Pferderückens optimal zu folgen.

Die Übungen sollen überwiegend langsam und weich vollzogen werden. Durch Variationen in Tempo und Krafteinsatz lernt das Gehirn, flexibel zu reagieren. Das langsame Tempo sollte jedoch vorherrschen, damit dem Gehirn ermöglicht wird, die Bewegungen zu verfolgen: Es steigert deren Qualität.

Sie sitzen auf dem Balimo, legen die Hände auf die Oberschenkel oder lassen sie neben dem Körper hängen. Die Füße stehen schulterbreit auseinander, der Körper bildet vier annähernd rechte Winkel: Füße–Unterschenkel, Unterschenkel–Oberschenkel, Oberschenkel–Oberkörper, Oberkörper–Kinnlinie. Die Position der Knie darf etwas tiefer als die der Hüftgelenke sein, jedoch nie höher.

Der Reiter sitzt auf dem Balimo und stellt sich vor, dass unter dem Stuhl das Zifferblatt einer Uhr liegt. Wenn der Reiter das Becken nach rechts senkt, sitzt er auf der 3. Senkt er es nach links, sitzt er auf der 9. Diese beiden Bewegungen können nur zu einer Seite vollzogen werden oder man kann sie auch fließend verbinden.

Die Geschwindigkeit der Bewegungen soll variiert werden. Der unter der Sitzfläche sich befindende Ring sollte berührt werden können (jedoch ohne Kraftanstrengung). Es entsteht bei der Berührung ein klackendes Geräusch. Danach kippt der Reiter sein Becken nach vorne zur 12, danach nach hinten zur 6. Beide Bewegungen sollen verbunden werden (Variation des Tempos der Bewegungen) (vgl. Meyners 2005).

Nicht nur für das Angaloppieren, sondern auch für den Erhalt des Galopps ist die einseitig belastende Gewichtshilfe nötig. Hierbei rollt die innere Hüfte schräg nach vorne. Als Folge davon senken sich Knie und Absatz.

Wenn das Becken rollt

Die einseitige Gewichtshilfe bereitet vielen Reitern extreme Schwierigkeiten. Es ist eine Rollbewegung aus dem Becken heraus – und kein „Kippen" nach rechts oder links. Wenn es dem Reiter gelingt, die einseitige Gewichtshilfe, zum Beispiel zum Angaloppieren, mit dem Becken rollend zu geben, folgt daraus automatisch ein tiefes Knie und ein insgesamt lockeres Bein (mitatmender Schenkel).

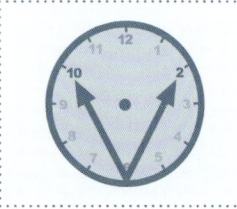

Einseitige Gewichtshilfe

Den meisten Reitern ist nicht bewusst, wie eine einseitige Gewichtshilfe zu geben ist. Viele Pferde galoppieren z. B. auf einen Impuls des äußeren Schenkels an, wobei der Reiter die einseitige Gewichtsbelastung gar nicht einsetzt. Bei anderen Reitern sieht man, dass sie die einseitige Gewichtshilfe geben wollen, aber dabei in der Hüfte einknicken. Auch das Vorbringen der inneren Hüfte ist keine Lösung, weil dann automatisch die äußere Schulter mit zurückgeht und der Reiter somit nicht mit der Pferdebewegung mitschwingen kann.

Es steht in den Reitlehren nirgends beschrieben, wie die physiologische Abfolge der einseitigen Gewichtshilfe zu erfolgen hat. Auf dem Balimo ist der Vorgang relativ einfach zu erlernen. Der Reiter rollt – sich ein Zifferblatt vorstellend – in Richtung 6 und rollt dann direkt (ohne seitliche Ausweichbewegungen) nach vorne in Richtung linkes Knie. Das wäre auf dem Zifferblatt die 10. Dasselbe kann er auch in Richtung rechtes Knie vollziehen; dann befindet man sich auf dem Zifferblatt auf der 2.

Bei dieser direkten Rollbewegung muss jedoch Obacht gegeben werden, weil viele Reiter eine Ausweichbewegung vollziehen. Sie rollen nämlich von 6 über die 7/8/9 zur 10 oder von 6 über die 5/4/3 zur 2.

Bei der korrekten Anwendung der einseitigen Gewichtshilfe gerät automatisch das entsprechende Knie auf dem Stuhl nach vorne, auf dem Pferd würde es sich in die Tiefe senken.

Schenkelhilfen

Als Einsteiger lernt man die Schenkelhilfen zunächst als Hilfe zum Vorwärtstreiben kennen. Häufig wird die Schenkelhilfe aber als ein ständiges Drücken missverstanden. In dem Wunsch, das Pferd vorwärtszutreiben, setzt der Reiter seine Kniebeugemuskulatur ständig ein, was oftmals zum Klemmen des Unterschenkels führt. Diese drangsalierende Aktivität wirkt auf das Pferd eher bremsend (desensibilisierend) und kann zu triebigen Pferden führen.

Gegenübergestellt wird, ebenfalls missverständlich, die sogenannte Impulsreitweise, bei der der Reiter nur dann einen Impuls gibt, wenn das Pferd zum Beispiel an Tempo verliert. Im Verständnis der klassischen Reitlehre ist die treibende Schenkelhilfe jedoch ebenfalls vergleichbar

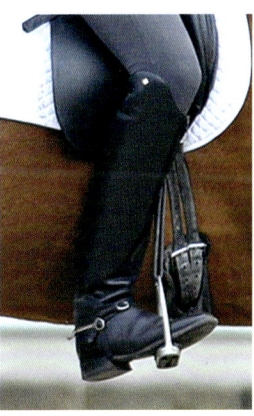

Das gesamte Bein muss aus der Hüfte heraus locker fallen gelassen werden und der Fuß muss sich im Bügel stützen, um die mitatmende Funktion des Schenkels möglich zu machen.

mit einem Impuls, der so selten wie möglich, aber doch so häufig wie nötig gegeben wird.

Ziel einer treibenden Hilfe ist grundsätzlich, das Pferd zu motivieren, mit der Hinterhand aktiv zu werden und an die Reiterhand heranzutreten. Man sagt, das Pferd „zieht". Als Ergebnis einer treibenden Hilfe könnte man also zum Beispiel das Tempo verändern oder auch den Versammlungsgrad erhöhen.

Richtiges Treiben ist ein sehr komplexer Bewegungszusammenhang. Es geht nicht allein darum, die Wade durch Einsatz der Kniebeugemuskulatur an den Pferdeleib zu bringen und damit einen Impuls auszulösen. Mindestens genauso wichtig ist es, nach dem treibenden Impuls das gesamte Bein locker aus der Hüfte fallen zu lassen. Der Fuß federt reaktiv, gestützt an der breitesten Stelle des Fußballens im Bügel, aufgrund eines flexiblen Hüftgelenks. Zu lange Bügel oder ein aktives Abstützen im Bügel behindern Treiben und Loslassen. Das gesamte Bein muss am Pferd hängen gelassen werden, damit der „mitatmende" Effekt des Schenkels überhaupt möglich ist.

Für den Reiter gibt es gerade zu Beginn einer Reiteinheit oder auch am Anfang seiner Reiterkarriere entscheidende Möglichkeiten, das richtige Treiben zu erfühlen und zu erlernen. Übungen hierzu finden Sie ab Seite 62.

Auf die Botschaft des Treibens reagiert das Pferd mit einer Vorwärtsbewegung im Schritt, Trab oder Galopp. Hier macht sich der Reiter einen natürlichen Reflex des Pferdes zunutze, der wie folgt abläuft: Die schnellkräftige Berührung der Wade am Bauch des Pferdes löst eine Muskelkontraktion aus, die das Pferd dazu veranlasst, sein jeweiliges Hinterbein aktiver in Bewegung zu setzen (Bürger/Zietzschmann, S. 33).

Vom unbedingten zum bedingten Reflex

In der Grundausbildung eines jungen Pferdes muss dieser Reflex, der von Natur aus vorhanden ist, zunächst durch gezieltes Üben eingeprägt werden – eine Art Konditionierung auf der Basis natürlicher Reflexe also. Gemeint ist der unbedingte Reflex im Gegensatz zum bedingten (gelernten). Das Pferd lernt, auf Berührung des Schenkels mit dem Hinterbein anzutreten. Berühren beide Schenkel rechts und links den Pferdeleib, soll das Pferd mit beiden Hinterbeinen gleichmäßig vortreten: Dies ist die beidseitige treibende Hilfe.

Natürlicher Reflex
Die Reaktion des Pferdes auf die treibende Reiterhilfe ist anfangs ein natürlicher Reflex, den sich der Reiter zunutze macht. Durch ständiges Üben prägt er sich beim Pferd ein und kann später vom Reiter differenzierter eingesetzt werden.

Ist der Reiter später in der Lage, seine Schenkel in unterschiedliche Positionen zu bringen, kann er damit die Aktion der Hinterhand des Pferdes beeinflussen, ein Hinterbein z. B. zu vermehrtem Untertreten unter den Schwerpunkt veranlassen. Beispiel: Jeder Reiter, der schon ein paar Stunden hinter sich hat, kennt die Situation. Durchparieren zum Halten – das Pferd steht jedoch nicht gleichmäßig auf seinen vier Beinen, sondern stellt ein Hinterbein heraus. Um dies zu korrigieren, kann die gleichseitige Wade durch einen Impuls gegen den Pferdeleib dafür sorgen, dass das herausgestellte Hinterbein zum Vortreten aufgefordert wird. Hier wird genau der oben beschriebene Reflex des Pferdes genutzt.

Grundsätzlich muss der Reiter lernen, dass seine Schenkelbewegungen eine Reaktion beim Pferd auslösen, und er muss ebenfalls lernen, sein Gleichgewicht vorausschauend aufrechtzuerhalten. Sein Becken muss damit der Pferdebewegung reaktiv (nicht aktiv) und geschmeidig folgen. Um hierfür ein Gefühl zu bekommen, kann es hilfreich sein, zu Beginn einer Reiteinheit einige Übergänge vom Schritt zum Halten zu reiten und daraus wieder im Schritt anzureiten.

Jede Schenkelbewegung des Reiters löst einen Reflex beim Pferd aus, den sich der Reiter zunutze machen kann. In der Bildfolge gut zu erkennen: Der Reiter versucht mit seinen treibenden Hilfen zu bewirken, dass das Pferd am Ende geschlossen und gleichmäßig belastend auf allen vier Beinen steht.

Die Funktionen des Schenkels

Der Schenkel hat jedoch nicht nur die Funktion des Vorwärtstreibens. Er kann weiterhin als verwahrende Hilfe oder als vorwärts-seitwärts treibende Hilfe eingesetzt werden. Je nachdem, wie der Reiter seinen Schenkel einsetzt, kann er also dreierlei mit dem Schenkel auslösen:

- vorwärtstreiben,
- vorwärts-seitwärts treiben,
- verwahren/seitlich begrenzen.

Die korrekte Schenkellage ergibt sich aus der jeweiligen Funktion und nicht aus der Forderung nach einer äußeren Form. Links im Foto hat der innere Schenkel verwahrende und begrenzende Funktion, darum liegt er hinter dem Gurt. Rechts dagegen treibend am Gurt.

Je nachdem, welche Funktion der Schenkel ausüben soll, muss ihn der Reiter in unterschiedliche Positionen bringen. Diese Positionierung ist keine formelle Forderung, sondern eine funktionale Notwendigkeit, die sich aus den anatomisch-physiologischen Gegebenheiten von Reiter und Pferd zwingend ergibt. Wie aktiv der Schenkel eingesetzt werden muss, bestimmt die jeweilige Lektion und Situation.

Grundsätzliches Wirkprinzip ist, dass der treibende Schenkel am Gurt eingesetzt wird und das Vorsetzen des Hinterbeins auslöst. Der verwahrende Schenkel soll eine Handbreit hinter dem Gurt liegen. Dort bewirkt er immer eher ein Hochnehmen des Hinterbeins, aber weniger das Vortreten. Je nachdem, was der Reiter beim Pferd auslösen will, muss er also seine Wade der Funktion folgend positionieren – weiter vorn oder weiter hinten. Die formelle Beschreibung, dass die vortreibende Hilfe immer am Gurt und die verwahrende bzw. vorwärts-seitwärts treibende Hilfe immer eine Handbreit hinter dem Gurt gegeben werden muss, wird also der jeweiligen Reitsituation oft nicht gerecht.

Das korrekte Treiben

Wenn die Wade beim Pferd einen Reflex auslösen soll, um die Hinterhand zu aktivieren, dann muss die hintere Oberschenkelmuskulatur schnellkräftig (aber gefühlvoll) eingesetzt werden. Der Einsatz dieser Muskulatur bewirkt ein kurzfristig stärkeres Anwinkeln des Knies vom Reiter, so dass damit automatisch die Wade ans Pferd gerät. Dieser Vorgang muss jedoch rhythmisch erfolgen, d. h., die hintere Oberschenkelmuskulatur wird beim Treiben im Wechsel angespannt/locker gelassen und bewirkt somit ein Aktivieren der Hinterbeine des Pferdes.

Die Hilfengebung des Reiters

Das Treiben wird teilweise falsch verstanden, weil man bei vielen Reitern sehen kann, dass sie jeden Schritt, Tritt oder Galoppsprung „heraustreiben". Das Pferd wird dabei in der Bauchmuskulatur ständig gereizt, was zum Abstumpfen und fehlender Losgelassenheit führen kann.

Beim falschen Treiben arbeiten Reiter nicht mit der hinteren Oberschenkelmuskulatur, sondern bei ihnen liegt der Einsatz des Zwillingsmuskels vor, der sich im hinteren Kniebereich unterhalb der Kniekehle befindet. Der Einsatz des Zwillingswadenmuskels führt automatisch zu einem hohen Absatz. Durch ein falsches Gefühl vom Treiben „springt" dieser Muskel an, bevor die richtigen Treibemuskeln zum Einsatz kommen können. Aus dieser Art des Treibens entsteht zusätzlich auch noch ein hochgezogenes Knie.

Auch treiben viele Reiter aufgrund der Anweisungen „Fußspitzen nach innen" falsch. Wenn aus dieser Schenkellage und Fußstellung getrieben und die Forderung „mit der Wade treiben" umgesetzt werden

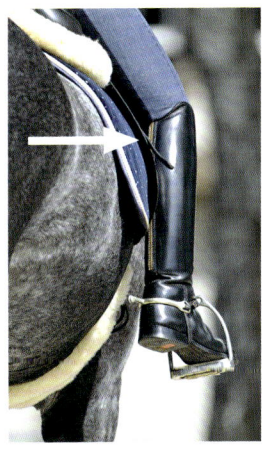

Der hochgezogene Absatz (kleines Foto) ist ein Indiz dafür, dass der Reiter mit dem Zwillingswadenmuskel treibt (siehe Pfeil). Richtig wäre, den hinteren Oberschenkelmuskel (Pfeil großes Foto) zu benutzen.

Um das Pferd in der Wendung mit den treibenden Hilfen korrekt einzurahmen, liegt der innere Oberschenkel weiter vorn als der äußere. Folglich liegt die innere Wade treibend am Gurt, während die äußere Wade verwahrend hinter dem Gurt liegt.

soll, dann können diese Reiter nur die Wade über die Anspannung der Klemmer ans Pferd bekommen. Dieser Vorgang führt zu Verkrampfungen, stellt das Becken fest, lässt den Reiter nicht geschmeidig sitzen und blockiert das Pferd im Rücken (vgl. Meyners 2005).

Weiterhin ist bei vielen Reitern der hohe Absatz erkennbar. Der hohe Absatz ist eine Schwäche, die dadurch entsteht, weil den Reitern nie deutlich gemacht worden ist, wie der Vorgang des Treibens eigentlich abläuft. Richtiges Treiben, der richtige Einsatz der hinteren Oberschenkelmuskeln, erreicht automatisch einen tiefen Absatz. Wenn der hintere Oberschenkel korrekt rhythmisch eingesetzt wird, ist der federnde Absatz die Folge (vorausgesetzt das Hüftgelenk ist frei).

Übungen für den Bewegungsablauf des Treibens

Der Reiter liegt in Bauchlage, seine Hüfte sollte möglichst durch eine Unterlage leicht erhöht sein, damit er sich beim Einsatz der Kniebeugemuskeln „nicht ins Hohlkreuz ziehen kann". Die Beine sind lang. Nun wird ein Bein im Knie gebeugt und der Absatz bis zum Gesäß geführt. Dieser Ablauf soll zunächst langsam geschehen, um diese Bewegung ins Bewusstsein zu führen. Danach können auch schnellkräftige und gefühlvolle Bewegungsabläufe vollzogen werden, wie sie der Treibebewegung auf dem Pferd entsprechen.

Wenn bei der Beugebewegung der Absatz des am Boden liegenden Reiters angezogen und somit die Fußspitze gestreckt wird, setzt er fälschlicherweise den Zwillingsmuskel ein, der sich im Kniekehlbereich befindet. Treibt der Reiter richtig, wird durch die hintere Muskulatur des Oberschenkels eine natürliche Tonisierung der Wadenmuskulatur erzeugt, die automatisch (ohne bewussten Bewegungsvollzug) zu einem Anziehen der Fußspitze führt.

Auch in diesem Zusammenhang wird deutlich, dass sich der Ausbilder im Klaren darüber sei muss, was aktiv erzeugt wird bzw. was reaktiv (automatisch) abläuft. Werden sowohl beim aktiven Durchfedern des Absatzes als auch beim bewussten Anziehen der Fußspitze beim Treiben zusätzliche Muskelbereiche einbezogen, ist eine natürliche Übertragung der Reiterbewegungen auf das Pferd (korrekte Schenkelhilfen) nicht mehr möglich. Es entstehen Verkrampfungen beim Reiter, seine Bewegungen werden unrhythmisch und das Pferd kann sie als eindeutige Hilfen kaum verstehen.

Übung: Korrektes Treiben

- Der Reiter liegt auf dem Bauch, seine Beine sind lang ausgestreckt. Eine kleine Unterlage sollte unter der Hüfte liegen, Beine sind leicht geöffnet, nacheinander wird ein Absatz in Richtung Gesäß geführt, danach wird das Bein wieder abgesenkt.
- Wie 1), nur wirkt ein Partner mit der Hand als Widerstand leicht gegen den Unterschenkel des treibenden Beines. Dieser Widerstand kann je nach Kraftfähigkeiten des Reiters erhöht werden.
- Der Widerstand mit der Hand kann auch durch ein Deuserband oder einen stabilen Fahrradschlauch ersetzt werden. Bauchlage wie 1), das Deuserband wird bei langem Bein um den Knöchel gewickelt und an einem Gegenstand befestigt. Der Reiter zieht nun kontinuierlich den Absatz in Richtung Gesäß. Der Widerstand bzw. der Kraftaufwand für den Reiter wird erhöht, wenn er sich liegend vom Gegenstand entfernt, an dem das Deuserband befestigt ist.

Bewegungsablauf des Treibens

Für richtiges Treiben muss der Reiter seine hintere Oberschenkelmuskulatur an- und abspannen. Mit der im Kasten beschriebenen Übung lässt sich dies trainieren.

Zügelhilfen

Die Zügelhilfen sind die vielfältigsten unter den drei Hilfen – aber auch die am schwierigsten zu erlernenden. Grundsätzlich stellt die Reiterhand die Verbindung zum sensiblen Pferdemaul her. Diese Verbindung ist eher als ein Ergebnis dessen zu verstehen, was alle Hilfen gemeinsam beim Pferd ausgelöst haben. Gewichts- und Schenkelhilfen veranlassen Bewegungen beim Pferd, die sich durch den gesamten Pferdekörper ziehen und sozusagen im Pferdemaul „ankommen". Erneut geht es also um eine Verwobenheit verschiedener Möglichkeiten der Hilfengebung. Zügelhilfen werden hier zunächst zwar isoliert beschrieben, dürfen aber nie isoliert gegeben werden. Zügelhilfen sind immer das Resultat aus einem gezielt vom Reiter ausgelösten Zusammenwirken von Gewichts- und Schenkelhilfen – alle drei zusammen müssen koordiniert werden.

Um wirksame Zügelhilfen geben zu können, ist es unabdingbar, dass der Reiter sein Gleichgewicht auf dem Pferd gefunden hat und sich nicht mit der Hand „abstützen" oder „festhalten" muss.

Es ist Ziel der Zügelführung, eine dauerhafte, elastische Verbindung zwischen Reiterhand und Pferdemaul herzustellen. Beim Überstreichen in Richtung Pferdemaul (Foto ganz links) wird die Verbindung kurzfristig aufgegeben, beim Zügel-aus-der-Hand-Kauen-Lassen bleibt stets eine weiche Verbindung bestehen.

Zügelhilfen können grundsätzlich dazu dienen, dem Pferd die Richtung zu weisen, die Haltung des Pferdes zu beeinflussen und sie haben eher bremsende Wirkung. Man unterscheidet zwischen annehmenden, nachgebenden, durchhaltenden und seitwärtsweisenden Zügelhilfen, sie können außerdem einseitig oder beidseitig eingesetzt werden. Ziel aller Zügelführung und Zügelhilfen ist es, eine dauerhafte, elastische Verbindung zwischen Reiterhand und Pferdemaul herzustellen.

Es erscheint sehr formalistisch, wenn man die Beschreibung der Richtlinien zur korrekten Handhaltung einmal genauer betrachtet. Dennoch hat jede kleine Forderung einen funktionalen Hintergrund. Die maximale Beweglichkeit des Reiters soll mit diesen formalistischen Forderungen ermöglicht werden.

Oberarm

Der Oberarm soll locker am Oberkörper herunterhängen, die Linie der Oberarme sollte nicht hinter oder vor den Oberkörper gelangen.
Grund: Nur in der hängenden Position der Oberarme sind alle Muskeln im Schultergelenkbereich entspannt. Nur aus einer entspannten Muskulatur heraus kann der Reiter sensibel fühlen, um die entsprechenden Impulse mit den Zügeln geben zu können. Jegliche Anspannung ist eine Kraftanstrengung und behindert das Fühlen.

Unterarm

Der Unterarm soll mit Handrücken und Zügeln eine Linie zum Pferdemaul bilden.
Grund: Auch diese Forderung entspricht im Grundsatz der Struktur des Oberarms. Nur dadurch, dass alle Muskeln des Unterarmes maximal

Um aus dem Handgelenk heraus feine Zügelhilfen geben zu können, muss der Unterarm in Richtung Pferdemaul zeigen. Nur dann ist die Unterarmmuskulatur entspannt. Die Reiterin links demonstriert, wie es korrekt ist, die Reiterin auf dem kleinen Foto spannt beide Bizeps an und hält die Unterarme damit zu hoch.

lang und entspannt sind, kann aus dem Handgelenk fein und dosierend eingewirkt werden. Würden die Knöchel in Richtung Unterarm zeigen, wird das Handgelenk bereits durch die angespannte Unterarmmuskulatur an einer weichen Einwirkung behindert.

Faust

Die kleinen Finger sind sich näher als die Daumen, die Fäuste geschlossen, aber unverkrampft.

Grund: Die Hand muss zu einer weichen Faust geschlossen werden, ohne dass die Finger kraftmäßig angespannt sind. Sie ruhen in einer entspannten Haltung auf- und übereinander. Aus dieser Handposition kann aktiv oder reaktiv weich angespannt und entspannt werden. Dieses ist nicht möglich, wenn die Fausthaltung dahin gehend aufgegeben wird, dass der Reiter die Finger leicht öffnet. Diese Haltung ist eine verkrampfte, weil die Finger angespannt sind und nicht situationsgemäß weich einwirken können. Viele meinen damit, vorsichtiger (sensibler) auf das Pferdemaul einwirken zu können, wobei dies ein Fehlglaube ist. Diese Handhaltung wirkt starr und hart.

Daumen

Der Daumen soll dachförmig auf der Faust liegen.
Grund: Der dachförmig liegende Daumen in dieser Haltung kann intensiv gedrückt werden, um den Zügel nicht durchrutschen zu lassen, ohne dass der Muskel des Unterarmbeugers stark angespannt und auf das Handgelenk blockierend wirken wird. Wenn der Daumen jedoch flach drückend eingesetzt wird, spannt sich die Beugemuskulatur des Unterarmes so stark an, dass der Reiter sein Handgelenk nicht mehr weich nachgebend oder annehmend einsetzen kann.

Hilfsmittel sind keine Hilfen

Natürlich gibt es weitere Möglichkeiten, dem Pferd durch Signale verständlich zu machen, was man als Reiter möchte. Missverständlich werden weitere Kommunikationsmittel, zum Beispiel die Stimme, auch als Hilfe bezeichnet. Es ist selbstverständlich möglich, ein Pferd auf eine Weise zu konditionieren, dass es zum Beispiel auf einen langgezogenen Laut wie „Hoooo" sein Tempo verlangsamt oder sogar lernt, beim Hören dieses Lautes stehenzubleiben. Vielfach wird die Stimme in der Erziehung des Pferdes vom Boden aus verwendet. Dies ist eine gute Maßnahme bei der Ausbildung junger Pferde. Die Stimme kann weiterhin als Unterstützung genutzt werden, auch über den Zeitpunkt hinaus, bis das Pferd die drei wesentlichen Hilfen kennengelernt hat. Die Unterstützung mit der Stimme ist jedoch keine Hilfe im Sinne der Reitlehre, weil koordinative Zusammenhänge des Pferdes mit ihr nicht stimuliert werden können.

Weitere bekannte Hilfsmittel sind Sporen und Gerte, auf die hier nur der Vollständigkeit halber eingegangen wird. Während die Gerte als Unterstützung der treibenden Schenkelhilfe belehrenden Charakter für das auszubildende Pferd hat, kann der Sporn zur punktuellen Verfeinerung und Differenzierung der Hilfen für fortgeschrittene Reiter und Pferde hilfreich sein. Dies spiegelt sich im Regelwerk des gehobenen Sports wider.

Ein Beispiel: Im internationalen Dressursport ist die Stimmhilfe genauso verboten wie die Gerte. Das Tragen von Sporen ist dagegen vorgeschrieben.

Der Unterschied zwischen Hilfen und Hilfsmitteln

Gewichts-, Schenkel- und Zügelhilfen sind körpersprachliche Signale, die das Pferd zu bestimmten Bewegungsabläufen veranlassen. Sporen, Stimme und Gerte sind Hilfsmittel, die höchstens unterstützende Wirkung haben können.

Ausblick: Das Zusammenspiel der Hilfen

Oft wird in der Reitliteratur vom Zusammenspiel, vom „Konzert" der Hilfen gesprochen. Gemeint ist damit, dass der Reiter in der Lage sein muss, jede der drei zuvor beschriebenen Hilfen in unterschiedlicher Intensität einzusetzen und sie vor allem aufeinander abzustimmen. In der Grundausbildung eines Reiters kommt der Aspekt vom „Konzert der Hilfen" meistens zu kurz. In der praktischen Anwendung ist zu beobachten, dass sich die Gewichtshilfe auf ein Vor- und Zurück- bzw. Seitwärtsneigen des Oberkörpers statt des Beckens reduziert, die Schenkelhilfe auf ein wenig koordiniertes „Klopfen" des Beins am Pferdebauch und die Zügelhilfe auf ein Nach-rechts-oder-links-Ziehen des Pferdekopfes.

Es muss zu Beginn der Reitausbildung ein Verständnis dafür geweckt werden, dass die drei wesentlichen Hilfen des Reiters immer, zu jeder Zeit, in jeder Gangart und jeder Lektion gemeinsam und aufeinander abgestimmt erfolgen müssen.

Je komplexer die Lektion, desto wichtiger ist es, dass der Reiter seine Hilfen aufeinander abgestimmt geben kann. Travers (Fotos) und Renvers stellen hohe Anforderungen an die Koordinationsfähigkeit des Reiters.

In der Trabarbeit ist der Dialog zwischen Reiter und Pferd noch nicht optimal. Der Bewegungsfluss von hinten nach vorne muss sich im Verlauf der Ausbildung dieses jungen Pferdes noch mehr auf die Haltung des Pferdes (Genick: höchster Punkt) auswirken.

In der Galopparbeit fällt es dem Pferd leichter als im Trab, die Impulse des Reiters umzusetzen. Die Hinterhand fußt aktiver unter den Körper, die Schulter hat mehr Bewegungsspielraum, Hals und Genick werden besser „getragen".

Unabhängige Hilfen

Damit der Reiter seine Hilfen unabhängig voneinander, aber dennoch aufeinander abgestimmt geben kann, muss er aus Sicht der Bewegungslehre lernen, mehrere Bewegungsabläufe gleichzeitig auszuführen bzw. zu koordinieren. Dies fällt sicherlich zu Beginn an der Hand geführt oder an der Longe leichter, weil der Reiter sich ganz auf das Erlernen von Bewegungsabläufen konzentrieren kann. Ohne die Sicherheit, die die Longe bietet, kann der Reiter die Koordination der Hilfen kaum erfahren. Wichtig ist jedoch, dass der Reiter auch schon an der Longe mit Zügeln und Bügeln reitet, weil es der späteren originären Situation des Reitens entspricht und nur dann ein Transfer auf das freie Reiten möglich wird.

Erst wenn sich der Reiter im Gleichgewicht und Rhythmus befindet, kann er die unterschiedlichen Hilfen unabhängig voneinander und aufeinander abgestimmt vollziehen. Wenn er noch auf der Suche nach dem Gleichgewicht ist, kann er nicht mehrere Bewegungsabläufe simultan (gleichzeitig) und sukzessiv (nacheinander) vollziehen. Jeder Reiter, der Schwierigkeiten mit der Hilfengebung hat, sollte zuerst im Gleichgewicht stabilisiert werden (Übungen auf S. 38 – 40). Man wird dann erkennen, dass die Hilfen leichter fallen.

Auf einen Blick

- Es wird unterschieden zwischen Fähigkeiten und Fertigkeiten des Reiters. Fähigkeiten beziehen sich nicht streng auf eine Sportart, sie stellen grundlegende Bewegungsvoraussetzungen dar. Fertigkeiten sind im Reitsport die Lektionen bzw. die Techniken z. B. des Rückwärtsrichtens oder der Seitengänge.
- Im Reitsport spielen die Fähigkeiten Gleichgewicht und Rhythmus die wesentliche Rolle.
- Gleichgewicht ist die Fähigkeit, die die Grundlage für das Bewegungslernen schlechthin darstellt.
- Diverse Gleichgewichtsübungen können dem Reiter helfen, diese Fähigkeit zu vertiefen.
- Unter Bewegungsrhythmusfähigkeit des Reiters versteht man, dass der Reiter sich zunächst zwanglos vom Pferd bewegen lässt, um es später mithilfe seiner Einwirkung zu bewegen.
- Die Einwirkung des Reiters beeinflusst beim Pferd drei wesentliche Dinge: Gangart, Bewegungsrichtung und Haltung.
- Um auf das Pferd einwirken zu können, bedient sich der Reiter der drei wesentlichen Hilfen: Gewichts-, Schenkel- und Zügelhilfen. Die Gewichtshilfen herrschen vor, die Schenkelhilfen ergänzen, die Zügelhilfen sollten die geringsten Hilfen sein.
- Nur eine präzise Hilfengebung ist für das Pferd veständlich und umsetzbar. Aus diesem Grund muss der Reiter eventuelle Blockaden, die zu einer unpräzisen Hilfengebung führen, durch geeignete Übungen, z. B. aus dem 6-Punkte-Programm, lösen.

Grundlagen der Vorbereitung des Reiters

Aufwärmen

Noch immer ist es leider keine Selbstverständlichkeit, dass Reiter sich vor dem Reiten aufwärmen. Dieser wichtigen Vorbereitung wird viel zu wenig Bedeutung beigemessen. Doch nur durch sinnvoll aufeinander aufgebaute Aufwärmübungen ist es möglich, in der jeweils ausgeübten Sportart konditionell und koordinativ zufriedenstellende Leistungen zu erbringen.

Kein Reiter würde mit einem Pferd in einer Dressurprüfung starten bzw. in einen Springparcours einreiten, ohne sein Pferd gelöst zu haben, aber fast jeder Reiter setzt sich auf das Pferd, ohne sich selbst aufzuwärmen.

Im Folgenden werden die Hintergründe des Aufwärmens erklärt. Diese für den Reiter bedeutungsvollen Zustandsveränderungen treffen auf alle Reiter zu, teilweise finden sie ebenso bei den Pferden statt. Die Aufwärmübungen werden hier ausführlich behandelt, in den folgenden Kapiteln aufgrund der Parallelität in der Auswirkung bei Reiter und Pferd nur noch angedeutet.

Auswirkungen auf die Herzfrequenz

Durch das Warmmachen wird der gesamte Kreislauf in höhere Aktivität versetzt, somit werden bessere Leistungen möglich. Der Übergang von der Ruhe- zur Belastungsphase sollte fließend und nicht abrupt vonstatten gehen, weil die Leistungsfähigkeit erst nach annähernd 30 Sekunden gegeben ist. Bei einem trainierten Sportler dauert die erste Phase, in der das Herz-Kreislauf-System angeregt und das Stoffwechselhormon Adrenalin vermehrt ausgeschüttet wird, ein wenig kürzer als bei Untrainierten. Im weiteren Verlauf werden die Stoffwechselprozesse optimal aufbereitet (2. Phase). Um beide Phasen optimal ablaufen zu lassen, müssen Reiter und Pferd behutsam vorbereitet werden.

Erhöhung der Körpertemperatur

Während des Aufwärmens findet ein Anstieg der Körper-, Muskel- und Hauttemperatur statt. Mit der steigenden Körpertemperatur gehen Stoffwechselveränderungen einher. Bei längerem Reiten verursachen Schweißabsonderungen einen erhöhten Wasserverlust. Der Schweiß verdunstet und lässt Kälte entstehen, die Haut- und Körperkerntempe-

Im Reitsport ist das Thema Aufwärmen immer noch nicht selbstverständlich. Der nicht aufgewärmte Reiter macht es sich und dem Pferd unnötig schwer, zu einem harmonischen Dialog zu finden.

ratur senken. Die normalen Stoffwechselprozesse laufen bei Körpertemperaturen von etwa 37 °C ab. In den Armen und Beinen kann die Temperatur bis zu 5 °C niedriger liegen. Dieser Unterschied wirkt sich auf Sitz und Einwirkung des Reiters leistungsmindernd aus. Optimale Bedingungen für reiterliche Belastungen herrschen bei einer Körpertemperatur von 38,5 bis 39 °C.

Atemsystem

Beim Aufwärmen steigt die Anzahl der Atemzüge und die Atemtiefe nimmt zu, weil sich der Sauerstoffbedarf der arbeitenden Muskulatur erhöht und die anfallenden Stoffwechselschlacken (z. B. Milchsäure) abtransportiert werden müssen.

Üblicherweise beschleunigt sich die Atmung mit einer Verzögerung nach dem Beginn der Belastung. Bei Ausdauerbelastungen wird erst nach einer bestimmten Zeitspanne der „steady state" erreicht, also der Zustand, in dem sich die Energieaufnahme und -abgabe die Waage halten.

Je konditionell schwächer der Reiter ist, desto früher gerät er in anaerobe Phasen – in seinem Körper entsteht ein Sauerstoffdefizit. Der „steady state"-Zustand ist nicht mehr gegeben. Dies führt automatisch zu einem Koordinationsverlust und der Reiter ist nicht mehr in der Lage, korrekt einzuwirken. Dies kann zu Fehlleistungen des Pferdes führen.

Das Aufwärmen wirkt der oben beschriebenen Startverzögerung entgegen, sodass die Atmung bereits vor der eigentlichen Belastung auf ein ausreichendes Ausgangsniveau gebracht wird, der Reiter bei Beginn der Belastung also bestens vorbereitet ist (gilt ebenso für das Pferd).

Verringerung der inneren Reibung der Muskulatur

Durch die höhere Körpertemperatur wird die innere Reibung der Muskeln vermindert. Dies ist wichtig, um Verspannungen, Verkrampfungen und Verletzungen zu vermeiden. Auch die Dehnfähigkeit, die Beweglichkeit der Muskeln und die Mobilität der Gelenke wird durch die Erwärmung erhöht. Besonders bei niedrigen Außentemperaturen hilft eine erhöhte Körpertemperatur, das Verletzungsrisiko des Reiters zu verringern.

Durch cross-koordinative Bewegungen werden Schulter und Becken in entgegengesetzte Richtungen „verwrungen". Dadurch fällt es dem Reiter leichter, auf dem Pferd so zu sitzen, dass sein Becken parallel zum Becken des Pferdes und seine Schulter parallel zur Schulter des Pferdes platziert sind.

Aufwärmen 73

Rollbewegungen mobilisieren die Wirbelsäule des Reiters.

Einfluss auf die koordinativen Vorgänge und die Reittechnik

Die mit dem Warmmachen verbundene Erhöhung der Körpertemperatur setzt die innere Reibung der Muskulatur herab und erhöht gleichzeitig die Elastizität und Dehnfähigkeit der Muskeln. Daraus folgt unmittelbar ein besseres Zusammenspiel des Nervensystems mit den Muskeln. Die verbesserte Koordination (Zusammenspiel aller Muskeln) verringert den Energieverbrauch und der gesamte Körper ermüdet später.

Die gesteigerte Entspannungsfähigkeit der arbeitenden Muskulatur wirkt sich besonders bei schnell ablaufenden feinkoordinativen Bewegungen positiv aus (fliegende Wechsel, Serienwechsel, Seitengänge, etc.).

Die Leitungsgeschwindigkeit der Nervenbahnen wird erhöht und macht die Rezeptoren (Aufnahmequellen) an den Muskeln, Sehnen und Gelenken besonders feinfühlig. Darauf folgt eine verkürzte Latenzzeit – die Ablaufzeit zwischen Nervenimpuls und Muskelaktion – und ein verfeinertes Bewegungsgefühl, was ein besonders präzises Einwirken erlaubt. Körperliche Empfindungen werden also vom Reiter schneller wahrgenommen.

Vorbereitung des Kapsel-, Band-, Sehnen- und Knorpelgewebes

Auch für das Bindegewebe spielt die höhere Körpertemperatur eine zentrale Rolle. Wie beim Herz-Kreislauf-System läuft die Anpassung träge ab, beim Bindegewebe allerdings noch ausgeprägter. Erst bei Temperaturen von 39 bis 40 °C ist eine optimale Elastizität und

Plastizität der Fasern von Gelenkkapseln, Bändern, Sehnen und Knorpelgewebe erreicht. Wegen der geringeren Stoffwechselgeschwindigkeit dauert das Vorbereiten der Knorpel länger als das der Muskulatur, weil beide Gewebe vollkommen unterschiedliche Flexibilitäten aufweisen.

Die Gelenkknorpel werden ausschließlich über die Gelenkflüssigkeit ernährt und haben keinen direkten Anschluss an das Blutsystem. Die Gelenkflüssigkeit wird in der Gelenkinnenhaut erzeugt und in den Gelenkinnenraum weitergeleitet. Durch eine Vorbereitung lassen sich die Ernährungsbedingungen in den Gelenkknorpeln verbessern. Nach kurzzeitiger Vorbereitung kommt es zu einer Verdickung der Knorpelschicht der Gelenke.

Nach einer 5-minütigen Bewegung des Gelenks vermehrt sich die knorpelernährende Gelenkflüssigkeit. Dieser Prozess ist nach etwa 20 Minuten abgeschlossen. Das ist besonders für sportliche Leistungen wichtig, weil dadurch einwirkende Kräfte des Pferdes besser aufgefangen und somit Verletzungen kurz- und langfristig vermieden werden können.

Die Bildung von ausreichender Menge an Gelenkflüssigkeit spielt beim Pferd ebenfalls eine entscheidende Rolle. Mindestens 15 Minuten Schritt sollte das Pferd gehen, bevor die tatsächliche lösende Arbeit beginnt.

Wirkung auf die Psyche

Neben den genannten körperlichen Optimierungsprozessen wirkt sich das Aufwärmen positiv auf die Psyche des Reiters aus und führt zu einer emotionalen Stabilisierung.

Das Aufwärmen wirkt Erregungs- und Hemmungszuständen entgegen, hat also eine Art Ventilfunktion. Diese Ventilfunktion ist besonders bei Wettkämpfen wichtig, um nicht durch Zittern oder Verkrampfung die eigenen und somit auch die Bewegungsabläufe des Pferdes zu stören.

Insgesamt führt die Vorbereitung zu einem Zustand psychischer Aktiviertheit, der Reiter ist geistig, körperlich und emotional wach, das Pferd stellt sich ebenso auf seine Aufgabe ein, wenn es systematisch vorbereitet wird.

Der Reiter schafft auf diese Weise optimale Bedingungen für das Lernen, Üben und Trainieren.

Aufwärmen

Das Aufwärmen hat für Körper und Psyche wichtige Funktionen. Negative Spannungszustände können verringert oder ganz abgebaut werden.

Lernen, Üben, Trainieren

- **Lernen** bezeichnet den Vorgang des Neuerwerbs von Bewegungsstrukturen in zunächst einfachen Bewegungssituationen, die der Reiter in seinem Bewegungsrepertoire noch nicht gezeigt hat.
- **Üben** bezeichnet die Anwendung der vorher erworbenen Strukturen in sich ständig verändernden und komplexer werdenden Situationen (keine monotone Wiederholung). Hierfür braucht der Reiter Kondition.
- Der Hauptakzent des **Trainierens** bezieht sich auf die Steigerung der verschiedenen konditionellen Fähigkeiten, damit der Übungsprozess allmählich ausgedehnt werden kann.
- Alle drei Prozesse des Lernens, Übens und Trainierens gehören zum Erwerb von neuen Bewegungen, haben Wechselwirkungen zueinander, wobei die Akzentsetzung jeweils eine andere ist.

Beim Aufwärmen gilt!

Alter

Je nach Alter des Reiters und Pferdes ändern sich Aufwärmumfang, -zeit und -intensität. Ältere Reiter und Pferde müssen ihre Aufwärmprogramme behutsamer und langsam steigernd gestalten, weil der Körper nicht mehr so elastisch ist und sich die Verletzungsgefahr erhöht.

Ein junger, durchtrainierter Reiter braucht weniger Zeit zum Aufwärmen als ein älterer, untrainierter Reiter.

Tageszeit

Der Biorhythmus von Reiter und Pferd hat Einfluss auf die Vorbereitungsdauer. Im Schlaf werden einzelne Körperfunktionen heruntergefahren oder gänzlich ausgeschaltet. Deshalb muss das Aufwärmen in den frühen Morgenstunden länger andauern, bis Reiter und Pferd ihre maximale Leistungsbereitschaft erreicht haben. Die Vorbereitungszeit verkürzt sich mit fortschreitender Tageszeit. Gegen 15.00 Uhr haben Durchblutung und Körpertemperatur ihr Maximum erreicht, gegen Abend verringert sich dies wieder.

Außentemperatur/Klimatische Bedingungen

Unterschiedliche klimatische Bedingungen wirken sich auf die Dauer und Intensität der Vorbereitung aus. Hohe Außentemperaturen verkürzen die Vorbereitungszeit, Regen und Kälte verlängern sie. Dabei kann bei kalten Temperaturen klimagerechte Kleidung helfen, die Vorbereitungszeit zu verkürzen. Ein Schwitzen von Reiter und Pferd ersetzt nicht die Vorbereitung.

Innere Einstellung und Typ des Reiters

Die innere Einstellung des Reiters beeinflusst Dauer und Effektivität der Vorbereitung. Wird die zu absolvierende reiterliche Tätigkeit als besonders bedeutend eingestuft, verstärkt sich der Vorstartzustand. Die ausgeschütteten Hormone fördern die Umstellung vom Ruhe- zum Arbeitsstoffwechsel.

Die innere Erregung des Reiters hat erheblichen Einfluss auf die Spannungszustände der Muskulatur und die Eng- und Weitstellung der Gefäße. Vom Typ des Reiters ist es abhängig, ob er mit steigender oder sich verringernder Erregung reagiert. Insgesamt hat eine Vorbereitung regulierenden Einfluss auf negative Spannungszustände des Reiters.

Dauer und Umfang der Vorbereitung

Der persönliche Trainingszustand des Reiters entscheidet über die Dauer und den Umfang seiner individuellen Vorbereitungszeit. Reiter und Pferde, die sich täglich auf ihre Aufgaben vorbereiten, benötigen einen geringeren zeitlichen Umfang als solche, die z. B. nur einmal wöchentlich trainieren.

Aufwärmen – wie lange?
Viele Faktoren spielen bezüglich der Länge des Aufwärmens eine Rolle: Alter, Trainingszustand des Reiters, Tageszeit, Außentemperatur und Persönlichkeit des Reiters.

Arten der Vorbereitung

Allgemeine Vorbereitung

Bei der allgemeinen Vorbereitung werden große Muskelgruppen betätigt. Es sollen möglichst alle Muskelgruppen des Körpers einbezogen werden, um die Fähigkeiten des Organismus insgesamt auf ein höheres Niveau zu bringen. Dabei sollen keine Muskelgruppen nacheinander mehrmals belastet werden, um eine Übermüdung zu vermeiden. Der beste Effekt wird erzielt, wenn die Aufgaben möglichst variantenreich gestaltet werden.

Ziel: Die allgemeine Vorbereitung wirkt sich positiv auf das Herz-Kreislauf-System, die Erhöhung der Körpertemperatur, die Erhöhung der Atmung und die allgemeine Vorbereitung des Kapsel-, Band-, Sehnen- und Knorpelgewebes aus.

Spezielle Vorbereitung

Diese Phase steht in unmittelbarem Zusammenhang mit der folgenden Aufgabe des Reitens. Dabei ist für den Reiter das 6-Punkte-Programm wichtig. Zudem können je nach Reiter spezielle Problembereiche einbezogen werden, wenn sie ihn besonders am gefühlvollen Reiten hindern. Für das Pferd sind die ab Seite 153 erörterten Aspekte zu bedenken.

Ziel: Die innere Reibung der Muskulatur wird verringert, Muskelverspannungen und Blockaden werden reduziert und die koordinativen Prozesse werden vorbereitet.

Nicht nur vor dem Aufsteigen, auch im Sattel des Pferdes kann der Reiter diverse Übungen vollziehen, die ihm helfen, individuelle koordinative Probleme und Verspannungen zu lösen.

Simultanzeichen nennt man Bewegungsfolgen, die rechts und links gleich ausgeführt werden sollen. Dies ist für jeden Menschen relativ schwer, was die unterschiedlichen Linien andeuten sollen.

Mentale Vorbereitung des Reiters

Die mentale Vorbereitung des Reiters wird oft unterschätzt. Beim mentalen Training werden im Geiste die Bewegungen vollzogen, man spielt die Bewegungsabläufe vor dem inneren Auge ab.

Man nennt diese Effekte auch Carpenter-Effekt oder Bild und Mitbewegung. Carpenter erforschte, dass der Mensch, der eine Bewegung sieht, die er bereits beherrscht, sich innerlich davon nicht distanzieren kann, sondern sie gefühlsmäßig mit vollzieht.

Das über das Auge wahrgenommene äußere Bild führt zu innerkörperlichen Mitbewegungen. Durch das rein geistige Sich-Vorstellen finden sogenannte ideo-motorische Reaktionen statt. Das heißt, im Körper laufen biochemisch dieselben Vorgänge ab wie in der realen reiterlichen Situation. Voraussetzung ist, dass der Reiter die Bewegung in der Grundstruktur beherrscht.

Ziel: Die inneren Abläufe (Pläne) können verfeinert werden, sodass das Ergebnis sich qualitativ verbessert.

Aktives Entmüden – der Cool-Down-Vorgang

Nach hohen körperlichen Beanspruchungen muss der Körper langsam zum Normalzustand zurückgeführt werden. Durch Vollziehen des Cool-Down-Prozesses regenerieren Geist, Seele und Körper bis zur

> **Motivationshilfen zum Aufwärmen**
>
> Ganz ehrlich: Wer kennt Ihn nicht, den „inneren Schweinehund"? Er verhindert, dass das Aufwärmen vor dem Reiten zu einer Selbstverständlichkeit wird. Sogar wenn man die Erfahrung gemacht hat, wie viel besser zum Beispiel die Koordination der Hilfen sein kann, wenn man sich vorher ausreichend aufgewärmt hat! Damit es Ihnen leichterfällt, das Aufwärmen vor dem Reiten zu einer Selbstverständlichkeit wie Zähneputzen oder Anziehen werden zu lassen, hier fünf Tipps, die wirklich etwas verändern können:
>
> 1. Gemeinsames Aufwärmen macht mehr Spaß! Verabreden Sie sich mit einem Reiterkollegen, der genau wie Sie die Ansicht vertritt, dass Aufwärmen wichtig ist.
> 2. Suchen Sie sich einen geeigneten (wenn es Ihnen hilft, auch diskreten) Platz im Reitstall, um Aufwärmübungen ohne Pferd zu machen. Besorgen Sie sich eine Matte – keiner legt sich gern auf den feuchten oder schmutzigen Boden.
> 3. Die meisten Aufwärmübungen können Sie auf dem Pferd machen – nutzen Sie die Schrittphase am Anfang der Reitstunde für Ihr 6-Punkte-Programm.
> 4. Motivieren Sie Ihren Reitlehrer, Aufwärmübungen in den Unterricht zu integrieren – es profitieren alle davon.
> 5. Die Erfahrung zeigt, dass es höchstens 21 Tage dauert, bis sich der Mensch eine neue Gewohnheit zu eigen gemacht hat und sie sozusagen „in Fleisch und Blut" übergegangen ist. Versuchen Sie, diese 21 Tage zu überstehen und freuen Sie sich jetzt schon auf das Lob Ihrer Reiterkollegen, die die sichtbaren Verbesserungen Ihrer Reitkünste bemerken werden!

Normalität. Mit seiner Hilfe zeigt der Organismus weniger negative Belastungszeichen nach dem Training oder Wettkampf und ist für die nachfolgenden Anforderungen leistungsbereiter (siehe Eckart Meyners „Aufwärm- und Übungsprogramm für Reiter").

Die Skala der Ausbildung des Reiters

Die Skala der Ausbildung für das Pferd gilt als Notwendigkeit, weil nur vor dem Hintergrund dieser Grundsätze das Pferd mit dem Reiter auf dem Rücken gesund und der Natur entsprechend ausgebildet werden kann.

Doch auch für den Reiter gilt es, seiner Psyche, seiner Emotionalität und seinem physiologischen System gemäß ausgebildet zu werden. Lange Zeit wurde dies bei der Ausbildung des Reiters zu wenig berücksichtigt. Bis heute ist es ein Grundproblem lernender Reiter, dass den im Folgenden näher erläuterten Punkten wie unter anderem Vertrauen, Losgelassenheit, Gleichgewicht und Rhythmus vor dem Reiten zu wenig Bedeutung beigemessen wird.

Die Skala der Ausbildung für den Reiter lautet:
1. Vertrauen und Angstfreiheit
2. „Losgelassenheit" (Lockerheit) des Reiters (emotional und körperlich)
3. Gleichgewicht und Rhythmus
4. Bewegungsgefühl
5. Einwirkung/Hilfengebung/Reittechnik

Vertrauen

Voraussetzung für das Reitenlernen ist das Vertrauen zum Pferd und Ausbilder. Auch muss der Reiter angstfrei sein. So wie auch ein Pferd nicht lernen kann, wenn es kein Vertrauen zum Reiter hat, so kann der Mensch nicht lernen, wenn er kein Vertrauen in sein Pferd und in seinen Ausbilder hat. Dieser Punkt ist eine fundamentale Voraussetzung für Lern- und Leistungsprozesse schlechthin und wird häufig ignoriert („Stell' dich nicht so an!").

Lockerheit (Losgelassenheit) des Reiters

Die „Losgelassenheit" des Reiters ist der nächste Punkt der Skala der Ausbildung. Der Reiter muss innerlich aufnahmefähig sein. Wenn er sich mit entsprechenden emotionalen Problemen beschäftigt – was der Ausbilder nicht immer sofort bemerken kann – ist ein aufmerksames Reiten unmöglich. Innere Lockerheit trägt auch zur äußeren Lockerheit bei.

Doch die äußere Losgelassenheit wird auch durch Dysbalancen und zeitweilige Verkrampfungen einzelner Teilbereiche des Reiterkörpers reduziert. Dabei sind drei zentrale Bereiche von Bedeutung: der Hals-Nacken-Bereich, der Brustbeinbereich und das Becken. Diese Bereiche müssen vorrangig vor dem Reiten mobilisiert werden, um das Pferd gezielter wahrnehmen und auf es eingehen zu können.

Gleichgewicht und Rhythmus

Aufwärmen (Vorbereiten des Reiters auf die spätere Tätigkeit auf dem Pferd) ist leider immer noch ein ungeliebtes Thema in der Reiterei. Ein Ausbilder erspart sich viele Korrekturen, wenn die Elastizität des Reiters erhöht ist und dieser sich den Bewegungen des Pferdes besser anpassen kann. Auf diese Weise werden Voraussetzungen geschaffen,

Reiter und Pferd sind noch nicht in einem harmonischen Dialog. Das Pferd stützt sich auf die Reiterhand, der Reiter kommt noch nicht zum losgelassenen Sitz.

im Gleichgewicht zu sitzen, weil sich keine Muskeln mehr „festmachen". Dieses äußere Gleichgewicht ist ebenso entscheidend wie das innere. Es sollten auch vor dem Reiten unterschiedliche Anforderungen an die unterschiedlichen Gleichgewichtsarten (siehe Seite 31) gestellt werden. Der Reiter erspart sich so viele eigene Korrekturen mittels Muskelmasse, weil das vestibuläre (Innenohr) und kinästhetische System (der Bewegungssinn) sensibel auf Ungleichgewichtssituationen beim Reiten vorbereitet sind.

Nur ein sich im Gleichgewicht befindender Reiter ist fähig, rhythmisch zu reiten. Rhythmus und Gleichgewicht haben einen hohen Zusammenhang. Gleichgewichtsprobleme führen zu unrhythmischen Bewegungen; unrhythmische Bewegungen haben ihre Ursache im fehlenden Gleichgewicht.

Skala der Ausbildung des Reiters		
DURCHLÄSSIGKEIT		
Fähigkeiten des Reiters ⟷ Fertigkeiten des Reiters		
Voraussetzungen für das Pferd:	**Voraussetzungen für die Entwicklung der Schubkraft:**	**Voraussetzungen für die Entwicklung der Tragkraft:**
Der Reiter muss sich psychisch, kognitiv, emotional und motorisch einstimmen.	Der Reiter muss Gleichgewicht, Bewegungsrhythmusfähigkeit und Bewegungsgefühl entwickeln sowie grundlegende Hilfen zur Unterstützung der Schubkraft geben können.	Der Reiter muss in der Lage sein, aktiv zu reiten, d. h., Hilfen und Einwirkungen in ihrer gesamten Komplexität übermitteln können.
Das Pferd soll sich an das Reitergewicht gewöhnen, um Takt und Losgelassenheit zu entwickeln.	Das Pferd darf nicht gestört werden, um Schubkraft zu entwickeln.	Das Pferd soll mittels der Hilfengebung gerade gerichtet und versammelt werden, um Tragkraft zu entwickeln.
1. Phase: Gewöhnung	**2. Phase: Schubkraftentwicklung**	**3. Phase: Tragkraftentwicklung**

Bewegungsgefühl

Erst wenn Gleichgewicht und Rhythmus weitgehend hergestellt sind, ist ein Fühlen und damit ein gefühlvolles Einwirken auf dem Pferd optimal möglich. Bewegungsgefühl als nächster Punkt der Skala der Ausbildung meint zunächst, sich den Bewegungen des Pferdes anpassen zu können. Der Reiter muss sozusagen mit dem Pferd verschmelzen.

Einwirkung/Hilfengebung

Nur aus dieser engen Verbindung zwischen Reit- und Bewegungslehre ist eine exakte Einwirkung auf das Pferd möglich. Sie muss im richtigen Augenblick und mit einer entsprechenden Dosierung kommen. Hilfen sind technische Mittel, um die Reitersprache auf das Pferd zu übertragen und damit einen Dialog zwischen Reiter und Pferd zu ermöglichen. Eigentlich darf der Reiter über die Hilfen nicht mehr nachdenken, weil dann meistens der entscheidende Augenblick des Einsatzes schon verpasst ist (siehe auch Ausführungen über die Skala der Ausbildung des Reiters in Eckart Meyners „Aufwärm- und Übungsprogramm im Sattel").

Gelungener Dialog
Der Dialog Reiter – Pferd gelingt in jeder Ausbildungsphase, wenn beide Systeme aufeinander abgestimmt sind.

Die Skala der Ausbildung des Reiters

Gelegentlich kann es helfen, wenn der Ausbilder die Bewegung „führt", damit der Schuler ein Gefühl für den korrekten Vollzug der Bewegung bekommt.

Auf einen Blick

- Damit Reiter und Pferd zu einer harmonischen Einheit zusammenwachsen können, muss zunächst klar sein, welche Fähigkeiten und Fertigkeiten der Reiter beherrschen muss, um das Pferd bezüglich seiner Ausbildung zu unterstützen statt es zu behindern.
- Die Skala der Ausbildung des Reiters muss in einem Kontext mit der Skala der Ausbildung des Pferdes stehen.
- Wichtig dabei: Wer als Reiter das Ziel hat, ein Pferd auszubilden, muss jeden Punkt der Skala der Ausbildung des Reiters bereits erfüllen können, damit er dazu in der Lage ist, systematisch und funktional auf das Pferd einzuwirken. Anders herum ist es für den Reitanfänger unerlässlich, mithilfe eines erfahrenen und ausgebildeten Pferdes die Skala der Ausbildung des Reiters zu erfahren/erfühlen.
- Nur das erfahrene Pferd kann dem Reiter im Hinblick auf die Punkte Gleichgewicht, Rhythmus, Bewegungsgefühl und Einwirkung die Komplexität der Bewegungsabläufe beim Reiten vermitteln (Prinzip: unerfahrener Reiter auf erfahrenes Pferd = das Pferd ist der „Lehrmeister").

Drei grundlegende Reittechniken

Stellen, Biegen und halbe Paraden

Mit den drei grundlegenden Reittechniken des Stellens, Biegens und den halben Paraden erarbeitet und entwickelt der Reiter im Prinzip alle zur Gymnastizierung des Pferdes zur Verfügung stehenden Lektionen – sportwissenschaftlich gesagt, erarbeitet er damit die Fertigkeiten des Pferdes (= Lektionen).

Um die drei grundlegenden Reittechniken als Reiter anwenden zu können, muss er seine koordinativen Fähigkeiten (also das komplexe Zusammenspiel von Gewichts-, Schenkel- und Zügelhilfen) innerhalb jeder Reitsituation differenziert einsetzen können.

Vom ersten Aufsitzen an beginnt der Dialog der Bewegungsabläufe zwischen Reiter und Pferd. Der bereits aufgewärmte Reiter ist sensibilisiert dafür, das Pferd in seinem Bewegungsangebot wahrzunehmen. Ausgehend von dieser Wahrnehmung kann er durch das unabhängige, aber dennoch verzahnte Zusammenspiel der drei wesentlichen Hilfen (Gewicht, Schenkel, Zügel) gezielt Einfluss auf das Gehen, die Haltung und die Richtung des Pferdes nehmen.

Die drei grundlegenden Reittechniken des Stellens, Biegens und der halben Paraden sind übergeordnete Bestandteile der sogenannten Gymnastizierung eines Pferdes.

Der Begriff Gymnastizierung erscheint zunächst wenig bedeutungsvoll, ist aber ganz fundamental. Gemeint ist damit, dass das Pferd durch die drei oben genannten grundlegenden Reittechniken höchstmöglich beweglich und muskulär leistungsfähig (flexibel und gleichzeitig stabil) gemacht wird. Dies hat das Ziel, dass jede an das Pferd gestellte Anforderung des Leistungs- und Breitensports erfüllt werden kann.

Fazit: Ist der Reiter dazu in der Lage, Stellen, Biegen und halbe Paraden anzuwenden, so erschließt sich ihm damit das Reiten aller Lektionen und Bahnfiguren. Der Reiter wird fähig, von dem Reiten einer Lektion oder einer Bahnfigur auf andere Lektionen oder Figuren zu transferieren. Aus diesem Grund ist es überflüssig, die Hilfengebung für einzelne Lektionen wie Volten, Schlangenlinien, das Durchreiten von Ecken etc. wiederholt zu erläutern.

Voraussetzung für den lernenden Reiter ist das erfahrene Pferd, das mit den drei genannten Techniken vertraut ist.

Gymnastizieren hält gesund

Um alle Ziele des Reitens (Tierschutz, Unfallverhütung, Freude und Leistungsfähigkeit) zu erreichen, muss ein Pferd sinnvoll gymnastiziert werden. Hierzu stehen dem Reiter drei grundlegende Reittechniken zur Verfügung: das Stellen, das Biegen und die halben Paraden.

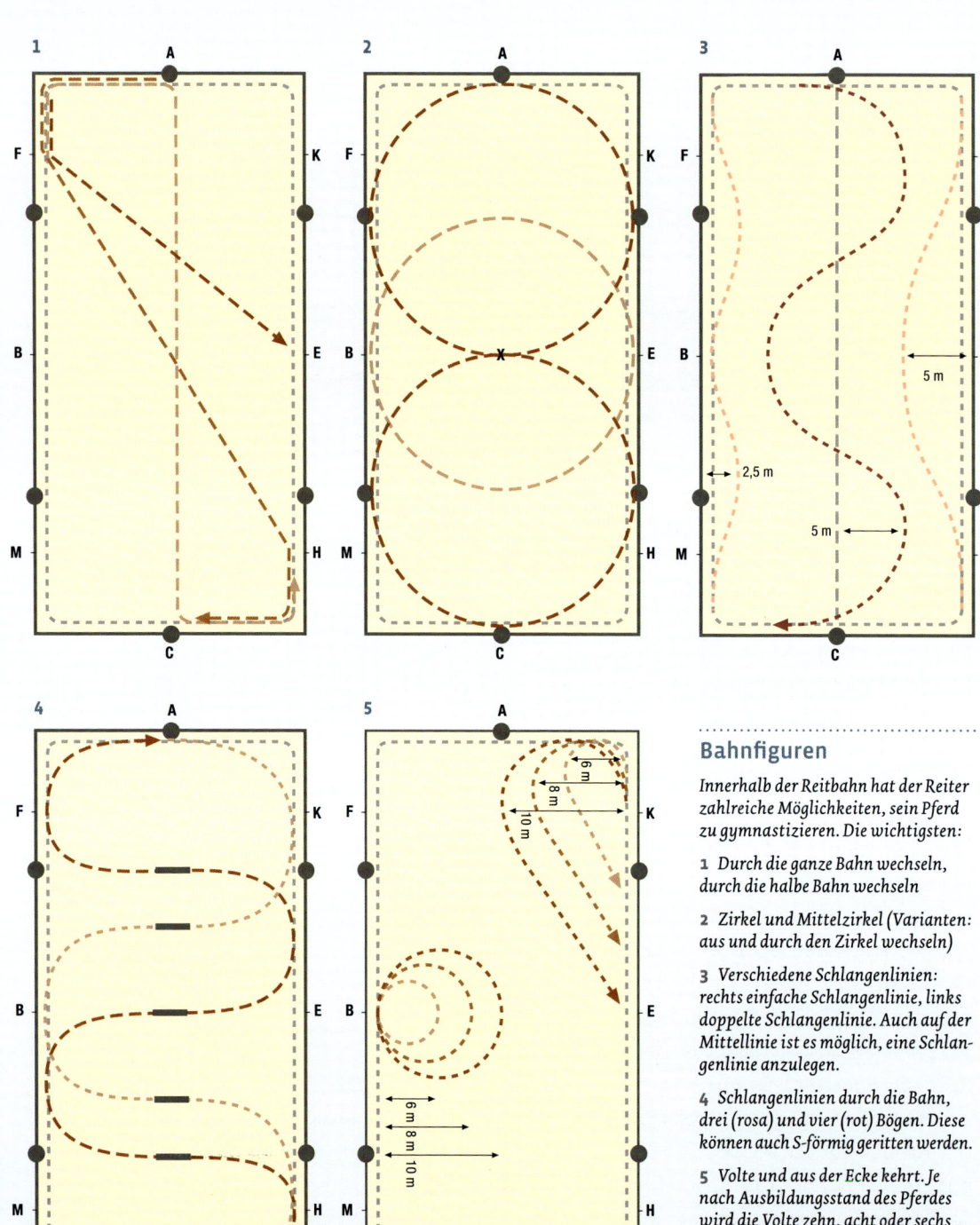

Bahnfiguren

Innerhalb der Reitbahn hat der Reiter zahlreiche Möglichkeiten, sein Pferd zu gymnastizieren. Die wichtigsten:

1 Durch die ganze Bahn wechseln, durch die halbe Bahn wechseln

2 Zirkel und Mittelzirkel (Varianten: aus und durch den Zirkel wechseln)

3 Verschiedene Schlangenlinien: rechts einfache Schlangenlinie, links doppelte Schlangenlinie. Auch auf der Mittellinie ist es möglich, eine Schlangenlinie anzulegen.

4 Schlangenlinien durch die Bahn, drei (rosa) und vier (rot) Bögen. Diese können auch S-förmig geritten werden.

5 Volte und aus der Ecke kehrt. Je nach Ausbildungsstand des Pferdes wird die Volte zehn, acht oder sechs Meter groß geritten.

Stellen, Biegen und halbe Paraden

Warum muss ein Pferd gestellt und gebogen werden?

Betrachtet man die Anatomie des Pferdes, so lässt sich feststellen: Die Schultern sind schmaler als die Hüften. Weiterhin ist jedes Pferd von Natur aus zunächst schief, das heißt, es wird immer auf einer Seite mit dem Hinterhuf in Richtung der Spur des gleichseitigen Vorderhufs treten, mit der anderen Seite aber außen/seitlich daran vorbei. Dies ist nicht weiter schlimm, solange das Pferd nicht ständig geritten wird. Es ist innerhalb seiner Naturschiefe im seitlichen Gleichgewicht (siehe „Geraderichten" Seite 190).

Doch unter dem Reiter verstärkt sich die natürliche Schiefe: Das Pferd tritt auf einer Seite stets an der Spur des Vorderbeins vorbei. Dies wiederum hat langfristig Folgen: Bänder, Sehnen und Gelenke werden unterschiedlich stark beansprucht und verschleißen dadurch schneller.

Ein weiterer Gesichtspunkt: Das Pferd muss sich unter dem zusätzlichen Reitergewicht neu seitlich ausbalancieren. Dies wiederum ist nur erreichbar, wenn man dem Pferd in der Ausbildung hilft, die natürliche Schiefe durch sinnvolle gymnastizierende Arbeit weitestgehend zu überwinden und ihm damit sozusagen eine „künstliche", geradere Körperhaltung ermöglicht.

Dies dient keinem Selbstzweck, sondern ist eine notwendige Maßnahme zur Gesunderhaltung jedes Reitpferdes, egal ob man Breiten- oder Leistungssport betreibt!

Das Reiten auf gebogenen Linien, später das Reiten von Seitengängen, sind geeignete Mittel, um die natürliche Schiefe des Pferdes zu überwinden.

Das Ziel, das man erreichen will, ist also: Das Pferd soll durch „geraderichtende Biegearbeit" – über Stellen und Biegen – dazu in der Lage sein, eine bessere seitliche Balance zu finden. Dies ist ihm am Ende nur möglich, wenn es dem Reiter gelingt, die jeweils innere Schulter des Pferdes vor das entsprechende innere Hinterbein zu richten (siehe Seite 192) und dabei ein Ausweichen der Hinterhand zu vermeiden.

Nur wenn es möglich ist, das Pferd korrekt zu stellen und zu biegen und damit seine seitliche Balance zu verbessern, wird es später möglich sein, die dritte grundlegende Reittechnik – die der halben Paraden – so nachhaltig anzuwenden, dass auch die Balance von Vorhand und Hinterhand variabel entsprechend des Versammlungsgrades gestaltet werden kann.

In der Kurzkehrt- oder Hinterhandwendung (oben) ist das Pferd in Bewegungsrichtung gestellt und gebogen. Travers im Galopp an der langen Seite ist eine sinnvolle Übung, um das Pferd langfristig geradezurichten.

Gymnastizierungsprinzipien für das Pferd

- Wechsel der Gangarten Schritt, Trab, Galopp (Übergänge) unter Beachtung von geregeltem Gang und Losgelassenheit,
- Wechsel der Hand, gleichmäßige Ausbildung auf beiden Händen,
- Übergänge innerhalb der Gangarten (Änderung des Gangmaßes),
- geraderichtende Biegearbeit (zunächst: Wenden um die Vorhand, später Wenden um die Hinterhand,
- Veränderung der Haltung des Pferdes (relative Aufrichtung, Versammlung),
- Wechsel zwischen Schub- und Tragkraft,
- dabei ständige Beachtung der Losgelassenheit und des Schwunges,
- Einbeziehung der Umwelt im Sinne einer vielseitigen Ausbildung (verschiedene Böden, bergauf, bergab, Hindernisse etc.).

Geschlossenes Halten. Nur wenn das Pferd sein Gewicht gleichmäßig auf alle vier Hufe verteilt, kann es zu jeder gewünschten Gangart sofort motiviert werden.

Gymnastizierungsprinzipien für den Reiter (bei vorbereitenden Übungen)

- Variation des Bewegungsumfangs,
- Tempodifferenz,
- Kraftdifferenz,
- Übungen in unterschiedlichen Lagen,
- Benutzung beider Körperseiten,
- unterschiedliche Ansprüche an das Gleichgewicht, Ausschluss von Sinnen.

Was heißt gymnastizieren?

Das Pferd wird ebenso wie der Reiter durch die Einbeziehung der Gymnastizierungsprinzipien hochgradig leistungsfähig gemacht. Die Anwendung der oben in den Kästen aufgeführten Prinzipien für Reiter und Pferd stellt beide Beteiligten auf jede sich verändernde Situation körperlich und mental optimal ein. Jegliche Monotonie dagegen stumpfen Reiter und Pferd ab.

Man muss bezüglich des sicheren Einsatzes von Reiter und Pferd bedenken, dass es keine Situation zweimal gibt. Um konstante Leistungen erbringen zu können, ist es aus diesen Gründen notwendig, dass sich sowohl der Reiter als auch das Pferd an die sich ständig verändernden Situationen anpassen können, ohne dass es eine Leistungsminderung gibt.

Fazit: Leider werden die bekannten Gymnastizierungsprinzipien für Pferde und die Bewegungsprinzipien für flexible und stabile Bewegungsabläufe für Reiter zu wenig angewendet, sodass der Dialog zwischen Reiter und Pferd zu wenig unterstützt wird. Stattdessen wird zu häufig stereotyp statt individuell und variabel verfahren: Es wird quasi nach einer Art auswendig gelernter „Bedienungsanleitung" geritten. Daraus resultieren für Pferde und Reiter körperliche und koordinative Barrieren. Sowohl der Körper als auch das Gehirn agieren und reagieren nicht schnell und flexibel genug in den unterschiedlichen Reitsituationen. Dies behindert die volle Ausschöpfung der Leistungsfähigkeit von Pferd und Reiter und behindert außerdem einen von Harmonie geprägten Dialog.

Die Technik des Stellens

Mit der Technik des Stellens kann der Reiter verschiedene Ziele verfolgen. Grundsätzlich muss das Pferd zunächst gestellt werden, bevor der Reiter einen Richtungswechsel, z. B. den Wechsel von der rechten auf die linke Hand einleitet. Weiterhin muss das Pferd gestellt (und auch gebogen, siehe Seite 94) werden, wenn der Reiter eine gebogene Linie wie einen Zirkel oder eine Volte reitet. Bei weiter ausgebildeten Pferden kommt ein weiterer Aspekt dazu, der die Technik des Stellens zwingend notwendig macht. Um ein naturschiefes Pferd später stets geradegerichtet reiten zu können (bzw. in Stellung nachhaltig gerade zu halten), muss es unter anderem auch auf gerader Linie „in Stellung" geritten werden (siehe Seite 195).

Zuerst allerdings muss das junge, unausgebildete Pferd darin geschult werden, „mit Stellung" geritten zu werden. Hierzu wendet der Reiter sein Pferd im Kopf so viel, dass er aus seiner Position auf dem Pferderücken den inneren Augen- und Nüsternrand schimmern sieht.

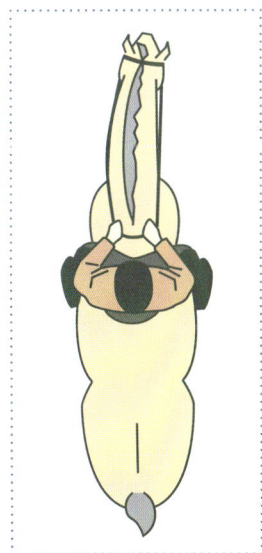

Das Stellen spricht nur den vorderen Teil des Pferdes an, also den Kopf, das Genick und den Hals.

Im Linksgalopp wird das Pferd nach links gestellt. Im Rechtsgalopp wäre es anders herum.

Zum Einleiten einer Wendung wird das Pferd zunächst in die Richtung gestellt, in die es dann abwenden soll. Zum Abwenden muss der Reiter sein Gewicht vermehrt auf den inneren Gesäßknochen verlagern.

Die Ohren des Pferdes bleiben auf einer Höhe und der Mähnenkamm kippt in die Richtung, in die das Pferd gestellt ist.

Das Stellen spricht nur den vorderen Teil des Pferdes an – also den Kopf, das Genick und den Hals.

Fazit: Durch das Stellen wird in den meisten Fällen ein Wenden im Pferd eingeleitet. Anders herum kann man sagen: Keine Wendung erfolgt ohne vorheriges Stellen des Pferdes. Die Technik des Stellens ist außerdem Voraussetzung zum Geraderichten des Pferdes.

Stellen des Pferdes Schritt für Schritt

Der grundsätzliche Ablauf beim Stellen eines Pferdes kann unterteilt werden in vier Schritte:

1 **Stellung anfragen:** Hierzu nimmt der Reiter den inneren Zügel leicht an. Solange die Stellung „nur" angefragt wird, sitzt der Reiter beidseitig belastend. Die treibenden Hilfen sind Gangart und Richtung angepasst!

2 **Stellung zulassen:** Der Reiter muss nun den Umfang der Stellung, den er mit dem inneren Zügel unter Mitwirken der treibenden Hilfen angefragt hat, am äußeren Zügel zulassen – diesen also in dem Maß vorgeben, wie der innere Zügel angenommen wurde.

3 **Stellung begrenzen:** Der äußere Zügel hat allerdings auch die Aufgabe, die Stellung nicht unbegrenzt zuzulassen – er „bestimmt", wie weit das Pferd sich in Genick und Hals stellen soll.

4 **Mit dem inneren Zügel nachgeben:** Gemäß dem Prinzip der diagonalen Hilfegebung (siehe Seite 95) ist es nun notwendig, das Pferd in Stellung am äußeren Zügel weiter zu führen und mit dem inneren Zügel, der zunächst die Stellung veranlasst hat, leicht nachzugeben. Besonderen Stellenwert hat hier der innere treibende Schenkel. Der äußere Schenkel hat verwahrende und treibende Funktion.

Selbstkontrolle des Reiters

Wenn der Reiter sich auf einen normalen Stuhl setzt und seine linke und rechte Hüfte anhebt, so wird er sofort spüren, dass dies auf einer Seite leichter fällt (siehe Eckart Meyners „Bewegungsgefühl und Reitersitz").

Diese Seite ist flexibler und kann auf das Pferd gewichtsmäßig aktiver einwirken als die andere. Damit besteht die Gefahr, dass das

Pferd nicht gleichmäßig beidseitig belastet wird und in sich schief wird. Dies wirkt sich dann auch auf die Halsung des Pferdes aus (z. B. das Pferd verwirft sich oder „verdreht" den Hals zu weit nach innen). Die geforderte nachgebende äußere bei gleichzeitig verkürzender innerer Hand wird dadurch schon zum Problem. Also sollte jeder Reiter sich überprüfen, inwieweit er nach rechts und links mit dem Becken gleichmäßig flexibel ist, damit beide Gesäßknochen identisch auf den Pferderücken einwirken können.

Wenn der Reiter nicht auf beiden Gesäßknochen beidseitig belastend wirken kann, erfolgt daraus ebenso ein Problem mit der Zügelführung. Wenn sich das Becken einseitig belastend verstellt, folgt automatisch ein leichter Knick in der Hüfte, dieser überträgt sich auf seine Wirbelsäule, die sich einseitig leicht seitlich krümmt, sodass sich daraus unterschiedlich hohe Hände ergeben können. Diese wirken unterschiedlich aufs Pferdemaul und können die gewünschte Stellung negativ beeinflussen.

Durch regelmäßige Übungen auf dem Balimo wird der Reiter im Becken beweglicher. Dann fällt es ihm leichter, sich auf die Bewegungen des Pferderückens einzustellen.

Der Zusammenhang von Zügelführung und Becken

Bei der Zügelführung soll ein gleichmäßiges Maß des Nachgebens der äußeren Hand mit einer gleichzeitigen Verkürzung der inneren Hand koordiniert werden, um die Anlehnung aufrechtzuerhalten. Dabei soll die treibende Einwirkung aufrechterhalten werden. Diese geforderte Zügelhilfe setzt voraus, dass der Reiter eine gute Steuerungsfähigkeit besitzt und die Zügelhilfen unabhängig von anderen Körperteilen geben kann. Zügelhilfen werden von Reitern oft hart gegeben, ohne dass sie es wollen.

Eine weiche Zügelführung beim Stellen setzt voraus, dass der Reiter im Becken geschmeidig sitzt, um die Zügelhilfen aus einem unabhängigen Sitz sicher geben zu können. Handfehler sind häufig Beckenfehler, resultieren aus einer festen Schulter oder nicht genügend flexiblen Ellenbogen- und Handgelenken.

Wenn der Reiter nicht mit seinem Becken und den Rückenbewegungen des Pferdes verschmelzen kann, übertragen sich die unrhythmischen eigenen Beckenbewegungen negativ auf die Hände (hier wäre es z. B. völlig unsinnig, die Zügelführung verbessern zu wollen. Reiter und Ausbilder müssen erkennen, dass eine unruhige Zügelführung oft ihren Ursprung in einem nicht genügend flexiblen Becken hat).

Nur aus einem flexiblen Becken heraus ist es für den Reiter möglich, seine Zügelführung weich und federnd zu gestalten. Lektionen wie das Konterschulterherein setzen beim Reiter bereits komplexe Bewegungsanforderungen voraus.

> **Falsche Zügelhilfen und ihre Ursachen**
> Für Ausbilder und Reiter ist es wichtig, die Ursache für falsche Zügelhilfen zu finden. Es kann an mangelndem Gleichgewicht des Reiters liegen, aber auch an einem zu unflexiblen Becken. Eine weitere mögliche Ursache kann eine feste Schulterpartie sein. Nur wenn die individuelle Ursache gefunden ist, hat der Reiter eine Chance, seine Zügelhilfen langfristig zu verfeinern.

Die Zügelhilfen können dann nicht mehr fein abgestimmt werden, sodass sich die Pferde schwer stellen lassen, weil die stete Anlehnung verloren geht.

Nur ein im Gleichgewicht und mit flexiblem Becken sitzender Reiter ist imstande, die Veränderungen des Zügelmaßes außen – innen so zu erzeugen, dass er dabei identisch im Sitz bleibt. Dabei ist es notwendig, die Arme so weich aus den Schultergelenken einzusetzen, ohne ein Verdrehen im Oberkörper entstehen zu lassen (was sich wiederum negativ auf die Belastung beider Gesäßknochen auswirken würde).

Zügelführung als Problem von Schulter und Handgelenk

Außerdem können Schwierigkeiten beim korrekten Stellen aus der Schulter entstehen. Fehlende Flexibilität des Schultergelenks führt zu reduzierter Weichheit beider Arme. Sie können bei der Stellung nicht mehr elastisch im Sinne des Nachgebens mit dem äußeren Zügel und unabhängig vom gesamten Oberkörper eingesetzt werden. Die Folgen wären Störungen in der Anlehnung des Pferdes, weil alle Bewegungen des Reiters trotz großer Bemühungen nicht mehr koordiniert und weich ablaufen können.

Ebenso können Schwierigkeiten beim Verkürzen mit dem inneren Zügel entstehen. Viele Reiter haben Schwierigkeiten, das Handgelenk einzudrehen, sodass die zur weichen und geschlossenen Faust eingedrehten Finger sich dem Unterarm nähern.

Beim Eindrehen findet jedoch keine Fixierung des Handgelenks in einer festen Endposition statt, sondern in dieser eingedrehten Position finden ständig feine nachgebende und annehmende rhythmische Bewegungen (kaum sichtbar) statt (ebenso beim äußeren Zügel).

Fazit: Im Sinne der Koordination der Hilfen muss zunächst das Augenmerk auf die Gewichtshilfe des Reiters gerichtet werden, bevor die Zügelführung ausführlicher thematisiert wird. Weiterhin muss der Reiter im Becken, in den Schultern und in den Handgelenken genügend flexibel sein.

Eine falsche Zügelführung könnte ihren Ursprung in der unkorrekten Gewichtshilfe, aber auch in nicht genügend lockeren Schultern oder Handgelenken haben. Deshalb muss der Ausbilder genau überprüfen, wo das eigentliche Übel liegt.

Übungen

Hüftgelenke in alle Richtungen (1): Bewegen Sie die Hüftgelenke im Sattel sitzend nach vorne, nach hinten und danach in verbundener Bewegung. Dann führen Sie die gleichen Bewegungen nach oben, unten und miteinander verbunden aus. Zum Abschluss werden kreisförmige Bewegungen im Uhrzeigersinn und entgegengesetzt vollzogen (beidseitig üben).

Kopf und Hüftbewegungen: Neigen Sie den Kopf zur Seite, die Hüfte kommt dem Kopf entgegen (verkürzend), beidseitig üben. Diese Übung kann auch mit entgegengesetzten Kopf- und Hüftbewegungen vollzogen werden (dehnend: Kopf und Hüften entfernen sich – dann kommen sie sich wieder entgegen).

Schultern in alle Richtungen (2 – 5): Heben Sie die Schultern, senken Sie sie anschließend und verbinden Sie dann das Heben mit dem Senken. Danach führen Sie die Schulter nach vorne, danach nach hinten und verbinden Sie die Bewegungen in beide Richtungen miteinander (beidseitig üben). Es folgen kreisförmige Bewegungen.

Um das Becken flexibler zu machen, kann der Reiter auf dem Pferd unterschiedliche Bewegungen mit der Hüfte vollziehen (anheben, senken, vor und zurück).

Handgelenke beugen, strecken, drehen, kreisen: Beugen Sie die Handgelenke in beide Richtungen, wobei die andere Hand das Abbeugen unterstützt (passive Dehnung in beide Richtungen). Die Unterarme werden um Elle und Speiche nach innen und außen gedreht. Die Handgelenke werden kreisend im Uhrzeigersinn und umgekehrt bewegt.

Lockern der Schulterpartie: Hierzu kann der Reiter mit den Schultern kreisende Bewegungen machen oder sie anheben und senken. Viele Variationen wirken sich positiv aus.

Die Technik des Biegens

Damit eine Wendung geritten werden kann, muss der Reiter neben der Technik des Stellens die Technik des Biegens beherrschen. Während sich das Stellen in der Hauptsache auf den vorderen Teil des Pferdekörpers konzentriert, betrifft das Biegen immer den gesamten Pferdekörper in seiner Längsachse, also vom Kopf über das Genick bis zum Schweif..

Wie intensiv das Biegen erfolgt, ist grundsätzlich von der Beweglichkeit der einzelnen Körperpartien des Pferdes abhängig. Die Beweglichkeit des Pferdes ist im Hals- und Brustbereich am größten, nimmt dann sukzessive ab bis zum noch leicht beweglichen Lendenwirbelbereich. Im Bereich der Hinterhand, an den miteinander verwachsenen Kreuzwirbeln, ist es anatomisch unmöglich, eine Biegung zu erzeugen. Der Schweif dagegen ist wieder sehr beweglich (siehe anatomische Skizze auf Seite 98).

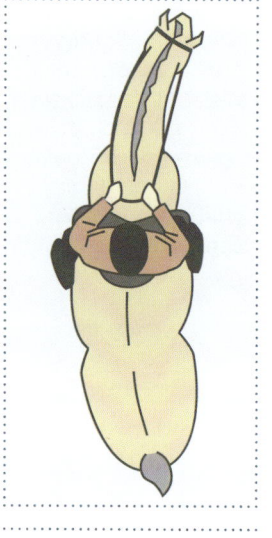

Die Technik des Biegens bezieht sich nicht nur auf einzelne Körperpartien des Pferdes, sondern auf die gesamte Längsachse.

Der Zirkel ist eine leicht gebogene Linie. Das Pferd soll, wie hier gezeigt, der Linie entsprechend gebogen werden. Wäre die Linie enger wie z. B. in einer Volte, muss das Pferd in seiner Längsachse stärker gebogen werden.

Die Technik des Biegens

Dennoch spricht man in der Reitlehre davon, den Pferdekörper in seiner gesamten Längsachse zu biegen. Eine besondere Rolle bei der Biegearbeit spielt der Rumpf mit seinen Rippen: Je nach anatomischen Voraussetzungen des Pferdes (flacher Rippenbogen, eher aufgewölbt etc.) lässt sich für den Reiter bei einem gebogenen Pferd die subjektive Wahrnehmung erzeugen, dass sich der Rippenbogen des Pferdes zur inneren Seite der Biegung senkt und der Reiter auf diese Seite des Pferdes „heruntergesetzt" wird. Was sich dabei genau abspielt, ist Folgendes: Zunächst wirkt der Reiter mit der einseitigen Gewichtshilfe (d. h., er belastet einen Gesäßknochen etwas mehr als den anderen) und dem Schenkel ein, sodass sich das Pferd „hohl" macht und im Rippenbogen leicht senkt. Daraufhin kann der Reiter seine Gewichtshilfe noch intensiver einsetzen. Sein innerer Gesäßknochen und das innere Hüftgelenk folgen der Pferdebewegung, ohne den Kontakt zum äußeren Gesäßknochen zu verlieren. Dieser muss weiterhin leicht „mitbelasten" – nur eben nicht so intensiv wie der innere.

> **Biegung ohne Stellung? Geht nicht!**
>
> Ein Pferd kann gestellt sein, ohne dass es auch gebogen ist. Andersherum ist es aber nicht möglich, ein Pferd zu biegen, ohne es auch gestellt zu haben. Hieraus entwickelte sich der Merksatz: Es gibt Stellung ohne Biegung, aber niemals Biegung ohne Stellung.

Das noch nicht geradegerichtete Pferd weicht mit dem rechten Hinterbein noch der Lastaufnahme aus – das ist ganz normal bei einem naturschiefen Pferd. Zum Geraderichten ist die Lektion Schulterherein (Foto rechts) sehr gut geeignet. Sie fördert das Schmalspurtreten. Dies gelingt auf der linken Hand sehr gut.

Was ist diagonale Hilfengebung?

Die Gründe, warum ein Reiter die sogenannte diagonale Hilfengebung benötigt, sind vielfältig in der detaillierten Betrachtung, aber am Ende liegt ihnen allen eine Ursache zugrunde: die Anatomie des Pferdes. Ganz banal betrachtet ist es zunächst einmal so, dass der Reiter auf einem rund 2,50 bis 3 Meter langen Pferd sitzt, dessen Längsachse er

Diagonale Hilfengebung
Im Reitsport spricht man von diagonaler Hilfengebung. Damit wird allerdings immer nur die Wechselwirkung zwischen innerem Schenkel und äußerem Zügel bzw. zwischen äußerem Schenkel und innerem Zügel angesprochen. Die dazugehörigen Gewichtshilfen bleiben oft unerwähnt.

beim Reiten „in der Spur" halten muss. Hierzu muss das Pferd vom Reiter und seinen Hilfen „eingerahmt" werden. Dies ist das Ziel diagonaler Hilfengebung.

Zu Beginn dieses Kapitels wurde erstmals angesprochen, dass der Reiter zum Erzeugen von Stellung mit dem inneren und äußeren Zügel unterschiedlich einwirken muss, genauso verhält es sich mit den Gewichtshilfen und den daraus folgenden Hilfen des inneren und äußeren Schenkels (zur Erinnerung: Das Gewicht „bestimmt" die entsprechende Schenkelhilfe, siehe ab Seite 57). In der täglichen Praxis wird allerdings bei dem Begriff „diagonale Hilfen" nur noch auf die Schenkel- und Zügelhilfen eingegangen. Dies soll im Folgenden differenziert betrachtet werden:

Um Stellung und Biegung beim Pferd erzeugen zu können, muss der Reiter die Technik der „diagonalen Hilfengebung" verstanden haben. Dieser abstrakte Begriff beschreibt eigentlich etwas ganz Einfaches: das diagonale Zusammenspiel zwischen Gewichts-, Schenkel- und Zügelhilfen. Das heißt, die innere Gewichts- und Schenkelhilfe „korrespondiert" mit dem äußeren Zügel, die äußere Gewichts- und Schenkelhilfe gleichfalls mit dem inneren Zügel.

Am Beispiel des Stellens erklärt: Wenn man den inneren Zügel annimmt, muss gleichzeitig der äußere Schenkel verwahrend begrenzen. Der Reiter rahmt auf diese Weise das Pferd mit seinen Hilfen ein. Würde der äußere begrenzende Schenkel fehlen, dann könnte es passieren, dass das Pferd mit seiner Hinterhand nach außen drängt. Gleichzeitig muss der äußere Zügel die Stellung des Pferdes begrenzen. Der innere Schenkel unterstützt die Stellung und sorgt gemeinsam mit dem äußeren Schenkel für das Vorwärts.

Wenn das Pferd gestellt wird, um sofort darauffolgend eine Wendung zu reiten, muss der Reiter bei der Technik des Stellens seine Gewichtshilfe fließend von der beidseitigen, gleichmäßigen Belastung in eine vermehrt einseitig belastende (innere) Gewichtshilfe überführen. Auch beim Reiten in Stellung, z. B. an der langen Seite, muss das Pferd leicht gestellt und gebogen sein, weswegen auch hier die einseitig belastende, innere Gewichtshilfe nötig ist (mehr dazu: Seite 56).

Das Prinzip der diagonalen Hilfengebung, der Kommunikation zwischen Gewichts-, Schenkel- und Zügelhilfen, muss fest in der Körpersprache des Reiters verankert sein. Denn die Folgen falscher

Beim Schenkelweichen bleibt das Pferd in seiner Längsachse gerade, es ist nur gestellt, aber nicht gebogen. Gut zu erkennen auf dem linken Foto: die seitwärts treibende Schenkelhilfe mit dem rechten Schenkel. Die begrenzende Zügelhilfe links trägt entscheidend dazu bei, dass das Pferd sich nicht im Genick verwirft.

Hilfengebung im Verlauf der stetig schwerer werdender Lektionen werden sonst immer sichtbarer – beispielsweise durch Verwerfen des Pferdes oder Ausfallen über die äußere Schulter, durch mangelnde Schwungentfaltung oder kaum sichtbare Versammlungsbereitschaft.

Wie wichtig im Zusammenhang der diagonalen Hilfengebung die korrekten Gewichtshilfen sind, bleibt häufig unerwähnt. Doch den Gewichtshilfen kommt eine zentrale Bedeutung zu, denn die Dreidimensionalität der Bewegung des Pferderückens korrespondiert mit der Bewegung des Reiterbeckens. Wenn die Dreidimensionalität des Reiterbeckens nicht gegeben ist, ist eine diagonale Hilfengebung nicht möglich.

Biegung in Rippen und Lenden

Bei der Technik des Biegens muss der Reiter zusätzlich zur Stellung für eine gute Biegung in der Rippen- und Lendenpartie des Pferdes sorgen. Es wird häufig pauschal darauf hingewiesen, dass sich die Längsbiegung des Pferdes eigentlich auf die Kopf-, Hals- und Rippenpartie

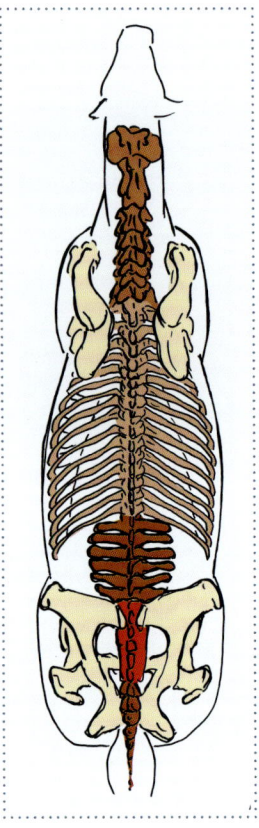

Die Beweglichkeit der Wirbel nimmt beim Pferd von vorne angefangen sukzessive ab. Gut zu erkennen: die zum Kreuzbein verwachsenen Kreuzwirbel (rot). Dort ist eine Biegung des Pferdes nicht möglich. Die Schweifwirbel wiederum sind beweglich und vollziehen die Biegung in der Längsachse mit.

beschränken würde, dass das Pferd also von den Lenden- bis zu den Kreuzwirbeln gar nicht dazu in der Lage sei, sich zu biegen. Beobachtet man allerdings ein Pferd, das sich beim Verladen im Hänger dreht oder die Situation in einer engen Waschbox, in der das Pferd gewendet werden muss, sieht man sofort, wie beweglich die Lendenpartie des Pferdes ist. Das Pferd kann diese Partie (im Notfall) quasi als „Knicklenker" nutzen. So extrem soll es beim Biegen ja gar nicht sein, doch das Fazit daraus ist immens wichtig: Die Biegung der Längsachse erfolgt nicht nur in der Rippenpartie, sondern vom Genick bis zum Schweif und wird nur bei den zum Kreuzbein verwachsenen Kreuzwirbeln „unterbrochen".

Im täglichen Gebrauch wird häufig davon gesprochen, das Pferd „um den inneren Schenkel" zu biegen. Korrekter wäre es hier natürlich, die gesamte diagonale Hilfengebung anzusprechen: Die aus der Gewichtshilfe resultierenden treibenden Hilfen des inneren Schenkels müssen mit dem äußeren Zügel koordiniert werden und andersherum. Der Reiter darf also ebenso wenig die äußere Hand nach dem Nachgeben starr hinstellen, sondern muss durch feine (kaum sichtbare) Bewegungen des Nachgebens/Annehmens die treibende Dynamik des inneren Schenkels beantworten. Nur auf diese Weise ist ein Verwerfen des Pferdes vermeidbar.

Der innere Schenkel

Wichtig beim Einsatz des inneren Schenkels ist jedoch dessen Platzierung (beim Biegen des Pferdes: am Gurt treibend zur Aktivierung des gleichseitigen Hinterfußes) und seine rhythmische Einwirkung. Wird der innere Schenkel zu weit hinter dem Gurt platziert, wird die Rippen- und Lendenbiegung behindert. Außerdem würde sich das innere Hinterbein dann vermehrt aufwärts bewegen, statt wie gewünscht mit Raumgriff nach vorwärts-aufwärts vorzuschwingen. Der Motor des Pferdes wird damit also behindert und die Koordination der diagonalen Hilfen gestört.

Das rhythmische Treiben führt zu einer inneren Dynamik des An- und Abspannens aller beteiligten Muskeln, damit das Pferd zwar in seiner Längsachse gebogen ist, sich jedoch ständig innerhalb dieser Biegung vom inneren Schenkel bis zur äußeren Hand rhythmisch und dynamisch bewegt.

Das Becken

Der innere Gesäßknochen des Reiters soll beim Biegen vermehrt belastet werden, ohne dass der äußere Gesäßknochen den Kontakt zum Sattel und damit zum Pferderücken verliert. Aus Sicht der Bewegungslehre ist es korrekt, wenn der Reiter sein Becken von seiner Normalposition in Richtung seines linken oder rechten Knies rollt – je nach Ausbildungsstand des Pferdes und der gewünschten Lektion kann er damit eine unterschiedlich ausgeprägte Biegung des Pferdes erzeugen (Lektionen ab Seite 199). Somit bleiben die Bewegungen des Reiters „im Pferd", es kann unter seinen Schwerpunkt treten und wird nicht durch ein Vorschieben bzw. Verdrehen des Reiterbeckens oder ein Einknicken in der Hüfte des Reiters aus seinem Gleichgewicht gebracht.

Um Linksbiegung im Pferd zu erzeugen, muss der Reiter sein Becken von seiner Normalposition in Richtung seines linken Knies rollen. Die Reiterin auf dem linken Foto demonstriert, wie das rollende Becken die Biegung im Pferd unterstützt. Rechts dagegen bleiben Pferd und Reiterin weitgehend gerade.

Der äußere Schenkel

Der verwahrende äußere Schenkel muss ohne Probleme aus einem locker hängenden Oberschenkel aus dem Kniegelenk nach hinten geführt werden und darf gleichzeitig nicht klemmend wirken. Viele Reiter sind heute jedoch in den Hüftgelenken dadurch blockiert, weil das Hüftgelenk nicht in vollem Umfang als Kugelgelenk benutzt wird, sondern als Scharniergelenk. Daraus resultiert eine mangelnde Flexibilität im Becken. Wenn dann der äußere Schenkel zurückgenommen werden soll, wird dies oft durch das gesamte Bein vollzogen und nicht mit Leichtigkeit aus dem Kniegelenk. Diese Gesamtbewegung führt zu einem Blockieren und Verdrehen des Beckens, was sich negativ auf die Längsbiegung des Pferdes auswirkt. Eine falsche Verlagerung des Reiterbeckens beeinflusst den kontinuierlichen Verlauf der Längsbiegung.

Um eine gute Beweglichkeit der Hüfte zu erreichen, bieten sich Übungen aus dem 6-Punkte-Programm an (Hüftgelenk in alle Richtungen, siehe S. 46 u. 54). Neben der Flexibilität des Hüftgelenks ist es wichtig, dass auch das Kniegelenk flexibel ist. Oft ist festzustellen, dass die Beugefähigkeit nicht optimal gegeben ist und auch die Fähigkeit des Hängenlassens des Schenkels nicht vollzogen werden kann. Bei diesen Reitern sind die Kniesehnen sehr „gestresst". Durch Stimulierung mit den Fingern lassen sie sich wieder flexibler machen. Danach ist der Reiter weitestgehend fähig, den Schenkel gefühlvoll zum Treiben zu benutzen und ihn danach auch wieder zu entspannen.

Übung
Für die Kniegelenke: Setzen Sie sich bequem auf einen Stuhl, sodass Ober- und Unterschenkel in etwa einen rechten Winkel bilden. Mit den Fingern fassen Sie unter den Oberschenkel im Übergang zum Kniebereich. Dort spüren Sie rechts und links unter dem Knie die Sehnenstränge, die Sie mehrmals zupfen.

Zügelführung
Auf die Zügelführung ist bereits grundsätzlich bei der Technik des Stellens eingegangen worden, wobei die Bewegungsausführungen innerhalb des Biegens noch koordinierter ablaufen müssen. Eine größere Abweichung nach außen oder innen würde sich im Gegensatz zur Stellung noch stärker negativ bei der Längsbiegung auswirken.

Eine gute Koordination zwischen dem äußeren und dem inneren Zügel ist Voraussetzung dafür, dass das Pferd nicht durch eine zu starke Abstellung des Halses nach außen über die äußere Schulter ausweicht.

Die Koordination von Gewichts-, Schenkel- und Zügelhilfen erfordert vom Reiter bei der Technik des Biegens ein ausgeprägtes Bewe-

Zupfen der Sehnen unterhalb der Knie.

Beim Abwenden muss der Reiter seinen Körper cross-koordinativ beherrschen. Die Schulter des Reiters folgt der Schulter des Pferdes, die Hüfte des Reiters folgt der Hüfte des Pferdes.

gungsgefühl. Wenn der Reiter beispielsweise eine Linkswendung reiten will, das Pferd zunächst nach links stellt und es dann links biegt, muss er eine einseitige Gewichtshilfe links einleiten. Hierbei müssen seine schrägen Bauchmuskeln insofern funktionieren, als bei der Gewichtsverlagerung die äußere Schulter des Reiters nicht zurückweichen darf. Bei einem Nichtfunktionieren der schrägen Bauchmuskeln und einem Zurückweichen der äußeren Schulter würde es zu Problemen bei der Zügelführung kommen. Wiche nämlich die äußere Schulter zurück, würde sich ein Automatismus auf die äußere Zügelführung übertragen, die zurückweisend wirken würde. Diese Abfolgen könnten das gesamte Zusammenspiel zum Scheitern bringen, weil der äußere Zügel in einer Wendung nach vorne und nicht nach hinten wirken muss.

Für den Reiter ist es wichtig, dass sein Körper cross-koordinativ funktioniert, um das Zusammenspiel von Gewichtsverlagerung und Zügelführung ohne Nachzudenken zu vollziehen, sodass sich das Pferd gemäß seinem System natürlich bewegen kann.

Übung

Überkreuzbewegungen an der Longe: Augen drehen gegen die Schultern, Kopf dreht gegen die Schultern, Schultern drehen gegen Hüften, Gestreckte Arme drehen gegen den Kopf, gestreckte Arme drehen gegen Hüften, Twisten in Affenstellung, linke Hand berührt rechte Fußspitze und umgekehrt, Knie gegen den entgegengesetzten Ellenbogen.

Die Technik der halben Paraden

Halbe Paraden bezeichnen das fein aufeinander abgestimmte Zusammenspiel von Gewichts-, Schenkel- und Zügelhilfen. Über die halben Paraden werden Gangart, Gangmaß und Haltung des Pferdes (Versammlungsgrad) verändert. Weiterhin soll die Verlagerung der Gleichgewichtsfähigkeit des Pferdes von der Vorhand zur Hinterhand (und damit seine Versammlungsfähigkeit) durch halbe Paraden in der weiteren Ausbildung nachhaltig gesichert werden. Dies ist das Ziel, das der Reiter in der Ausbildung seines Pferdes vor Augen hat. Er kann es nur erreichen, wenn er die grundlegende Reittechnik qualitätsvoller halber Paraden anwenden kann. Damit haben halbe Paraden in der Ausbildung eines Pferdes quasi eine „Schlüsselrolle": Nur mit der Anwendung halber Paraden ist eine fortschreitende Ausbildung des Pferdes (und damit eine Leistungssteigerung) überhaupt möglich.

Allerdings braucht das Pferd zunächst ein gewisses Maß an Grundausbildung, um das Wirkprinzip der halben Paraden vollständig umsetzen zu können. Unter anderem muss es möglich sein, dem Pferd ein zunächst geringes Maß an Stellung und Biegung zu geben, das Pferd muss darüber hinaus bereits beginnend geradegerichtet sein.

Trotzdem begleiten halbe Paraden schon vom Beginn der Ausbildung des Pferdes an mehr oder weniger jede Bewegung des Pferdes unter dem Reiter. Dies trifft beim Richtungswechsel zu, sei es beim Tempowechsel, in jeder Lektion, wenn auch noch nicht in der Qualität, die sie erst mit zunehmendem Ausbildungsstand des Pferdes erhalten. Dieser Umstand macht erneut deutlich, wie wichtig es ist, dass eines der beiden Lebewesen, die beim Reiten im Dialog stehen, einen Wissensvorsprung haben muss: entweder der Reiter oder das Pferd. Der erfahrene Reiter ist aufgrund der Tatsache, dass er die Technik der halben Paraden beherrscht, dazu in der Lage, dem jungen Pferd von Beginn des Reitens an zu vermitteln, dass es ein Zusammenspiel aller Hilfen gibt.

Der Begriff „halbe Parade" ist eine reiterliche Definition, die gerade bei unerfahrenen Reitern viel Verwirrung stiftet. Für viele ist damit die reine Zügeleinwirkung gemeint. Dies ist falsch. Eine halbe Parade setzt sich immer aus dem Zusammenwirken aller drei dem Reiter zur Verfügung stehenden Hilfen zusammen, wobei die treibenden Hilfen vorherrschen.

Das Pferd braucht ein gewisses Maß an Ausbildung, damit die Technik der halben Paraden wirkungsvoll eingesetzt werden kann.

Um das Reiten von halben Paraden richtig ausführen zu können, ist es unabdingbar, ein ausgebildetes Pferd zu haben, von dem der Reiter den Ablauf „erfühlen" kann: wann man treibt, wann man die Hand stehen lässt, wann man sie wieder ein wenig nach vorne schiebt. Hier ist es fast unmöglich, kopfgesteuert über Anweisungen zu übermitteln, wie das Reiten von halben Paraden „funktioniert".

Es ist eher eine Sache ständiger Übung und ständigen Ausprobierens, wobei von außen (vom Reitlehrer) die Rückmeldung beim gefühlvollen Vollzug des Reiters gegeben werden muss (Anregungen zu einem effektiven Dialog zwischen Reitlehrer und Schüler siehe Seite 120). Weiterhin ist es sinnvoll, das Zusammenspiel der Hilfen zunächst an der Longe auszuprobieren und erst später beim freien Reiten.
Fazit: Das Zusammenspiel der Hilfen muss sehr exakt sein, damit man beim Pferd im Moment der halben Parade die gewünschte Wirkung erzielt, also den Wechsel in Gangart oder Gangmaß oder Haltung. Schon in dem Buch „Der Reiter formt das Pferd" wird eindringlich darauf hingewiesen, dass nur über die so beschriebenen halben Paraden der sogenannte Beugegang (siehe Versammlung Seite 206) entwickelt werden kann und folglich ohne halbe Paraden keine qualitätsvolle Versammlung möglich ist.

Was fühlt der Reiter, wenn er eine halbe Parade geben will?

Ein Gefühl zu beschreiben ist immer riskant, denn ähnlich, wie sich über Geschmack nicht streiten lässt, würde jeder „sein" Reitgefühl vielleicht etwas unterschiedlich beschreiben. Der Versuch einer Beschreibung könnte etwa so aussehen: Das Pferd gibt vor, wann der Zeitpunkt der halben Parade gekommen ist. Genau in dem Augenblick, wenn sich beim Pferd in der Bewegung alle Gelenke durchbeugen, muss der Reiter das Pferd mit seinen drei Hilfen „einschließen".

Das bedeutet: In dem Moment, in dem das Pferd seine großen Gelenke von der Hüfte übers Knie zum Sprunggelenk und weiter abwärts beugt, kippt das Becken des Pferdes. Gleichzeitig senkt sich die Kruppe und der Rückenmuskel sorgt, vereinfacht gesagt, dafür, dass sich der Rücken des Pferdes ein wenig aufwölbt. Voraussetzung ist ein losgelassener Reiter auf dem Pferd, weil sein Becken die Bewegung des sich aufwölbenden Pferderückens annehmen und ihr folgen muss, also leicht (nach hinten) kippt. Das Reiterbecken wird in die Bewegung

---

Halbe Paraden

Die Technik der halben Paraden nimmt im Reitsport eine Schlüsselfunktion ein, denn mit halben Paraden kann der Reiter Gangart, Gangmaß und Haltung des Pferdes beeinflussen. Nur wenn dies gelingt, ist eine konstante Leistungssteigerung möglich.

des Pferderückens „hineingesogen", als Folge davon spürt der Reiter, wie sich auch seine Wade an den Pferdeleib anschmiegt, denn das leicht nach hinten gekippte Becken löst den treibenden Impuls der Reiterwade aus. Gleichzeitig folgt die Reiterhand der nach hinten gekippten Beckenbewegung.

In dem Augenblick der freien Schwebe (etwa im Trab), kippt das Becken wieder etwas nach vorne, die Wade löst sich als Folge davon vom Pferdeleib und die Hand federt leicht nach vorne. Dies ist der Moment, in dem der Reiter den Schwung des Pferdes „nach vorne herauslässt". Zum Zeitpunkt des Auffußens, des erneuten Durchbeugens der Gelenke (siehe Schwung Seite 176), kann der Reiter im vom Pferd vorgegebenen Rhythmus die nächste halbe Parade nutzen. So kann man als Reiter begleitend zu jeder Bewegung des Pferdes mit vielen aufeinanderfolgenden halben Paraden einwirken – mal mehr und mal weniger deutlich. Das Funktionsprinzip ähnelt damit einer Art Perpetuum mobile, denn mit jeder Bewegung des Pferdes, ob im

Bei jeder Bewegung des Pferdes hat der Reiter die Möglichkeit, mit halben Paraden Einfluss auf das Pferd zu nehmen.

Schritt, Trab oder Galopp, ergibt sich für den Reiter immer wieder die Möglichkeit, mit der Technik der halben Paraden Einfluss auf das Pferd zu nehmen.

Da die Beschreibung der Abläufe bei einer halben Parade so komplex ist, hat sich in der Reitersprache der Satz „das Pferd holt sich die halbe Parade beim Reiter ab" etabliert. Das heißt: Das Pferd gibt durch seinen Bewegungsablauf den Ablauf der halben Parade beim Reiter vor. Dies ist nun nicht ausschließlich reaktiv zu vollziehen. Die halbe Parade als Reiter auch aktiv zu nutzen, erfordert höchste Ansprüche an die reiterliche Koordination.

Folgendes Beispiel ist ein treffender Vergleich: Nehmen Sie einen Ball und prellen Sie diesen mit einer Hand immer wieder auf den Boden. Wenn der Ball zur Hand emporschnellt, müssen Sie zuerst die Bewegung des Balles aufnehmen, also reaktiv handeln. Dann jedoch können Sie durch das Heben und Senken Ihres Handgelenks Einfluss auf Richtung und Dynamik des Balles nehmen, Sie bringen durch eigene Aktivitäten Energie in den Dialog Menschenhand und Ball. Wie beim Prellen des Balles kommt es auf das Bewegungsgefühl und Geschick des Reiters an, den richtigen Zeitpunkt für die halben Paraden zu nutzen. Wer im Laufe seiner reiterlichen Ausbildung Bewegungsgefühl entwickelt hat, kann den Zeitpunkt „erfühlen", wann er das Pferd einschließen, aufhalten und sofort wieder mit einer nachgebenden Zügelhilfe zum Vorschwingen bringen muss.

Fazit: Halbe Paraden können erst wirksam eingesetzt werden, wenn das Prinzip von Stellen und Biegen angewendet werden kann. Sie werden eingesetzt, um Gangart, Gangmaß und Haltung des Pferdes zu beeinflussen und sind beim Reiten jeder Art von Übergängen nötig. Um den richtigen Augenblick zu erspüren, wann man bei den halben Paraden welche Hilfen einsetzt, ist ein ausgeprägtes Bewegungsgefühl des Reiters nötig.

Koordination der Hilfen bei den halben Paraden

Der Reiter muss auf das Koordinieren der Hilfen bei den halben Paraden vorbereitet werden. Es sind komplexe Anforderungen, die hier an seine Koordination gestellt werden. Diese Anforderungen sind nicht allein dadurch zu erfüllen, indem man als lernender Reiter auf einem ausgebildeten Lehrpferd passiv bzw. reaktiv „bewegt wird". Da es

Es ist nicht möglich, die volle Wirkung der halben Paraden beim jungen Pferd zu erzielen. Dennoch wird der erfahrene Reiter von Anfang an die Abläufe der halben Parade anwenden, die sich dann im Verlauf der Ausbildung immer differenzierter auf das Pferd auswirken.

außerdem keine vergleichbaren Fertigkeiten gibt, auf die der Reiter zurückgreifen kann (von denen ein Transfer auf das Reiten möglich ist), muss dieser Transfer über verschiedene Fähigkeiten (siehe Seite 25) erfolgen.

So wie es in anderen Sportarten zum normalen Training gehört, sollten an den Reiter differenzierte Aufgaben gestellt werden, die gleichzeitig, nacheinander, unter Zeitdruck, mit vielschichtigen Aufgabenstellungen erfolgen müssen. Somit werden die koordinativen Fähigkeiten sensibilisiert. Reiter agieren und reagieren dann bei Veränderungen der Situation ohne Schwierigkeiten.

Eine optimale Vorbereitung bieten unterschiedliche cross-koordinative Übungen durch Drehen um die Längsachse, weil dadurch beide Körperhälften über das Gehirn mit einbezogen werden. Da alle Reitsituationen ständig im sogenannten Drehsitz erfolgen müssen, sind diese Übungsfolgen eine optimale Vorbereitung auf das Zusammenspiel der Hilfen besonders über die Diagonale unseres Körpers (siehe diagonale Hilfengebung Seite 95).

Die Technik der halben Paraden

Übungen

Aufwärmübungen: An den Reiter können Aufgaben gestellt werden, die unterschiedliche Abläufe gleichzeitig verlangen, zum Beispiel:
- Laufen und kreisen mit einem Arm,
- Laufen mit Kreisen beider Arme nacheinander wie eine Windmühle – von vorne nach hinten und umgekehrt,
- Laufen und beidarmiges Kreisen gleichseitig von vorne nach hinten und umgekehrt,
- Hopserlauf und Kreisen beider Arme von hinten nach vorne und umgekehrt.

Die kreisenden Übungen müssen langsam erfolgen.

Gleichgewichtsübungen auf dem Koordinationskissen:
- beidbeinig und Ball hochwerfen (1),
- beidbeinig, Ball von rechts nach links und übergeben (2).

All diese Übungen können dazu beitragen, dass der Reiter mehr und mehr dazu in der Lage ist, seine Hilfen und seine Einwirkung beim Anwenden der halben Paraden zu verfeinern.

Ziel ist es, als Reiter die halben Paraden nicht nur reaktiv zu erleben, sondern sie aktiv einsetzen zu können, um zum Beispiel Gangart, Bewegungsablauf oder die Haltung des Pferdes zu verändern. Der angestrebte Dialog zwischen Reiter und Pferd zeigt sich nirgendwo deutlicher als in der geschickten Anwendung von halben Paraden.

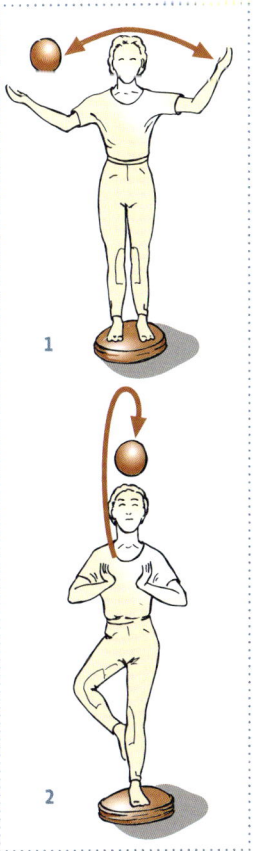

Eine unterstützende Wirkung zum Erlernen der halben Paraden haben Bewegungsanforderungen an den Reiter, die bei Übungen ohne Pferd mehrere Aufgaben miteinander verknüpfen (Mehrfachaufgaben).

Auf einen Blick

- Dem Reiter stehen drei grundlegende Reittechniken für die Gymnastizierung des Pferdes zur Verfügung: Die Technik des Stellens, die Technik des Biegens und die Technik der halben Paraden.
- Ziel allen Stellens und Biegens ist, die natürliche Schiefe des Pferdes zu überwinden und seine seitliche Balance zu verbessern.
- An den Reiter werden bei den Techniken des Stellens und Biegens komplexe Bewegungsanforderungen gestellt. Ziel ist es, die diagonale Hilfengebung anwenden zu können.
- Mit der Technik der halben Paraden werden Gangart, Gangmaß und Haltung des Pferdes verändert.
- Es ist ein sehr ausgeprägtes und feines Bewegungsgefühl des Reiters erforderlich, um den richtigen Zeitpunkt für die Anwendung der halben Parade zu finden.
- Diverse Aufgaben aus der Bewegungslehre können die koordinatorischen Fähigkeiten des Reiters dahingehend verbessern, dass ihm das Auslösen aufeinanderfolgender halber Paraden leichter fällt.

Reiten lernen im Dialog

Funktionales Reiten lernen

Leider wird in vielen Reitbetrieben heutzutage noch immer gelehrt, dass es Lektionen gibt, die in einer bestimmten Reihenfolge geritten werden. Die Struktur, die hinter dem Aufbau der Lektionen steht und das Wirkprinzip, das dem übergeordnet ist, werden nicht mehr näher erläutert (formalisiertes und nicht funktionales Unterrichten). So lernen viele Reiter ausschließlich: Am Anfang der Stunde soll man ganze Bahn und Zirkel reiten, dann Vorhandwendungen und Schenkelweichen und später Volten und Schlangenlinien. Die Begründung, ein „Warum", wird meist nicht gegeben.

Im Folgenden wird anhand verschiedener Beispiele dargelegt, wie ein in sich schlüssiger und sinnvoller Aufbau einer Reiteinheit erfolgen sollte.

Aufbau einer Reiteinheit nach sportpädagogischen Gesichtspunkten

Voraussetzung für das Unterrichtsgeschehen ist die Analyse von Reiter und Pferd. Generell kann nicht davon ausgegangen werden, dass der Ausbilder irgendwelche Lektionen vom Reiter fordert, die in der Reitlehre aufgeführt sind. Vielmehr sollten sich die Auswahl der Inhalte (Lektionen, Fertigkeiten oder Techniken, siehe Seite 111) und auch die Ziele, die z. B. durch bestimmte Lektionen erreicht werden sollen, ausschließlich aus der vorhergehenden, gründlichen Analyse von Reiter und Pferd ergeben.

Die Forderung des Reitlehrers muss eine unmittelbare Nähe zu den bereits erworbenen Kompetenzen von Reiter und Pferd haben, um Unterrichtserfolge zu sichern (keine Überforderung). Je kleiner die Differenz des momentan Geforderten zu dem bisher Erbrachten, desto größer ist die Wahrscheinlichkeit, dass Reiter und Pferd Erfolge erleben werden.

Sowohl für den Reiter als auch für das Pferd gelten die jeweiligen Skalen der Ausbildung als maßgeblicher Leitfaden für die Analyse des Ist-Zustandes von Reiter und Pferd. Die Auswahl der Reitlektionen bei den methodischen Schritten orientiert sich ebenfalls immer an den Skalen der Ausbildung für Reiter und Pferd.

Einflussgrößen sind momentaner Leistungsstand, körperliche Besonderheiten, Exterieur und Interieur von Reiter und Pferd.

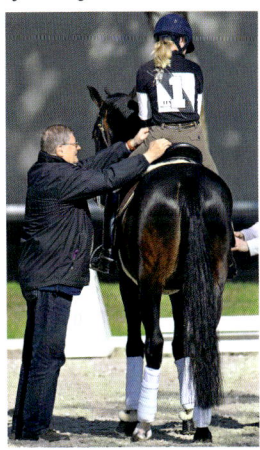

Damit der Reitunterricht wirkungsvoll ist, muss zunächst eine Analyse von Reiter und Pferd vorgenommen werden.

Zur Analyse gehört auch die Betrachtung des Reiters aus unterschiedlichen Positionen.

Beispiel einer Analyse

Leistungsstand des Reiters: Klasse A, er ist innerlich losgelassen, wobei teilweise mangelnde äußere Losgelassenheit im Schulterbereich besteht, im Beckenbereich dagegen ist er flexibel. Deshalb relativiert sich sein teilweise angespannter Hals-Nackenbereich, weil er durch seine Flexibilität im Becken weitestgehend im Gleichgewicht und Rhythmus des Pferdes sitzen kann. Der Reiter ist imstande, die Fertigkeiten (Lektionen) der Klasse A grobstrukturell zu zeigen. Er würde fähig sein, diese Lektionen auch feinkoordinativ besser auszuführen, wenn seine Schwäche im Oberkörper reduziert würde. Diese Schwäche wirkt sich bisher auf die Feinabstimmung der Zügelhilfen negativ aus.

Sein Pferd beherrscht die Lektionen der Klasse A und L sicher, ist von daher ein geeignetes Lehrpferd für die Situation des Reiters. Durch diese Sicherheit des Pferdes relativiert sich die Schwäche im Oberkörper des Reiters. Das Pferd kann durch seine eigene Sicherheit sein Gleichgewichts- und Rhythmusgefühl weitestgehend auf den Reiter positiv übertragen. Durch ein Lehrpferd kann der Reiter somit ein von außen gestütztes Bewegungsgefühl erleben.

Das Pferd ist vom Exterieur her ohne besondere Schwächen und harmonisch konstruiert. Durch sein ausgeglichenes Wesen ist es als Lehrpferd besonders geeignet. Die Aktivität der Hinterhand könnte noch verbessert werden, wenn dem Reiter die Feinabstimmung der Zügelhilfen gelingen würde.

Lektionen = Inhalt

Die später erörterte Abfolge Inhalt – Thema – Ziel – methodische Schritte – Evaluation (= Bewertung, Beurteilung) ergibt sich aus dieser vorangehenden Analyse und kann nur funktionieren, wenn Ausgangspunkt für den momentanen und auch zukünftigen Unterricht die Fähigkeiten von Reiter und Pferd sind.

Die Fachsprache der Unterrichtsplanung ist nicht identisch mit der Fachsprache der Reitlehre. Von daher mag es zunächst verwirrend klingen, wenn plötzlich für den Begriff Lektionen (= Fertigkeiten, Techniken) der Begriff Inhalt gewählt wird. Es können nicht nur Fertigkeiten (Lektionen) Inhalte des Unterrichts sein bzw. thematisiert werden (unter bestimmten Zielaspekten im Unterricht umgesetzt werden), sondern auch koordinative Fähigkeiten (z. B. Koordination der Hilfen).

Die Alltagssituation im Reiten

Im Alltagsgeschehen ist es aber meistens so, dass der Reiter den Ausbilder fragt, was er heute reiten soll. Als Antwort bekommt er gewöhnlich zu hören: „Du reitest heute Schlangenlinien oder fliegende Wechsel oder…". Die Antwort des Ausbilders bezieht sich ausschließlich auf das Benennen von Lektionen. Lektionen sind nicht nur Fertigkeiten, in denen das Pferd eine von außen wahrnehmbare Form aufgrund der Hilfen und Einwirkung des Reiters zeigt, sondern sind vor allem Zwecklektionen, die je nach Pferd anders angesetzt werden müssen. Es geht also nicht um Formen, sondern um Funktionen für das Pferd, damit es gemäß seiner Natur ausgebildet wird, sodass es lange gesund bleiben kann.

Jede Lektion trägt jedoch in sich mehrere Funktionen, die den Reitern und Ausbildern bewusst sein müssen. Aus diesen Gründen soll einmal grundsätzlich die Struktur für planerische Zwecke des Ausbilders verdeutlicht werden.

Vorgehen bei der Planung

Beim Planungsaufbau müssen nach der Analyse von Reiter und Pferd grundsätzlich folgende Aspekte unterschieden werden:
Inhalt – Thema – Ziel – methodische Schritte (Übungsfolge) – Evaluation.

Man spricht in diesem Zusammenhang auch von der Wechselwirkung von inhaltlichen und methodischen Entscheidungen, d. h., dass die Reflexion über Thema/Ziel/Inhalt immer den methodischen Entscheidungen vorausgeht.

Zunächst soll festgestellt werden, was ein Inhalt im Reiten ist. Inhalte sind zunächst wertneutral, weil sie für mehrere Zwecke verwendet werden können. Inhalte im Reiten sind Reitlektionen (Fertigkeiten, Techniken) wie Schlangenlinien, Rückwärtsrichten, Außengalopp, etc. Sie nur formal zu reiten, also die Form anzustreben, ist nicht lohnenswert, wenn nicht bezüglich der spezifischen Bedingungen des Pferdes auch eine Zielperspektive verfolgt wird. Diese kann man dann erkennen, wenn sich der Reitlehrer für einen Inhalt entscheidet und die Zielperspektive andeutet. In der Sportpädagogik spricht man vom Thema.

Planung einer Reitstunde

Zur gelungenen Planung einer Reitstunde gehören verschiedene Aspekte. Zunächst wird das Thema der Reitstunde definiert. Es folgen Zielformulierung und der methodische Aufbau der Lektionen. Eine abschließende Bewertung (Evaluation) der Reitstunde ist nötig, um daraus Folgerungen für das weitere Vorgehen zu ziehen.

Beim Ablauf einer Reitstunde kann es vorkommen, dass die Auswahl der methodischen Schritte den Reiter noch überfordert. Im Bild links etwa gelingt das Reiten einer Schlangenlinie noch nicht. Der Ausbilder muss die Auswahl seiner methodischen Schritte situativ verändern, bis die Lektion sichtbar verbessert ist bzw. weitgehend gelingt (rechtes Foto).

Beispiel: Schlangenlinien reiten

Inhalt: Schlangenlinie

Thema: Erarbeitung unterschiedlicher Schlangenlinien unter besonderer Berücksichtigung der Feinabstimmung der Zügelführung bei Veränderung des Gangmaßes des Pferdes

Ziel: Der Reiter soll durch spezifische Zweckgymnastik (unterschiedliche Übungen für die Schultergelenke) Voraussetzungen für den weichen Kontakt zum Pferdemaul herstellen. Ausgehend von den häufigen Richtungswechseln in den Schlangenlinien soll sich die Feinkoordination im Wechsel von inneren und äußeren Zügelhilfen verbessern. Das Pferd soll durch den Einsatz der Schlangenlinie in der Längsachse an Geschmeidigkeit gewinnen, das Schmalspurtreten der Hinterhand wird gefördert.

Methodische Schritte (Übungsfolge):

- auf dem Zirkel reiten im Trab,
- aus dem Zirkel wechseln,
- einfache Schlangenlinie an der langen Seite im Wechsel mit Zulegen an der langen Seite,
- Schlangenlinien durch die Bahn (S-förmig),
- danach wieder Zulegen.

Evaluation. Dem Reiter gelingt es noch nicht, eine konstante Zügelführung gemäß der ihm gestellten Aufgaben zu zeigen. Er neigt immer noch dazu, die annehmende Zügelhilfe zu stark zu betonen, sodass ein weiterer feinkoordinativer Kontakt der Zügelhilfen noch zu erarbeiten ist. Hierzu ist es nötig, weitere zweckgebundene Übungen für den Reiter im Schulter-Arm-Bereich vor dem Reiten anzuwenden. Bevor weitere Schlangenlinien trainiert werden, soll der Reiter häufige Richtungswechsel auf dem Zirkel üben. Erst wenn diese mit feiner koordinierten Zügelhilfen gelingen, wird zur Arbeit an den Schlangenlinien zurückgekehrt.

Weitere Beispiele für Themen
- Rückwärtsrichten zur Überprüfung der Durchlässigkeit des Pferdes.
- Übergänge und gebogene Linien zur Verbesserung der Koordination der Hilfen des Reiters.
- Außengalopp zum Geraderichten des Pferdes.

Die angedeuteten Themen/Zielperspektiven können sich also auf das Pferd und/oder den Reiter beziehen. Es muss jedoch festgelegt werden, was der Ausbilder mit den Lektionen erreichen will, ansonsten bestünde die Gefahr, dass die Reitstunde eine Aneinanderreihung von Lektionen wäre, ohne dass der Reiter erkennen kann, worauf eigentlich abgezielt werden soll.

Methodisches Vorgehen
Erst nach der Formulierung von Thema und Ziel sollte über das methodische Vorgehen nachgedacht werden. Hier ein Beispiel für ein methodisches Vorgehen.

Methodische Schritte (Übungsfolgen):
- Übergänge versammelter Trab – Arbeitstrab auf dem Zirkel, zunächst linke Hand, dann im versammelten Tempo durch den Zirkel auf die rechte Hand wechseln,
- Übergänge versammelter Galopp – Arbeitsgalopp auf dem Zirkel; zunächst rechte Hand, Durchparieren zum versammelten Trab und durch den Zirkel wechseln,
- Verkleinern und Vergrößern des Zirkels auf der linken Hand, dann ganze Bahn, Mitte der langen Seite oder in der zweiten Ecke der kurzen Seite eine Volte.

Ziele prüfen

Ziele im Reiten sind Verhaltensänderungen von Pferden und Reitern, wobei gleichzeitig bei der Formulierung die Überprüfungskriterien (Qualitäten der Bewegungsabläufe) angegeben werden müssen. Nur anhand der Kriterien kann die Effektivität des Unterrichts überprüft **(evaluiert)** werden.

- bis zur Mitte der langen Seite Schulterherein, danach Geraderichten und einige Tritte zulegen und aufnehmen,
- vor der kurzen Seite versammeltes Tempo,
- Schulterherein an der langen Seite.

Unterricht

Die Art des Unterrichts ist hier noch nicht festgelegt. Sie sollte so wenig wie möglich anweisungsorientiert sein, so viel wie möglich aufgabenorientiert, sodass eine Auseinandersetzung (Dialog) Reiter – Ausbilder möglich wird (siehe Anregungen für dialogischen Reitunterricht Seite 122).

Es ist also weniger die Reihenfolge der Figuren und Lektionen entscheidend, vielmehr kommt es bei jeder Lektion darauf an, aus welchem Grund der Reitlehrer in Abstimmung mit dem Reiter diese Lektion wählt.

Anders gesagt: Welches Thema er wählt, hängt davon ab, welches Ziel er damit verfolgt und mit welchen methodischen Schritten (Übungsfolgen) er sein Ziel erreichen will.

Es ist zum Beispiel möglich, Übergänge vom Trab zum Galopp als lösende Übergänge zu reiten. Genauso ist es aber auch möglich, diese Übergänge etwa auf gebogenen Linien so zu gestalten, dass die Erarbeitung des Schwunges im Vordergrund steht.

Es ist also im System der Reitlehre nicht sinnvoll, jede bekannte Lektion einer bestimmten Phase der Reiteinheit nach dem Motto zwingend zuzuordnen: Trab-Galopp-Übergänge sind nur für die lösende Arbeit geeignet, Volten und Schlangenlinien dagegen nur für das Geraderichten des Pferdes.

Fast jede Lektion, die dem Reiter zur Verfügung steht, kann in ihrer Ausführung variiert und damit für unterschiedliche Ziele eingesetzt werden. Um einer Reitstunde eine individuelle, auf Pferd und Reiter abgestimmte Struktur zu geben, muss der Ausbilder darum nicht zwingend eine bestimmte Reihenfolge von Lektionen einhalten, nur weil er sie so geplant hat.

Vielmehr ist es wichtig, situativ dem Verhalten von Reiter und Pferd entsprechend das Unterrichtsgeschehen variabel zu gestalten. Hierbei sind diverse Hintergründe der Reitlehre zu beachten, die im Folgenden aufgeführt werden.

Funktion vor Phase

Die meisten Lektionen werden nicht einer bestimmten Phase der Reiteinheit zugeordnet, sondern einer bestimmten Funktion. Diese kann unterschiedlich sein.

Hintergründe der Reitlehre

Um welche Ziele geht es?

Beim Wirkprinzip der Lektionen gilt der Leitsatz: „vom Elementaren zum Komplexen". In der Ausführung kommen damit folgende Grundsätze zur Geltung:

1. Eine Lektion, die auf gerader Linie geritten wird, soll eine Wirkung erzeugen. Beispiel: der Übergang vom Trab zum Galopp. Die Wirkung, die auf gerader Linie bei einem Übergang erzeugt werden sollte, hat lösenden Charakter.
2. Wird dieselbe Lektion anschließend auf großen gebogenen Linien ausgeführt, hat sie nicht länger nur lösenden Charakter. Eine weitere Zielfunktion kommt durch das Reiten auf der großen gebogenen Linie hinzu: Der Übergang bekommt nun zusätzlich zum lösenden auch noch geraderichtenden Charakter.
3. Was auf einer großen gebogenen Linie wirkt, kann auf einer kleinen gebogenen Linie in seiner Zielfunktion vertieft werden. So lässt sich der Übergang vom Trab zum Galopp etwa zuerst auf einem Zirkel reiten und später auf kleinerer gebogener Linie, zum Beispiel aus einer Volte heraus. Durch das Verkleinern der gebogenen Linie kommen weitere Aspekte hinzu: Das Pferd muss gestellt und stärker gebogen werden, die geraderichtende Biegearbeit wird also verbessert. Hinzu kommt: Je enger die Wendung wird, desto anspruchsvoller

Ein Übergang auf gerader Linie hat zumeist lösenden Charakter (links). Reitet man einen Übergang auf einer großen gebogenen Linie, kann dieser nicht nur lösenden, sondern auch geraderichtenden Charakter haben.

wird es für das Pferd, bei der Ausführung der Lektion im Gleichgewicht zu bleiben.
4. Eine weitere Steigerung erfolgt, indem Linien spiralförmig verkleinert und wieder vergrößert werden.
5. Noch mehr lässt sich erreichen, wenn man Richtungswechsel und Tempounterschiede innerhalb der engeren gebogenen Linien reitet. Die Ziele, die erreicht werden, können sehr vielfältig sein: verbesserte Geraderichtung, Entwicklung der Schubkraft durch die Tempounterschiede, Entwicklung der Tragkraft durch Übergänge.

Mit häufigen Veränderungen des Gangmaßes (hier vom Arbeitstrab zum versammelten Trab) kann der Reiter verschiedene Ziele verfolgen: verbesserte Entwicklung der Schubkraft, Entwicklung der Tragkraft oder verbesserte Selbsthaltung des Pferdes.

Wahl der Gangart

Grundsätzlich hat der Reiter durch die Wahl der Gangart die Möglichkeit, einer Lektion völlig unterschiedliche Ziele zuzuordnen. So ist es im ersten Schritt besonders für Reitanfänger sinnvoll, einige Bewegungen zunächst auf dem stehenden Pferd, also im Halten, auszuprobieren, um es dann in der Bewegung zu vertiefen – etwa das Treiben, um anzureiten.

Die Gangart Schritt gilt für Ausbilder als „belehrende" Gangart, die optimal geeignet ist, dem Pferd neue Bewegungsabläufe zu veranschaulichen, z. B. das Kreuzen der Vorder- und Hinterbeine im Schenkelweichen. Gleichzeitig kann der Schritt auch für den Reitanfänger als belehrende Gangart betrachtet werden, in der der Reiter durch die Langsamkeit der Fußfolge die beste Möglichkeit hat, sich in einem neuartigen Bewegungsablauf zurechtzufinden.

Dieselben Lektionen im Trab geritten haben dann eher vertiefenden Charakter, mit dem Ziel, einen höheren Lern- und Trainingseffekt für das Pferd oder den Reiter zu erzielen. Man bezeichnet den Trab auch als vorrangige Arbeitsgangart, weil es dem Pferd durch den geregelten Zweitakt mit Schwebephase leichter fällt, sich in der Übungssituation zurechtzufinden.

In der Galopparbeit kommt die Besonderheit von Rechts- und Linksgalopp sowie eine ausgeprägtere Schwebephase hinzu. Zwar fällt es dem Reiter oft leichter, den Galopp im Vergleich zum Trab zu sitzen, doch in dieser Gangart zu arbeiten, stellt erhöhte Ansprüche an die Koordinationsfähigkeit von Reiter und Pferd.

Die Zielsetzung in Wendungen

Sowohl innerhalb einer Reiteinheit als auch grundsätzlich in der Ausbildung eines Pferdes ist das Ziel, zunächst innerhalb der Gewöhnungsphase den Takt, die Losgelassenheit und die Anlehnung zu erarbeiten. Später wird die Schub- und Tragkraft entwickelt, indem man sich dem Schwung, dem Geraderichten und der Versammlung widmet.

Innerhalb der Gewöhnungsphase orientieren sich alle Lektionen und Wendungen an der Vorhand. Man sagt: Es wird im Vorwärts um die Vorhand gewendet. Am besten sichtbar ist dies natürlich an der Lektion Vorhandwendung, bei der das Pferd mit den Hinterbeinen einen Kreis um die Vorhand beschreibt. Doch auch das Schenkelweichen oder große gebogene Linien haben in der Gewöhnungsphase die Vorhand mehr im Fokus als die Hinterhand.

Auf den Turniersport bezogen spiegelt sich dies in den Anforderungen der Klasse A wider. Hier wird beginnende Geraderichtung gefordert, eine gewisse Schiefe wird aber noch toleriert. Für die Gesamtausbildung heißt dies: Nach rund einem Jahr sollte dieser Ausbildungsschritt erreicht sein.

Dann kommt man an einen entscheidenden Wendepunkt in der Ausbildung des Pferdes: Das Prinzip des Wendens wird sozusagen umgedreht. In jeder weiteren Arbeit (ab der Klasse L) wendet das Pferd nicht länger um die Vorhand, sondern künftig stets um die Hinterhand – am besten sichtbar in der Schlüssellektion Kurzkehrt, aber auch bei den Seitengängen bis hin zu den Pirouetten im Galopp. Vertieft werden diese Aspekte ab Seite 198.

Die Vorhandwendung ist eine Lektion mit lösendem Charakter. Für Einsteiger ist diese Lektion besonders geeignet, um sich mit dem Prinzip der diagonalen Hilfengebung vertraut zu machen.

Schema für den Unterrichtsverlauf einer Reiteinheit

Name des Ausbilders/der Ausbilderin   Datum / Zeit

Ort/Materialien

Thema der Reiteinheit

Voraussetzungen (Analyse von Reiter und Pferd, didaktische Begründung für Thema und Lernziel)

1	2	3	4	5
Nr.	**Übungs-/ Lektionsfolge**	**Übungsbeschreibung**	**Schwerpunkte/ Teilziele**	**Mögliche Fehler/Korrektur**
1.				
2.				
3.				
4.				

Hinweise für die nächste Stunde:

Erläuterungen zum Schema

- Spalte 1: Nummerierung der einzelnen methodischen Schritte.
- Spalte 2: Aufzählungen der Übungen/Lektionen, die methodisch nacheinander geritten werden sollen.
- Spalte 3: Diese Übungen/Lektionen sollen beschrieben werden, um sich klar zu werden, wie sie geritten werden müssen.
- Spalte 4: Jede Übung/Lektion enthält in sich wieder Schwerpunkte/Teilziele, die auf dem Wege zum Lernziel der gesamten Einheit zweckgerichtet erreicht werden müssen. Die Planung einer Reiteinheit ist zunächst eine Annahme, wie gemäß den normalen Bedingungen von Reiter und Pferd der Unterricht ablaufen könnte. Jedoch können zu jeder Zeit Unwägbarkeiten auftreten, auf die der Unterrichtende sofort eingehen muss.
- Spalte 5: Hier sollten mögliche Fehler und die entsprechenden Korrekturen aufgezeigt werden, damit der Ausbilder innerhalb des Unterrichts spontan sachorientiert auf Abweichungen eingehen kann.

Nach der Reiteinheit sollte der Ausbilder mit dem Reiter in einem gemeinsamen Gespräch den Ablauf und die erreichten Ziele diskutieren, um einen Weg aufzuzeichnen, wie er zu Hause zu arbeiten hat bzw. worauf schwerpunktmäßig in der folgenden gemeinsamen Stunde besonders geachtet werden sollte.

Zielprinzip: aufgaben- statt anweisungsorientiert

Die oben beschriebenen Wirkprinzipien wurden zunächst für die grundsätzliche dressurmäßige Ausbildung in der Reitbahn aufgelistet. Allerdings lässt sich die Ausbildung um einen wesentlichen Aspekt erweitern, der heute von vielen Reitern vernachlässigt wird: die vielseitige Grundausbildung. Damit ein Pferd sein volles Leistungspotenzial ausschöpfen kann, sollte man sich als Reiter die Ziele nicht nur für das Reiten im Viereck verinnerlichen, sondern sie genauso beim Reiten über Cavaletti, Sprünge, im Gelände und bei der Arbeit an der Longe und Doppellonge vor Augen haben.

Innerhalb der Verlaufsplanung werden nur die einzelnen Schritte der Übungsangebote aufgezählt, ihre Zielsetzung erörtert etc. Bezüglich dieser einzelnen Schritte werden die für den dialogischen Reitunterricht relevanten Anregungen (siehe Seite 122) nicht schriftlich formuliert, weil ansonsten die Verlaufsplanung sich über mehrere Seiten erstrecken würde. Es wird also davon ausgegangen, dass der Reitlehrer dem Reitschüler die Lektionen (Übungen) mehr aufgaben- als anweisungsorientiert anbietet, er die Bewegungskriterien reduziert, optische Hilfen einbezieht etc. (siehe Methodische Schritte Seite 151).

Anweisungen legen alle Einzelheiten der Bewegungskriterien jeder zu reitenden Lektion fest. Der Reiter hat keinen Spielraum, er muss gemäß der Vorgabe seine Bewegungsvollzüge umsetzen. Innerhalb der zu reitenden Lektion finden jedoch viele Aspekte gleichzeitig statt (Galopp: halbe Paraden geben, das Pferd nach innen stellen, den inneren Schenkel am Gurt treibend, den äußeren eine Handbreit hinter dem Gurt verwahrend einsetzen, mit der inneren Hand nachgeben, etc.). Er wird also überfordert, ohne dass er und der Ausbilder es merken.

Bei einer Aufgabe gibt der Reitausbilder den Rahmen vor. Der Reiter soll galoppieren, wobei vorher geklärt werden muss, welche Hilfen grundsätzlich zu geben sind. Das Galoppieren sollte möglichst auf dem ersten Hufschlag stattfinden. Danach überlässt es der Reitausbilder dem Reiter, wann und wo er angaloppiert. Der Ausbilder greift nach der ersten Ausführung nicht sofort ein, sondern gibt dem Reiter selbst die Chance, den Ablauf zu bewerten. Daraufhin folgen weitere Schritte (siehe „Kriterien für einen dialogischen Unterricht" auf S. 135).

Dialog im Reitunterricht

In den vorangegangenen Kapiteln wurde aufgezeigt, welche grundsätzlichen, sportartübergreifenden Fähigkeiten und Bewegungsvoraussetzungen (Gleichgewicht, Rhythmus, Reaktion etc., siehe Seite 33 ff.) der Reiter mitbringen bzw. erwerben muss. Daneben stehen sportartspezifische Fertigkeiten (das Beherrschen von Reit-Techniken, das Reiten von Lektionen).

Beides, Fähigkeiten und Fertigkeiten, sind notwendige Voraussetzungen, damit der Reiter sich auf der einen Seite dem Pferd verständlich macht und er gleichzeitig auch die Reaktionen des Pferdes auf seine Bewegungen und Hilfen zielgerichtet interpretieren kann. So kann es gelingen, mit seinem Pferd in einen Dialog zu treten. Diese Kapitel hatten ihren Fokus also zunächst darauf gelegt, dass der Reiter optimal beweglich ist, wie er in sich in das Pferd hineinfühlen kann, ob er Veränderungen bewusst herbeizuführen vermag und die Reaktion des Pferdes entsprechend interpretieren und sein Handeln daraufhin verändern kann. Dies versteht man als „Reiten im Dialog zwischen Reiter und Pferd". Dabei ist eins klar: Es sind sehr hohe und vielseitige Anforderungen, die an den Reiter gestellt werden, egal auf welchem Niveau er reitet.

Das innere Bild
Reitunterricht wird hauptsächlich über Sprache vermittelt. Allerdings ist es nur bedingt möglich, dadurch beim Reiter ein inneres Bild einer Lektion oder Übung zu erzeugen. Dies aber ist notwendig, um neue Bewegungsfolgen zu verinnerlichen.

Ein ganz wesentlicher Faktor, um sich weiterzuentwickeln in seinen Fähigkeiten und Fertigkeiten ist aber auch die Anregung von außen – der Reitunterricht. An den Reitausbilder werden zwei Forderungen gestellt: Er muss eine schlüssige, auf den Ausbildungsstand von Reiter und Pferd abgestimmte Unterrichtsplanung durchführen (siehe Seite 135) und seinen Unterricht aus Sicht der Kommunikation so gestalten, dass der Reiter durch die Aufgaben, die ihm gestellt werden, positive Veränderungen seines Reitens bewirkt. Besonders die Art der Vermittlung und Kommunikation zwischen Ausbilder und Schüler kann entscheidend dazu beitragen, ob es einem Reiter gelingt, fest verankerte Bewegungsmuster (die möglicherweise eine Verbesserung verhindern) langfristig zu verändern und damit seinen Dialog mit dem Pferd zu optimieren. Damit dies eintritt, müssen also nicht nur Reiter und Pferd, sondern auch Ausbilder und Schüler in einen Dialog treten. Der Begriff „Dialog" im Reitsport bekommt damit eine weitere Dimension: Nicht nur Reiter und Pferd, sondern auch Reiter und Reitausbilder müssen in einen Dialog treten. Ziel ist es – grob vereinfacht –, dass der Ausbilder durch einen Dialog mit seinem Schüler Wege aufzeigen kann, wie der Schüler langfristig seinen Dialog mit dem Pferd verbessert und sich damit selbst helfen kann.

Der Ausbilder hat verschiedene Möglichkeiten, seinem Schüler Inhalte zu vermitteln (Sprache, Körpersprache, Bildreihen, Filme etc.). Ziel muss sein, dass beim Schüler ein inneres Bild der Lektion/Übung entsteht. So fällt die Umsetzung in die Praxis am leichtesten.

Nun ist die Lernsituation beim Reiten eine ganz besondere und unterscheidet sich stark von anderen Sportarten. Denn der Reiter hat kein immer gleiches Sportgerät, das kalkulierbar und stabil ist wie z. B. eine Reckstange oder ein Schwebebalken. Allgemeine Lehrmethoden, wie sie bei Ballsportarten angewandt werden, sollen im Folgenden kurz vorgestellt werden. Gleichzeitig wird beispielhaft erläutert und begründet, warum diese Methoden nur bedingt für den Reitsport anwendbar sind.

Ab Seite 136 finden Sie dann konkrete Anregungen für einen dialogischen Reitunterricht, der all die zuvor beschriebenen Anforderungen berücksichtigt. Anhand von neun Kriterien soll deutlich gemacht werden, wie durch eine veränderte Kommunikation zwischen Ausbilder und Schüler Verbesserungen möglich werden.

Auch wenn beim Reiten und beim Reitunterricht keine Situation zweimal vorkommt, kann es doch hilfreich sein, auf dieses grundlegende Schema zurückzugreifen. Zur Veranschaulichung dienen im Anschluss an die schematische Darstellung diverse Beispiele von Reit-Situationen, die mithilfe der neun Kriterien detailliert beschrieben werden.

Das Pferd im dialogischen Reitunterricht

Die Reiterei ist eine Sportart, die bisher noch relativ gering unter wissenschaftlichen Kriterien aufbereitet worden ist. Reitvermittlung ist eine so genannte Meisterlehre, weil innerhalb der Ausbildung der Pferdewirte z. B. die Art der Unterrichtsgestaltung des Ausbildungsmeisters (Pferdewirtschaftsmeister) im Mittelpunkt steht, die dieser wiederum von seinem Ausbilder übernommen hat. Eine Weiterentwicklung im Sinne einer Methodenvielfalt und -differenzierung scheint schwer möglich, weil man sich zu wenig bzw. gar nicht an der Sportwissenschaft und seinen grundlegenden Erkenntnissen orientiert.

Selbst bei der Aufarbeitung der Reitlehre sind weitestgehend Reitausbilder beteiligt, die hohe Sachkompetenz bezüglich der Ausbildung des Pferdes aufweisen, aber die Komplexität des Zusammenhangs von Reiter-Pferd zu wenig in den Mittelpunkt rücken. Dabei werden die Möglichkeiten des Lernens von Reiter und Pferd im Sinne eines Dialogs zwischen Mensch und Tier nicht angestrebt.

Wenn Reiten ein Dialog zwischen Reiter und Pferd werden soll, dann darf nicht nur der Reiter bezüglich seiner Lernmöglichkeiten betrachtet, sondern es muss auch die Spezifik des Pferdes berücksichtigt werden. Dabei ist es eine besonders komplizierte Situation im Reiten, weil wie bereits betont, das Pferd in der Vielfalt der Reitsituationen kein konstantes „Sportgerät" darstellt, sondern je nach Bewegungssituation stets ein eigenständiges Wesen ist, das vom Reiter und Ausbilder erkannt

Das Wissen, wie man Pferde ausbildet, die Kenntnis, wie Pferde lernen und die Reflexion der eigenen reiterlichen Fähigkeiten sind die drei wesentlichen Faktoren, um einen gelungenen Dialog zwischen Reiter und Pferd zu führen. Bringt man dies als Reiter in Einklang, entstehen harmonische Bilder.

und in das methodische Vorgehen spezifisch einbezogen werden muss. Reiten und Reitvermittlung ist insofern so hoch komplex, weil vom Reiter und Ausbilder dreierlei berücksichtigt werden muss:
- die Reitlehre,
- die Lernfähigkeit des Pferdes,
- die Fähigkeiten des Reiters.

Reitern und Ausbildern gelingt es nur, den dialogischen Prozess Reiter-Pferd herzustellen, wenn man das Pferd bzw. den Reiter immer auch als Spiegel des anderen Wesens betrachtet und daraus seine methodischen Folgerungen ableitet.

Pferd und Reiter als Spiegelbilder

Das Pferd benötigt die Reitlehre nicht, wenn es sich in der Natur ohne Reiter bewegt. Wenn sich der Reiter auf den Pferderücken schwingt, wird die primäre Natur des Pferdes zerstört, weil Pferde eigentlich nicht zum Reiten geschaffen sind. Die Reitlehre setzt an diesem Punkt an. Sie ist für die Gesundheit des Pferdes wichtig, um die primäre Natur des Pferdes zurück zu gewinnen. Gemäß Hannes Müller ist sie der Natur des Pferdes abgelauscht, damit das Pferd auch mit dem Reiter gemeinsam dialogische Bewegungsabläufe vollziehen kann. Ziel ist die Aufrechterhaltung der psycho-physischen Leistungsfähigkeit und Gesundheit des Pferdes. Vom Reiter wird beim dialogischen Verständnis vom Reiten erwartet, dass er sich in sein Pferd vollkommen hineinversetzen/-fühlen können muss. Der Reiter muss lernen, die Welt und das Bewegen auf und mit dem Partner mit den Augen des Pferdes zu sehen. Der Satz „Das Pferd muss…" ist zu verändern und sollte im dialogischen Sinne „Der Reiter muss…" lauten. Nur durch eine psychische und bewegungsadäquate Integration des Reiters ins Pferd sind dialogische Bewegungen beider zu erwarten.

Das Pferd macht keine „Fehler", sondern der Reiter erzeugt sie. Der Reiter muss stets bei sich beginnen zu überlegen, warum sein Pferd nicht die von ihm gewünschte Bewegung zeigt. Reiter geben sich sicherlich große Mühe, um funktional auf das Pferd einzuwirken, doch fehlen ihm oft die spezifischen Funktionsfähigkeiten seines psychophysischen Systems (es steht die äußere Form zu stark im Vordergrund), um eine Einheit mit dem Pferd bilden zu können.

Der Reiter muss sich stets bewusst machen, dass er fühlend auf das Pferd einwirkt und dann wahrnehmen, welche „Antwort" das Pferd auf die reiterliche Einwirkung gibt.

Generell muss dem Reiter bewusst sein, dass er teilweise nicht die natürlichen Voraussetzungen mitbringt, um sich zunächst dem Pferd anpassen zu können. Ausschließlich aus der anfänglichen Anpassung an die Bewegungsvorgaben des Pferdes kann eine funktionale Einwirkung erzielt und somit ein dialogischer Prozess erzeugt werden. Diese Sichtweise ist der Erkenntnis entnommen, dass die große Masse (Pferd) immer die kleine (Reiter) bewegt. Reiten ist erst in diesem Sinne ein Dialog.

Verständnis vom Reiten als Dialog

Wenn das Pferd unter dem Reiter wieder zu seiner Natürlichkeit zurückfinden soll, muss der Reiter ein spezifisches Verständnis für sein Reiten entwickeln. In diesem Sinne ist Reiten kein Anwenden von technischen Strategien des Ausbilders bzw. kein Anwenden von rein mechanischen Prinzipien. Dann würden nur die Körper von Pferd und Reiter interessieren, der spezifische Charakter beider Wesen bliebe außen vor. Eine Harmonie zwischen Mensch und Pferd, der Dialog zwischen beiden, das Spiegeln beider Bewegungsabläufe wäre nicht zu erreichen.

Die Individualität als zentrale Kategorie von Reiter und Pferd ist leider zu sehr vernachlässigt worden. Jeder Reiter und jedes Pferd sind individuelle Wesen mit vollkommen eigenen Bedingungen (körperlich, geistig, psychisch). Diese jeweils eigenen Bedingungen (vor allem Lernbedingungen) müssen für jedes Reiter-Pferd-Paar individuell entwickelt werden.

Wenn man Reiten als Dialog zwischen Reiter und Pferd versteht, spielen beide Partner eine gestaltende Rolle im Bewegungszusammenhang. Der Reiter darf das Pferd ebenso wenig in die Formen der Lektionen pressen (wie sie oft in der Reitlehre formuliert werden), wie er sich selbst starren, formalen Sitzvorgaben anpassen darf.

Der Reiter sollte dem Grundsatz folgen, der an Tholey (1987) orientiert ist: Er sollte das Pferd fühlend wahrnehmen. Es muss ihm bewusst sein, wie er auf es fühlend einwirkt und welche „Antwort" das Pferd darauf gibt. Lässt sich der Reiter zunächst auf den Willen des Pferdes ein, so wird es sich später auch auf den Rciter einstellen (vgl. Meyners/Müller/Niemann 2011, S. 19).

Dialog im Reitunterricht

Über seine unterschiedlichen Hilfen sendet die Reiterin Botschaften bzw. Signale an das Pferd. Ganz besonders das Nachgeben mit der Hand, wie hier zu sehen, wird vom Pferd als positives Signal verstanden.

Im dialogischen Sinne muss der Reiter körpersprachliche Botschaften (über die unterschiedlichen Hilfen) aussenden. Diese müssen vom Pferd verstanden und beantwortet, also gespiegelt werden. An den Spiegelungen (an den dialogischen Antworten des Pferdes) muss der Reiter ablesen (wahrnehmen), ob seine Bewegungen den natürlichen Funktionen des Pferdes entsprechen.

Um diese Dialoge entstehen zu lassen, benötigt der Reiter Anregungen vom Ausbilder (um es allgemein auszudrücken), damit ihm der Weg angedeutet wird, wie ein harmonischer Dialog mit dem Pferd eingeleitet werden kann.

Problem: Mono-direktionaler Unterricht

Der normale Reitunterricht vor Ort findet häufig nicht in einem dialogischen Sinne statt. Stattdessen ist die Kommunikation Ausbilder-Reiter weitestgehend mono-direktional. Das heißt: Der Ausbilder entspricht einem Vermittlungsingenieur, der dem Reiter technische Vorgaben gibt. Diese Vorgaben haben für alle Pferde identische Funktion. Die Individualität als zentrale Kategorie von Reiter und Pferd bleibt außen vor. Es wird versucht, in demselben Augenblick sowohl das Pferd als auch den Reiter zu verbessern. Ausbilder streben Lektionen mit dem Pferd an und wissen natürlich, wie sich der Reiter zu bewegen hat, um dem Pferd den Weg zu zeigen. Also werden ihm in demselben Augenblick auch diese Hinweise gegeben.

Solange diese Art des Unterrichts aufrechterhalten wird, kann Reiten im dialogischen Sinne nicht gelingen. Sowohl Reiter als auch Pferd werden total überfordert, weil der Reiter nur fähig ist, in einem Augenblick ein Bewegungskriterium (aus dem Lektionszusammenhang) bewusst beim Pferd zu erzielen, auch wenn reaktiv mehr als dieses Bewegungskriterium gleichzeitig abläuft. Oder er setzt eine von ihm geforderte Sitzfunktion (Hilfengebung) des Ausbilders um.

Es muss sich endlich in der Reiterei durchsetzen, dass im Unterricht entweder das Pferd oder der Reiter bezüglich seiner Verbesserung im Mittelpunkt stehen muss. Werden Anforderungen gleichzeitig an beide Partner gestellt, können weder Dialoge zwischen Reiter und Pferd noch Lernfortschritte für das Pferd und den Reiter erzielt werden.

Sozial-psychologische Rahmenbedingungen

Im Reiten hat man den Eindruck, dass alle Menschen scheinbar nach derselben Methode lernen, denn fast überall hört man Ausbilder über die Sprache vermitteln. Dabei wird kaum Rücksicht u.a. auf das Alter, Geschlecht, Erfahrungen aus individuellen sozio-kulturellen Umgebungen und Vorerfahrungen aus anderen Sportarten genommen. Außerdem muss auf die inneren emotionalen Zustände Rücksicht genommen werden, um optimale Lernerfolge zu erzielen.

Kinder lernen anders als Erwachsene, Mädchen tendenziell anders als Jungen. Kinder sind noch nicht so stark kognitiv bzw. abstrakt orientiert, sondern sind eher durch bildhafte Anregungen zum Lernen zu motivieren. Dagegen neigen Erwachsene dazu, stark verkopft an Lernsituationen heranzugehen und blockieren sich dabei eher, als dass sie Fortschritte erzielen. Kinder gehen auch viel spontaner an neue Bewegungssituationen heran, probieren spontan aus und lernen ganzheitlich. Erwachsene konzentrieren sich beim Reiten oft sehr stark und beziehen automatisch mehr Muskeln ein als für die Lernsituation notwendig ist, wodurch die Bewegungsabläufe nicht optimal gelingen können.

Hinzu kommt: Eine geschlechtsspezifische Erziehung ist heute immer noch erkennbar. Von Mädchen werden immer noch mehr koordinativ-kompositorische als kraftvolle Bewegungen erwartet, Jungen hingegen neigen zu starken Einsätzen von Schnelligkeit, Kraft, Ausdauer etc. und werden darin noch bestärkt. Auch diese Erwartungen müssen sich ändern und auf die individuelle Person/Situation abgestimmt werden.

Auch die Lerngeschichte jedes Einzelnen determiniert die Art des individuellen Lernens. Haben Menschen Möglichkeiten gehabt, Bewegungsräume spontan zu erobern, gewinnen sie in jungen Jahren eine Vielfalt an Bewegungsmustern, um relativ problemlos neue Bewegungssituationen selbständig bewältigen zu können. Zunächst erkunden sie die Situation, loten sie aus, kontrollieren sie, reizen sie auch einmal aus, bis sie zum Gestalten der Situation gelangen. Dabei dürfen Gefahren nicht provoziert werden. Ein Ausbilder weist dabei nicht mehr nur an, sondern übernimmt die Funktion, Situationen zu schaffen oder zu regulieren, so dass physikalische Tücken (Gefahren) möglichst gar nicht erst entstehen (vgl. Meyners 2003, S. 112 ff.). Es werden Bewegungspläne aufgebaut und auf andere Situationen übertragen. Falls die Anwendung auf neue Situationen nicht gelingt, müssen diese Pläne verändert werden, bis der Reiter die neue Situation wieder bewältigen kann (situative Variabilität).

Erfahrene Reiter, die schon früh in dieser Sportart eine Vielfalt an Bewegungsmustern erfahren haben, können in der Ausbildung von Pferden auf ihr großes Spektrum zurückgreifen, um eine Lektion wie das Schenkelweichen im Trab gelingen zu lassen.

Gelingt es dem Reiter, aus einem tiefen Absatz heraus die Wade treibend ans Pferd zu legen, erzielt er die bestmögliche Wirkung. Ist der Absatz dagegen hochgezogen, verringert sich die treibende Wirkung.

Auch Vorerfahrungen aus anderen Sportarten sollten methodisch stärker einbezogen werden, weil diese aus transfertheoretischer Sicht das Lernen neuer Sportarten erleichtert. Bezüglich des Reitens ist dieser Gesichtspunkt insofern ein Problem, als Reiten eine einzigartige Sportart ist, in der nicht auf Fertigkeiten anderer Sportarten zurückgegriffen werden kann. Es ist eben nicht möglich, wie beim Erlernen des Badmintonspiels auf strukturelle Abläufe der Techniken des Tennisspiels zurückzugreifen (Transfer von Fertigkeit zu Fertigkeit, Transfer von Situation zu Situation). Ein möglicher Transfer ist nur möglich, wenn man auf ähnliche Fähigkeitsstrukturen wie Gleichgewicht oder Rhythmus zurückgreift, weil die Grundvoraussetzungen eben eher koordinative Fähigkeiten als motorische Fertigkeiten (Techniken) sind.

Lernprinzip „Vormachen-Nachmachen"

Auch wenn Kinder eher dazu neigen, sich am Gesamtbild von anderen zu orientieren, so kann man die Bedeutung dieses Nachmachens schwer auf das Reiten übertragen, wenn man noch gar keine reiterlichen Vorerfahrungen besitzt. Reiten ist so komplex, dass der Beobachtende ohne zusätzliche Hinweise gar nicht weiß, woran er sich orientieren bzw. was er beobachten soll (Gallway 2012). Er entdeckt oft eher unbedeutende Details und kann noch nicht die Funktion einzelner Teilbewegungen im Zusammenhang der Gesamtbewegung erkennen. Er orientiert sich an äußeren Formaspekten, die eventuell für die Gesamtbewegung ganz unwichtig sind und vor allem die dynamischen Funktionszusammenhänge bleiben ihm verborgen.

Typisches Beispiel: Der Beobachtende sieht, dass die Absätze des Reiters nicht immer der tiefste Punkt sind oder dass er seine Fäuste nicht geschlossen hält oder die Ellbogen nicht dicht am Körper liegen. Diese formalen Aspekte zu sehen, ist eine Sache – sie aber einzuordnen und zu differenzieren, welche Auswirkungen dies hat und ob dies oder der klemmende Oberschenkel des Reiters der Grund ist, dass das Pferd vielleicht nicht optimal vorwärtsgeht, ist eine andere ...

Beim Erlernen des Badmintonspiels über das Tennisspiel sieht es jedoch anders aus: Eine annähernd ähnliche Bewegung (Technik) führt beim Lernenden während des Beobachtens zu einem inneren Zwang des Nachvollziehens. Biochemisch laufen dann bei ihm dieselben

Prozesse ab, als würde er sie aktiv vollziehen. Diesen ideomotorischen Effekt hat Carpenter erstmals 1852 erforscht. Heute spricht Ennenbach (1989) von „Bild und Mitbewegung". Erkenntnisse dieser Konzepte werden mit sehr viel Erfolg in anderen Sportarten als Reiten beim observativen und mentalen Training konsequent einbezogen.

Neue Reitbewegungen sind über das idealtypische „Vormachen-Nachmachen" im Sinne eines dialogischen Konzepts kaum zu vermitteln, weil die vorgemachten Bewegungsabläufe zu schnell für das Erfassen der zentralen Knotenpunkte der Bewegung sind. Es ist schwer in ein dialogisches Konzept mit aufzunehmen, weil sich bei dieser Methode die kommunikativen Prozesse Reiter-Pferd durch wechselseitiges Wahrnehmen und Bewegen nicht ergeben. Beim Beobachten entsteht kein kinästhetisches (gefühlsmäßiges) inneres Bild, das er nachfühlen kann, weil die Reitbewegungen gefühlsmäßig noch nicht verankert sind. Es wird lediglich ein oberflächliches raum-zeitliches Bild (ohne Dynamik) erzeugt (Bewegungsentwurf), über das sich der Lernende an die eigenen dynamischen Abläufe langsam herantasten kann. Dieses Herantasten kann noch durch das Eingeben von Beobachtungskriterien gelenkt werden, damit das Auge des Lernenden nicht orientierungslos am Suchen ist und klare Lenkungen erfährt.

Das Betrachten und Erörtern von Bildfolgen kann das Erlernen neuer Lektionen unterstützen.

Lernen mithilfe von Bildreihen

Das Lehren/Lernen mithilfe von Bildreihen ist eine weitere Methode, die in den vergangenen Jahren immer mehr in der Reiterei aufgenommen wurde. Bildreihen können mit Text unterlegt werden, um den Beobachter/Lernenden die wichtigen Kriterien der einzelnen Phasen zu verdeutlichen. Somit können die wichtigen Bewegungsaspekte so exakt wie möglich angeboten werden.

Der beobachtende Reiter kann sein eigenes Lerntempo anstreben, was bei einer vorgemachten Bewegung nicht möglich ist. Der Bewegungsentwurf wird im Gegensatz zur vorherigen Lernmethode noch präziser, auch wenn die Dynamik in einer Bildreihe noch nicht enthalten ist.

Von Bewegungsvorstellung kann erst dann gesprochen werden, wenn der Reiter den Bewegungswurf zum ersten Male in eine eigene Bewegung umsetzt und diese ist erst am Ende des gesamten Lernprozesses abgeschlossen. Die Bewegungsvorstellung (der kinästhetische Anteil der Bewegung) ist für die Auseinandersetzung im dialogischen Prozess Reiter-Pferd die wichtigste innere Orientierungsgrundlage.

Lernen mit Filmen

Die fehlende Dynamik zur Entwicklung der genauen Bewegungsvorstellung für den Reiter kann durch „laufende Bilder" (DVD, Onlineportale) einbezogen werden. Zu Beginn von Lernprozessen wird das Betrachten des Reitens im Originaltempo zu schnell sein, um innere Bilder im Reiter entstehen zu lassen. Um sich gefühlsmäßig in die Abläufe hineinzuversetzen, besteht die Möglichkeit, die Zeitlupe zu wählen. Auch wenn Zeitlupenabläufe die Dynamik aspekthaft verstellen, so kann der Reiter sich annähernd wahrnehmungsmäßig in die laufenden Bilder hineinversetzen, indem er mehrmals nacheinander einen Wechsel von Originaltempo und Zeitlupe vornimmt. So kann er sich kontinuierlich an die dynamischen Funktionen hineinversetzen, sie kognitiv durchdringen und sie mit dem inneren Auge durchleben.

Aufgrund des Medienzeitalters kann man als Ausbilder lernende Reiter heute eher über optische Informationen motivieren als mit reinem Unterricht durch Sprache über das Ohr. Insgesamt muss man bedenken, dass es unterschiedliche Lerntypen gibt. Damit ist gemeint, dass jeder Mensch mit unterschiedlichen Sinnen vorrangig lernt und der Lehrende erkennen muss, was für ein Lerntyp seine Lerner sind. Markova (1993) hat auf beeindruckende Weise nachgewiesen, dass man bereits an der Verwendung bestimmter Begriffe des Kommunikationspartners erkennen kann, welche Informationskanäle (welche Sinne) bevorzugt werden.

Lerntypen
Verschiedene Lerntypen reagieren unterschiedlich auf Anregungen des Reitausbilders. Deren sprachliche Aussagen unterscheiden sich, obwohl dasselbe gemeint ist.
Optischer Typ: „Ich sehe es anders."
Kinästhetischer Typ: „Ich empfinde es nicht so."
Akustischer Typ: „Ich verstehe es anders."

Bildhafte Beschreibungen und körpersprachliche Demonstrationen des Ausbilders können dem Schüler helfen, vor seinem inneren Auge Bewegungsabläufe entstehen zu lassen.

Lernen über Sprache

In der Reiterei steht das Lernen und Vermitteln von Inhalten und Lektionen über Sprache im Mittelpunkt. Den meisten Reitern werden vorrangig sprachliche Vorgaben angeboten, wobei sie dann auch noch nur über Anweisungen weiter gegeben werden. Wenn man die soeben angesprochenen Ausführungen über Lerntypen bedenkt, kann man sich vorstellen, dass in der Verwendung dieser Methode ein Grund darin besteht, dass viele Reiter jahrelang kaum Fortschritte machen, sich wahrnehmungsmäßig und gefühlsmäßig grundlegend nicht verbessern und den Zusammenhang von Bewegung und Wahrnehmung (den Dialog) nie praktizieren können.

Wenn die von Markova (1993) dargestellten komplexen Erkenntnisse über „Lernen, Denken und Kommunizieren" unterrichtlich nicht einbezogen würden, wären Probleme beim Lernen programmiert. Die Methode über Sprache käme also nur dem akustischen Lerntyp entgegen, während die anderen Reiter sich bemühen müssten, durch zusätzliche Informationsquellen für das Reitenlernen relevante Bewegungskriterien

Nicht nur die Begleitung beim Reiten selbst, sondern auch das gemeinsame Abstimmen über die Auswahl der Ausrüstung ist ein Bestandteil des Reitunterrichts.

zu erhalten. Für ein dialogisches Reiten wäre unterrichtlich keine optimale Basis geschaffen.

Die Überbetonung von Sprache als Instrument der Vermittlung des Reitenlernens schafft noch weitere Lernbarrieren. Denn nicht jeder Reitausbilder besitzt dasselbe Sprachniveau, sodass derjenige Reiter einen Lernvorteil hat, dessen Ausbilder imstande ist, über Sprache Bilder und Gefühlsabläufe für den Reiter zu formulieren. Diese inneren Bilder sind die Basis für das Zusammenspiel Bewegung und Wahrnehmung und somit für dialogische Prozesse.

Theoriephasen vor und nach der Reitstunde

Sinnvollerweise müsste jede Unterrichtsstunde im Reiten mit einer kurzen Theoriephase beginnen. Diese hätte die Funktion, dem Ausbilder Rückmeldungen zu geben, was innerhalb der vergangenen Stunden beim Reiten zu Hause ohne Ausbilder abgelaufen ist, z. B. der Dialog Ausbilder-Reiter über Gelingen/Misslingen von mitgeteilten Hausaufgaben. Des Weiteren ist die Einstiegsphase zur Absprache der nun anzustrebenden Lektionen gedacht. Es sollten die Lektionen und deren Funktionen für Pferd und Reiter abgestimmt werden, damit der Reiter innerhalb der dann folgenden Stunden aufgabenorientiert (siehe Meyners/Müller/Niemann 2011, S. 119) selbstständig unter Beratung des Ausbilders reiten (mit seinem Pferd dialogisieren) kann.

Dabei sollte eine Theoriephase nicht nur die allgemeine Frage enthalten, „wie es war", sondern der Ausbilder sollte konkret nachhaken: „Wie hat es sich ausgewirkt, dass du beim Reiten von gebogenen Linien mehrmals übergestrichen hast?" oder „Hast du weiter probiert, an jedem Zirkelpunkt deine treibenden Hilfen zu verstärken?" und „Wie hat das Pferd reagiert, wie war der weitere Verlauf der Reit-Einheit?"

Dasselbe gilt für den Abschluss jeder Reitstunde. Sowohl Ausbilder als auch Reiter sollten am Ende jeder Unterrichtsstunde die Prozesse und Ergebnisse der Auseinandersetzung mit dem Pferd zusammenfassen und Hausaufgaben festlegen, damit der Reiter konsequent die im Unterricht erzielten Bewegungsqualitäten von Pferd und Reiter weiterverfolgen kann.

Beispiel: „Wir haben heute vermehrt an deiner Einwirkung vor der Galopphilfe aus dem Schritt gearbeitet. Dabei haben wir festgestellt, dass es dir leichter fällt, die Galopphilfe zu geben, wenn du vorher das Pferd erst dem äußeren und dann dem inneren Schenkel weichen lässt, um dir und dem Pferd deutlicher zu machen, wie gut sich korrekte diagonale Hilfengebung in dieser Situation auf die Lektion des Angaloppierens auswirkt. Wie würdest du das Training im Hinblick auf diese Situation in den nächsten Tagen gestalten? Ich gebe dir folgende Tipps …"

Grenzen sprachlicher Vermittlung

Sprache hat seine Grenzen bei der Erfassung und Beschreibung von Bewegungsabläufen. Bewegungsabläufe zeichnen sich dadurch aus, dass Teilbewegungen simultan (gleichzeitig) und sukzessiv (nacheinander) ablaufen. Dabei kann Sprache die simultanen Abläufe nur durch Hilfskonstruktionen verdeutlichen, obwohl die sukzessiven Teilbewegungen bereits innerhalb des gesamten Bewegungsablaufs dem beschreibenden Reitlehrer enteilt sind. Hilfskonstruktionen wären u. a.: „Du musst innen sitzen und gleichzeitig …" oder „… während du die Zügel annimmst, musst du das Pferd im selben Augenblick von hinten treiben …". Diese sprachlichen Unzulänglichkeiten sind für die Entwicklung des Bewegungsgefühls bereits ein Störfaktor.

Auch die dynamischen Prozesse von Bewegungen können mithilfe der Sprache schwer wiedergegeben werden. Begriffe wie „weich

Sprechen und verstanden werden

Der Reitlehrer ist häufig gefordert, nicht nur sachlich über die Sprache das nötige Wissen zu vermitteln, sondern darüber hinaus eine Art „Reitgefühl" zu erzeugen. Dies gelingt am besten über sprachliche Bilder. Hier ist der Kreativität keine Grenze gesetzt: Dem einen Reiter hilft es, mit dem Oberkörper „in den Himmel zu wachsen", der nächste reagiert besser auf die Formulierung „reite wie eine Prinzessin", bei manchen genügt es vielleicht auch, ganz sachlich auf eine höhere Körperspannung hinzuweisen. Wichtig ist: Als Ausbilder muss man so lange nach dem passenden Sprachbild suchen, bis der Reiter darauf reagiert!

Die Wahrnehmung des Reiters kann dadurch verbessert werden, dass er die Aufgabe erhält, eine Lektion zunächst auf der linken Hand zu reiten...

annehmen" oder „nachgeben mit den Zügeln" werden je nach sprachlichen und koordinativen Fähigkeiten des Reiters unterschiedlich verstanden und bewegungsmäßig umgesetzt.

Innere Bewegungsabläufe, die kaum wahrnehmbare Reiterhilfen auslösen sollen, können durch Sprache schwer erfasst und ausgedrückt werden, um eine Verbesserung der Feinabstimmung der Hilfen beim Reiter zu erzeugen. Diese müssen dann noch so in einen kommunikativen Zusammenhang zwischen Reiter und Pferd gebracht werden, dass ein Dialog beider Wesen entstehen kann.

Sprache ist generell hinsichtlich der Vermittlung eines dialogischen Verständnisses von Unterricht eingeschränkt. Ausbilder können nur schwer die Empfindungen eines anderen in Worte fassen. Sie neigen dazu, ihre eigenen Empfindungen den lernenden Reitern als Hilfe anzubieten, was kaum zu Veränderungen der kinästhetischen Wahrnehmungen des Lernenden führen kann. In den meisten Fällen sind die Ausbilder so viel höher ausgebildet, dass durch die Formulierungen des Reitlehrers eine zu große Diskrepanz zu den Reitschülern entstehen wird, die ein Umsetzen in adäquate Bewegungsabläufe unmöglich macht.

Darüber hinaus werden im Unterricht zu viele Anweisungen nacheinander vom Reitlehrer formuliert, sodass dem lernenden Reiter keine Chance gelassen wird, diese Vorgaben nachzuempfinden.

„Sprachlicher Dauerbeschuss" verhindert geradezu gefühlsmäßiges Reiten, weil keine Zeit im Unterricht zur Verfügung steht, ein eigenes Bewegungsgefühl zu entwickeln und einen Dialog mit dem Pferd zu führen. Ein Unterricht über rein sprachliche Anweisungen ist eher ein Hindernis als eine Hilfe, weil letztendlich die vielen Anweisungen den Reiter vom Fühlen bzw. Dialogisieren ablenken und im Reiter kein inneres Bild entwickeln lassen (Gröben/Maurus 1999).

Verbesserung der Wahrnehmung

Reiten als Dialog ist nur zu erreichen, wenn die aufgabenorientierte Methode den Unterricht strukturiert und auf Anweisungen nur dann zurückgegriffen wird, wenn der Reiter bei der Lösung von Aufgaben vollkommen hilflos am Suchen nach den sachadäquaten Hilfengebungen ist.

Im Folgenden sollen die grundlegenden Unterschiede von Anweisung und Aufgabe herausgestellt werden. Anweisungen legen den präzisen Ablauf der Reitbewegung fest. Demgegenüber lässt die Aufgabe dem Reiter einen gewissen Spielraum, um für sich und das Pferd die Lösungswege für die Hilfengebung zu entwickeln.

Für einen dialogischen Reitunterricht muss der Reitlehrer in Koordination mit dem lernenden Reiter durch Absprache sicherstellen, dass Bewegungen nicht total ins Uferlose abdriften, Gefahrenmomente entstehen oder Pferde durch widersinnige Bewegungen verwirrt werden.

Bei Aufgaben stehen Wahrnehmungsprozesse im Vordergrund, weil diese die Basis für einen dialogischen Reitunterricht sind. Der Reiter muss die originären Bewegungen fühlen, um mit ihnen auf das Pferd eingehen zu können.

Kriterien für einen dialogischen Unterricht

Bewegungstheoretische Voraussetzungen

Es sind bereits eine Vielzahl von Aspekten für einen dialogischen Unterricht angesprochen worden, die nun im Einzelnen noch konkretisiert werden sollen, damit den Ausbildern und Reitern klare Kriterien für die Planung und Beurteilung an die Hand gegeben werden können. Außerdem dienen diese Kriterien dazu, den Blick von außen für alle zu lenken, um zu erkennen, ob der Unterricht auch wirklich dialogisch angelegt ist und entsprechend den noch zu entwickelnden Merkmalen auch so abläuft.

Bevor die ersten methodischen Schritte vom Ausbilder geplant bzw. anvisiert werden, muss sich der Lehrende selbst darüber im Klaren sein, wie die zu vermittelnde Lektion so genannt „idealtypisch" auszusehen hat, bevor er sich überlegt, was er wie an seinen Reiter heranträgt. Konkret geht es um drei Dinge:
- Kriterien des Reitersitzes für die angestrebte Lektion;
- Als Folge des Sitzes: Die reiterliche Einwirkung, die zum Reiten der Lektion erforderlich ist;
- Bewegungskriterien für das Pferd: Wie soll es die Lektion ausführen?

... und im Anschluss auf der rechten Hand. Dann gilt es, die Ursachen für die unterschiedlichen Ausführungen zu finden. Dies könnte z. B. die natürliche Schiefe des Pferdes sein oder auch unterschiedlich starke Einwirkung des Reiters auf der rechten und linken Hand.

Bewegungsanalyse: Reiten auf dem Zirkel

Das Reiten auf dem Zirkel setzt eine leichte ständige Biegung des Pferdes voraus, mit deren Hilfe es sich kontinuierlich auf der Kreislinie bewegt. Gemäß Hilfengebung beim Stellen und Biegen regt der innere Schenkel vorwärtstreibend am Gurt das innere Hinterbein an, hält die Biegung aufrecht und sorgt dafür, dass das Pferd nicht in die Zirkelmitte drängt. Der äußere Schenkel liegt verwahrend hinter dem Gurt und treibt das äußere Hinterbein, wenn es notwendig ist, damit es gleichmäßig vortritt. Gleichzeitig wird dadurch die Hinterhand auf der Spur der Vorhand gehalten. Die Stellung wird durch den verwahrenden äußeren Zügel begrenzt. Der Zirkel ist ein gleichmäßiger Kreisbogen, wobei Ecken nicht durchritten, sondern abgerundet werden, damit der Reiter sich mit dem Pferd auf einer gebogenen Linie von Zirkelpunkt zu Zirkelpunkt bewegt (Bahnpunkte A-X-A, C-X-C).

Präzisierung: Bei der Stellung ist der Kopf des Pferdes im Genick seitlich abgestellt. Bei einem losgelassenen Pferd fällt der Mähnenkamm leicht zu der gestellten Seite. Das Pferd ist dabei im Hals nur geringfügig gebogen. Die gesamte Längsachse des Pferdes bleibt in der Stellung gerade. Die Ohren befinden sich auf derselben Höhe, während der Reiter das innere Auge leicht schimmern sehen sollte.

Biegung bedeutet, dass das Pferd in seiner gesamten Längsachse gekrümmt ist. Da das Pferd nicht in allen Körperbereichen gleichmäßig

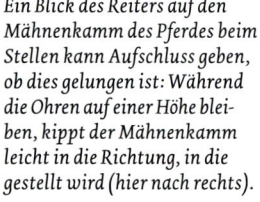

Ein Blick des Reiters auf den Mähnenkamm des Pferdes beim Stellen kann Aufschluss geben, ob dies gelungen ist: Während die Ohren auf einer Höhe bleiben, kippt der Mähnenkamm leicht in die Richtung, in die gestellt wird (hier nach rechts).

beweglich ist, gibt es keine gleichmäßige Längsbiegung. Im Hals ist es sehr flexibel, im Brustwirbelbereich relativ gering und die Kreuzbeinregion ist aufgrund der Verknöcherung starr. Aufgrund der Unterschiede in der Beweglichkeit muss Biegung um den inneren Schenkel im Rippenbereich erreicht werden. Zielfunktion ist, das Pferd auf gebogenen Linien geschmeidiger zu machen, ohne die Hinterhand ausfallen zu lassen. Die Geraderichtung wird aufrechterhalten, wobei dies nur möglich ist, wenn Pferde an den äußeren Zügel herantreten.

Diagonale Hilfen:
- Der innere Gesäßknochen wird vermehrt belastet,
- der innere Schenkel treibt am Gurt den gleichseitigen Hinterfuß vor,
- der verwahrende äußere Schenkel liegt eine Handbreit hinter dem Gurt und verhindert ein Ausfallen der Hinterhand,
- der innere Zügel sorgt für eine weiche Stellung und führt ggf. das Pferd in die Wendung hinein,
- der äußere Zügel gibt so viel nach, wie es die Stellung oder Biegung des Pferdes nach innen fordert, verhindert eine zu starke Halsabstellung und begrenzt die Schulter.

Bewegungskriterien für das Pferd: Auf einer großen gebogenen Linie ist das Pferd gleichermaßen gestellt und gebogen, ein Tritt oder Sprung soll wie der andere sein, es soll sich tragen, also mit dem Genick als höchstem Punkt, mit gut vorschwingender Hinterhand, und es soll auf gebogener Linie wie auf Schienen schreiten, traben und galoppieren. Für den Ausbilder ist dies gut zu erkennen an der Fußungsabfolge des Pferdes: Tritt das innere Hinterbein in die Spur des Vorderbeins, das äußere Hinterbein genauso in die Spur des äußeren Vorderbeins? Ist das Pferd korrekt gestellt oder verwirft es sich? Ist es dazu in der Lage, aufgrund der Reiterhilfen einen runden Zirkel zu gehen oder fällt es an der offenen Zirkelseite über die äußere Schulter aus? Kann es die Linie halten oder wird der Zirkel zu einem gefühlten „Ei"? Geht das Pferd auf geschlossener und offener Zirkelseite gleichermaßen im Takt, mit gleichem Tempo oder wird es auf der offenen Zirkelseite schneller? Trägt es sich oder kippt das Genick in die Tiefe, geht es auf der Vorhand?

Hauptkriterium der Reitsituation: Eine unglaubliche Auswahl kommt nun auf den Ausbilder zu: Je nach Reitsituation muss er entscheiden,

Das Zügel-aus-der-Hand-kauen-lassen ist ideal, um das Augenmerk des Reiters deutlicher auf seine Gewichts- und Schenkelhilfen zu lenken statt auf die Zügelhilfen. Erfahrene Reiter – wie hier zu sehen – nutzen diese Lektion innerhalb der Reit-Einheit nicht nur für sich selbst, sondern auch für das Pferd, um immer wieder Losgelassenheit zu fördern.

auf welche der zuvor beschriebenen Hauptfunktionen (Schlüsselsequenz) er sein Augenmerk lenkt!

Unterschiedliche Pferde und Reiter neigen dazu, jeweils unterschiedliche Abweichungen von der so genannten idealtypischen Bewegung zu zeigen. Weicht das Pferd beispielsweise auf der offenen Zirkelseite stets weiter nach außen aus, muss der Ausbilder dazu in der Lage sein festzustellen, welche Ursache zugrunde liegt.

Die Situation könnte zum Beispiel so aussehen: Dem Reiter-Pferd-Paar gelingt es nicht, einen runden Zirkel zu reiten, das Pferd weicht über die äußere Schulter auf der offenen Zirkelseite aus. Um die Reitsituation zu lösen, versucht der Reiter, am inneren Zügel stärker einzuwirken und das Pferd damit zu „lenken". Doch eine Korrektur der Zügelführung wäre in dieser Situation wahrscheinlich falsch. Der Ausbilder muss den Reiter beobachten und versuchen herauszufinden, warum es ihm nicht gelingt, das Pferd auf der Zirkellinie zu halten: Weil sein innerer Schenkel zu stark ist, weil der äußere Schenkel nicht begrenzt – also das Prinzip der diagonalen Hilfengebung in der Summe keine Wirkung hat? Weil die Reiterhüfte nicht der Pferdehüfte folgt, weil der Reiter sich „verdreht" und nicht mehr auf dem inneren Gesäßknochen sitzt? Weil er auf der gebogenen Linie in der Hüfte einknickt und dem Pferd damit unbewusst das Signal gibt, nach außen auszuweichen?

Optische Anregungen: Wenn der Reitlehrer alle wichtigen Bewegungskriterien auf einmal in Anweisungen einkleidet, überfordert er seinen Reitschüler, weil nur ein zentrales mechanisches Kriterium innerhalb einer Lernsequenz vom Reiter bewusst umgesetzt werden kann, auch wenn reaktiv (nicht kopfgesteuert) noch weitere gleichzeitig ablaufen.

Das Orientieren an einer Vielzahl von Bewegungsvorschriften ist für jeden lernenden Reiter eine Überforderung, weil die linke Gehirnhälfte die Kriterien nur nacheinander einbeziehen kann und somit die Komplexität der Gesamtbewegung als optische Orientierung (Entwicklung einer Bewegungsvorstellung als Auslöser und Steuerung der Bewegungsausführung) nicht erfasst werden kann. Der Reiter verkrampft, weil er zu viele Muskeln anspannt, die gar nicht zur Bewältigung der Lektion notwendig sind. Der Reiter kommt nicht zum Fühlen, seine Bewegungen und die Wahrnehmungen des Pferdes werden keine Einheit, verschmelzen nicht miteinander.

Der Ausbilder muss die Funktionen der rechten Gehirnhälfte des Reiters nutzen, um leichter funktionsgerechte Lösungen zu erzielen. Diese übernimmt beim Lernen folgende Aufgaben: Sie ist weitsichtig, synthetisiert, konkret, emotional, räumlich, subjektiv, passiv, entspannt, ganzheitlich, intuitiv, künstlerisch, gefühlsmäßig. Demgegenüber ist die linke Gehirnhälfte kurzsichtig, analysierend, abstrakt, objektiv, aktiv, angespannt, nacheinander arbeitend, verstandesmäßig, wissenschaftlich, logisch. Man erkennt die integrative Funktion der rechten Gehirnhälfte gegenüber der linken.

Außerdem übernimmt die linke Gehirnhälfte bewegungsmäßig Aufgaben für die rechte Körperhälfte und die rechte für die linke. Wenn beide Gehirnhälften im Ungleichgewicht sind, funktionieren cross-koordinative Aufgaben und vor allem die diagonalen Hilfengebung nicht, die beim Reiten eines Zirkels von zentraler Bedeutung ist.

Eine Möglichkeit, dem entgegenzuwirken, ist: Der Ausbilder kann den Reiter unterstützen und die Komplexität der Lernsituation reduzieren, indem er z. B. Kegel als Hilfsmittel aufstellt, um optische Bilder zu entwickeln, an denen sich der Reiter orientieren kann. Die optische Orientierung durch Kegel reduziert die Komplexität der Reitsituation und spricht im Gehirn den Bereich an, der für das Bewegungslernen ganzheitlich zuständig ist.

Optische Orientierung kann hilfreich sein, damit es dem Reiter leichter fällt, Linien wie z. B. einen Zirkel zu reiten. Besonders auf der offenen Zirkelseite, die keine Orientierung bietet, können aufgestellte Hütchen, durch die der Reiter durchreiten muss, die Linienführung erleichtern.

Ohne vom Ausbilder darauf aufmerksam gemacht werden zu müssen, erkennt der Reiter selbständig Abweichungen und ist imstande, wenn seine eigenen Korrekturen nicht gelingen, durch Unterstützung des Ausbilders den Zusammenhang von Wahrnehmen der Situation und Sich-Bewegen (Einwirken) situationsgerecht vorzunehmen. Er kann sein originäres Verhalten in der Situation verändern, allein indem er sich mehr darauf konzentriert, durch die aufgestellten Kegel zu reiten statt vor seinem inneren Auge den Zirkel ohne optische Orientierung reiten zu wollen.

Bewegungskorrektur über Reitsituation

Es ist bereits mehrfach betont worden, dass aufgrund der unterschiedlichen Lerntypen nicht jeder befähigt ist, Korrekturen über Anweisungen situationsgerecht vorzunehmen. Im Sinne eines dialogischen Unterrichts ist es effektiver, wenn der Ausbilder Erfahrungssituationen schafft, aus deren Bewältigung oder auch Nichtbewältigung sich Kriterien der Situationslösung ergeben.

Reiter lernen dabei durch Erkunden (Erspüren) selbstständig mit den Situationen umzugehen. Die Kriterien der Lösung der Bewegungssituation entwickeln sich durch Erfahrungen und Einsichten während der Auseinandersetzung mit der Aufgabe. Der direkte Lernweg über die vorgegebene Form der Lektion wird umgangen. Diesen methodischen Weg bezeichnet man als „Lernen von Absichten" (Trebels 1992). Bei der Absicht geht es um das Verwirklichen eines gesetzten Zieles (Zwecks). Dabei wird die Absicht zu Beginn des Lernprozesses als ein pauschales Bild vermittelt.

Lernen von Absichten

Der Reiter bewegt sich auf dem Pferd und muss seine Bewegung persönlich gestalten. Dabei werden dem Reiter keine Bewegungskriterien vorgegeben, sondern die aufgestellten Kegel oder eine auf dem Boden gezeichnete Linie geben dem Reiter und dem Pferd ein grobes Bild vor. Dieses Bild kann auch noch durch eventuelles Vorreiten oder Darstellen eines Filmabschnitts präzisiert werden. Dann werden mit dem Reiter die Hauptkriterien der Bewältigung abgesprochen, wie er diese Situation mit dem Pferd bewältigen könnte, um sicher zu stellen, dass Reiter

---

Hilfe zur Selbsthilfe

Damit der Reitschüler maximal von einer Unterrichtssituation profitiert, muss der Ausbilder ihn anleiten, selbst nach Lösungen zu suchen. Die Herausforderung besteht darin, die Reitsituation richtig einzuschätzen und die daraus folgenden Anweisungen so zu formulieren, dass der Reiter in der Lage ist, variable Lösungen zu erarbeiten, ohne überfordert zu sein. Gelingt dies, kann der Reiter beim nächsten Reiten – ob mit oder ohne Ausbilder – auf seine Erfahrungen zurückgreifen.

Je nach Ausbildungsstand von Reiter und Pferd können beim Reiten auf dem Zirkel unterschiedliche Ziele formuliert werden. Ist die Linienführung kein Problem, kann der Zirkel als gebogene Linie genutzt werden, um Stellung und Biegung zu verbessern.

und Pferd nicht vollkommen orientierungslos sind und man davon ausgehen kann, das die Lektion grundstrukturell gelingt. Daraufhin folgt der erste Versuch.

Die Art der Bewältigung der Situation „Reiten auf dem Zirkel" ist Ausgangspunkt für den Reitlehrer, weitere Strategien mit dem Reiter zu besprechen. Die Bewältigung der ersten Versuche ist Ausgangspunkt für die Klärung weiterer Bewegungskriterien. Ausgehend von den „Antworten" der Pferdebewegungen auf die Reiterbewegungen muss der Funktionszusammenhang Bewegungssituation-Reiterbewegungen-Pferdebewegungen erfahren (erspürt) werden. Gemäß den Pferdebewegungen müssen Rückschlüsse bezüglich der Reiterhilfen und Einwirkung hergestellt werden. Dieser angesprochene Weg wird so lange weitergegangen, bis der Reiter die Situation sachgerecht absolvieren kann.

Beispiel: Der Ausbilder gibt dem Reitschüler die Aufgabe, die vorgegebene Linie durch hingestellte Hütchen oder durch Stangengassen zu reiten. Gelingt dies nicht, weil das Pferd z. B. außerhalb der Hütchen trabt, wird die Aufgabenstellung unterbrochen und der Ausbilder bespricht mit seinem Schüler, woran dies liegen kann und gibt ihm Anregungen, auf eine andere Weise den Zirkel zu reiten. Er regt zum Beispiel an, mit weniger Zügeleinwirkung zu reiten, oder er fordert den Schüler auf, seine Schenkel- oder Gewichtshilfen anders einzusetzen. Eine gemeinsame Analyse über Erfolge oder Misserfolge führt zu wesentlichen Entscheidungshilfen für den Reiter, die er jederzeit (auch in der nächsten Stunde, wenn der Ausbilder nicht zugegen ist) wieder abrufen kann.

Funktionszusammenhänge erkennen

Die Stellung und Biegung des Pferdes (Zügelführung, Gewichts- und Schenkelhilfen) darf in einem dialogischen Konzept nicht angewiesen werden, sondern der Funktionszusammenhang sollte in Kooperation Reiter-Ausbilder aus der Situation entwickelt werden. Der Reitlehrer darf zu Beginn keine Anweisung der Form der Lektion vornehmen, er darf nur theoretisch einweisen (siehe oben, „Herstellung des Gesamtzusammenhangs").

In der Reitsituation muss der Reiter seine Erkenntnisse bezüglich der Hilfengebung aus der Bewältigung der Situation erfahren bzw.

Das Anleiten zu variantenreichem Reiten in verschiedenen Situationen soll den Schüler dazu ermuntern, immer wieder auf die Suche nach Lösungen zu gehen. So kann er auch ohne den Ausbilder aus einem großen Fundus schöpfen.

erspüren, also aus seinen Fehlern bzw. Mängeln in Absprache mit dem Reitlehrer schließen.

Über diesen Dialog und den Beratungen Reiter-Reitlehrer muss der Reiter ableiten, was er wie vollziehen muss, um den Zirkel nicht nur bezüglich der Handhaltung (Zügelführung), sondern auch bezüglich des Sitzes und der Schenkeleinwirkung korrekt zu reiten.
Dieser Weg ist Voraussetzung für den Reiter, sinnvoll selbstständig reiten zu lernen. Je länger der Ausbilder beratende Funktion übernimmt, desto tiefgreifender sind die Erkenntnisse für den Reiter. Durch die dialogische Auseinandersetzung Reitlehrer-Reiter können nicht nur formale Aspekte der Reitlehre gelernt und gelehrt werden, sondern vor allem kinästhetische Wahrnehmungen geschult werden, die es dem Reiter ermöglichen, später auch selbstständig diesen Weg gehen zu können, wenn der Reiter alleine reitet.
Beispiel: In der Praxis erlebt der Ausbilder häufig, dass der Schüler dieselbe Situation immer und immer wieder auf dieselbe Weise zu lösen versucht – seine Idee dabei ist, dass er doch weiß, was er will, und dass sein Pferd ihn einfach nicht versteht. Immer und immer wieder versucht der Schüler, mit derselben Idee das Reitproblem zu lösen. Hier besteht die wichtige und entscheidende Beratung des Ausbilders darin, dem Schüler zu vermitteln, dass er versuchen muss, neue Situationen herzustellen, um neue Erfahrungen zu sammeln und neue Lösungsansätze zu finden. Dies anzuleiten ist die Aufgabe des Ausbilders!

Verwendung von Bildern
Beim Bewegungslernen kommt es nicht nur auf die Benutzung von reitfachlichen oder sportwissenschaftlichen Begriffen an. Das Verwenden von Bildern ist für Lernerfolge häufig effektiver und bezieht die spezielle Art des Lernens jedes Reiters mit ein. Dies bezieht sich vor allem auf Anfänger, weil sie noch keine muskulären Anteile (kein Bewegungsgefühl) von Bewegungsabläufen wie Könner haben.

Eine Metapher lässt dem lernenden Reiter einen gewissen Spielraum der Bewegungsausführung, weil durch die größere Offenheit der Aufgabe jeder einzelne seine Vorerfahrungen aus anderen Lebens- oder Sportbereichen einbeziehen kann. Der lernende Reiter kann sich zunächst explorierend an die Aufgabe heranwagen und somit seinen eigenen Lernverlauf mitbestimmen.

Beispiele für das Reiten eines Zirkels:
- Halte den Zügel, als wenn du eine Feder in der Hand hast!
- Setze Dich hin, als seist du eine Fee!
- Stell dir vor, du drückst einen Schwamm in der Hand aus!
- Wenn du das Pferd biegen willst, stell dir vor, du hättest einen Fahrradlenker in der Hand!
- Um dich im Körper diagonal zu bewegen, stell dir vor, du hättest einen Kleiderbügel verschluckt!
- Versuche das Pferd wie auf einer gebogenen Eisenbahnschiene zu halten!
- Schau aus dem Augenwinkel auf die äußere Schulter des Pferdes und versuche diese zu lenken!
- Versuche im Trab so mitzuschwingen, als müsstest du dich nur über dein Gesäß ausbalancieren, als hättest du keine Beine.
- Lenke dein Pferd mit dem Körper, schließ die Augen für einen Moment, spüre, wohin das Pferd sich bewegt.

Erklärung: Gemäß den Funktionen der Gehirnhälften „springt" bei Bildern die rechte Gehirnhälfte an. Sie ist u.a. weitsichtig, synthetisierend, räumlich, entspannt, ganzheitlich, intuitiv, künstlerisch, gefühlsmäßig und somit vorrangig für das Bewegungslernen zuständig. Besonders Kinder und Jugendliche erreicht man mit Metaphern, weil sie sich nicht so eingeengt fühlen und sie ihre Kreativität für die Interpretation der Aufgabenstellung nutzen können.

Ausbilder können jungen Reitern in Gruppen Szenen aufführen, in die Lektionen als Situationsbeschreibungen eingebettet und Anforderungen an Sitz- und Einwirkungsaufgaben individuell geleistet werden sollen. Somit kann bereits von Beginn an das Reiten funktionaler anstatt formaler gestaltet werden. Sie werden verstehen lernen, dass man sich Bewegungskriterien für einzelne Lektionen nicht ausgedacht hat, sondern sie sich eigentlich aus der Bewältigung von Lebenssituationen (Cowboys etc.) ergeben haben („der Natur abgelauscht sind").

Da Erwachsene häufig „zu verkopft" reiten (sie setzen ihre linke Gehirnhälfte zu stark ein) und somit verkrampfen, sollten sie bewusst mit Metaphern konfrontiert werden, um spielerisch über Aufgaben zum gefühlvollen Reiten zu gelangen. Auch wenn vielen Erwachsenen dieser Zugang nicht unbedingt angenehm ist, sollten sie sich trotzdem darauf einlassen, weil sie relativ schnell erleben werden, dass sich auf diesem Wege Dialoge natürlich ergeben.

Anweisung und Aufgabe
Der anweisungsorientierte Unterricht überfordert den Reitschüler. Es wird von ihm verlangt, eine Vielzahl von Bewegungskriterien gleichzeitig umzusetzen. Im aufgabenorientierten Unterricht hat der Reiter Gelegenheit, Bewegungsabläufe zu „erfühlen" und damit in einen Dialog mit dem Pferd zu treten.

Kontrasterfahrungen anregen

Durch häufiges Erleben von Kontrasterfahrungen lernen Reiter einen Dialog mit dem Pferd einzugehen. Eines der größten Probleme im Sport (im Reiten manchmal extrem) ist das monotone Abspulen von Bewegungsabläufen. Man reitet immer dieselben Linien, immer in derselben Sitzform, dieselben Lektionen, stets dasselbe Tempo etc.

Durch diese Monotonie entstehen Bewegungsbarrieren bei Reiter (und Pferd), die schwer aufzubrechen sind. Dadurch werden die Reiter stumpf und agieren/reagieren unsensibel, weil ihr Bewegungsgefühl sich nicht auf sich ständig verändernde Situationen einzustellen vermag. Reiter sind von Beginn des Reitenlernens an dafür zu sensibilisieren, unterschiedliche Arten der Einwirkung zu erfühlen und wahrnehmungsmäßig zu erfassen. Da jedes Pferd andere Bewegungsabläufe zeigt, muss der Reiter gefühlsmäßig anders reagieren und agieren, damit die Individualität des Pferdes erhalten bleibt.

Der Reiter sollte deshalb mit unterschiedlichen Bewegungsprinzipien konfrontiert werden, damit er stabile und flexible Bewegungsabläufe vollziehen lernt (Tempodifferenz, Haltungsdifferenz bezüglich Sitzform, Seiten wechseln, Krafteinsätze variieren, Gleichgewicht fördern, einzelne Sinne schärfen). Somit wird der Reiter befähigt, seine gefühlsmäßige Unterscheidungsfähigkeit aufzubauen, um sich auf unterschiedliche Pferde, Umgebungen, Wetterbedingungen etc. einstellen zu können. Weder Reiter noch Pferde sind konstant, sondern agieren stets anders, wenn sie außerhalb ihres Trainingsplatzes auftreten.

Durch die Anwendung unterschiedlicher Bewegungsprinzipien erfahren die Reiter Kontraste, die dem Gehirn des Reiters eine Vielzahl von Möglichkeiten des Handelns anbieten. Das Gehirn hat von Natur aus noch die Weisheit für die im Augenblick beste Lösung und lässt den Reiter das im Augenblick beste Maß für die Lektionserfüllung ausführen. Das direkte Anstreben der so genannten idealtypischen Form führt häufig in eine Sackgasse, weil es für jede Situation und jeden Reiter nur eine optimale Handlung gibt.

Unterschiedliche Bewegungsprinzipien des Reiters sind mit den Gymnastizierungsprinzipien für das Pferd zu koordinieren. Auch die Pferde benötigen flexible Aufgaben, damit sie auf die sich ständig ändernden Reitsituationen so vorbereitet sind und ein flexibles und trotzdem stabiles Verhalten zeigen.

Kontrasterfahrungen sind sehr hilfreich, um sensibel für die Bewegungen des Pferdes zu bleiben. Allein die mehrfache Veränderung der Sitzposition im Sattel kann dazu beitragen, dass der Reiter ein verändertes Bewegungsgefühl erlangt.

Beispiel: Die Monotonie der Bewegungen entsteht aus der falsch verstandenen Interpretation der Turnier-Dressuraufgaben. Die dort geforderten Aufgabenstellungen werden von Anfang an so trainiert, wie sie in den Aufgaben geschrieben stehen. Dabei sollen die Lektionen der Dressuraufgaben überprüfen, wie Pferd und Reiter miteinander kommunizieren. Im Training sollten diese Aufgaben in ihre „Bestandteile" zerlegt werden und im Sinne der Skala der Ausbildung trainiert werden. Das Prinzip dahinter lautet: „Lernen – üben – trainieren".

Im Detail bedeutet dies z. B. für das Beispiel des Zirkels: Es soll gelernt werden, das Pferd auf einer großen gebogenen Linie zu stellen und zu biegen und es so zu reiten, dass die Hinterhand in die Spur der Vorhand fußt – in jeder Gangart. Um dies zu lernen, sind fast immer Abweichungen der später geforderten Lektion nötig. Um dies zu üben, sind Variationen der Lektion wichtig. Um es zu trainieren, müssen Reiter und Pferd so weit in ihrem Dialog sein, dass klar ist, wie die Lektion zu reiten ist.

Bei allen Lektionen, sei es der Zirkel oder sei es in der späteren Ausbildung eine Pirouette, ist es dabei wichtig, neben dem Grundprinzip des „Lernen-Üben-Trainierens" die Gymnastizierungsprinzipien des Pferdes zu berücksichtigen – die Skala der Ausbildung mit ihren sechs ineinander übergreifenden Punkten Takt, Losgelassenheit, Anlehnung, Schwung, Geraderichten und Versammlung sowie die Grundideen der Ausbildung: Vom Leichten zum Schweren (von Trab-Galopp zu Halten-Galopp), vom Einfachen zum Komplexen (vom Schultervor zur Pirouette).

Bewegungsprobleme aus der Sicht des Reiters

Generell muss gesagt werden, dass es im Reiten schwer ist, die Ursachen von Bewegungsproblemen zu erfassen, weil das Pferd als sehr flexible Variable die Einschätzung der Bewegungssituation erschwert. Von daher ist es unbedingt notwendig, den Reiter stets durch einen Dialog einzubeziehen, wie die Mängel von Reiter und Pferd einzuschätzen sind. Der Ausbilder kann nur von außen auf das Innere des Reiters und Pferdes schließen, wobei Fehleinschätzungen akzeptiert werden müssen. Je mehr beide Partner des Unterrichts (Reiter und Ausbilder) sich gemeinsam bemühen, hinter die Probleme der Bewegungen zu schauen, desto eher finden beide die Ursachen heraus.

Die Sicht des Ausbilders ist nicht die des Reiters, darum kann auch nicht nur die Sicht von außen den Unterricht bestimmen. Es sollten u. a. folgende Fragenkomplexe angegangen werden, die dann in einem Dialog zu besprechen wären:
- Wie empfindet der Reiter das angesprochene Reitproblem? Wo sieht der Reitlehrer die Schwierigkeit der Bewegungsvollzüge?
- Was empfindet der Reiter beim Absolvieren der Lektion? Wie schätzt der Ausbilder die Lektionsbewältigung ein?
- Welche Reitfähigkeiten und Reittechniken hat der Reiter eingesetzt um dem Pferd bei der Bewältigung der Lektion zu helfen? Welchen Erfolg/Misserfolg hat er wahrgenommen? Wie schätzt der Ausbilder die Lösungsversuche des Reiters ein?
- Wo lagen Differenzen in der Harmonie Reiter/Pferd gemäß Einschätzung des Reiters? Wie beurteilt der Reitlehrer die fehlenden Dialoge Reiter-Pferd?
- Kann der Reiter seine Schwächen wahrnehmen und auch versprachlichen? Können sich Reiter und Ausbilder auf einen gemeinsamen Nenner bezüglich der Bewertung einigen?

Richtig erkannter Funktionszusammenhang: Am Ende der Lösungsphase überprüft der Reiter durch Zügel-aus-der-Hand-kauen-lassen im Trab und Galopp seine bisherige Arbeit.

In einem dialogischen Reitunterricht können Direktiven (Anweisungen) keine Veränderung des Reiters erzeugen bzw. eine tiefere Begründung für Reitprobleme darstellen. Anweisungen beziehen sich weitestgehend auf die Feststellung einer äußeren Form und gehen das Problem dadurch an, dass sie das Gegenteil vom Reiter fordern. Das Gegenteil zu machen bedeutet, eine nicht optimale Koordination durch eine andere Art falscher Koordination auszutauschen, was nicht funktioniert.

Beispiel: Der Reiter sitzt auf der rechten Hand nach außen. Ein solcher Mangel hat seine Hintergründe, die eruiert werden müssen, bevor man dem Reiter Hilfen gibt. Wenn er sich nun bemühen würde, innen zu sitzen, wird es ihm nicht gelingen, weil dafür sein gesamtes Körpersystem mit in die Analyse und Aufgabenstellung einbezogen werden muss. Es ist unglaublich kompliziert, in der Reiterei von äußeren Merkmalen auf innere Bewegungsprobleme zu schließen. Um den originären Problemen auf den Grund gehen zu können, benötigt der Ausbilder die Innensicht des Reiters. Mithilfe seiner Außensicht und der Innensicht des Reiters (dialogische Auseinandersetzung) kann es gelingen, den sachgerechten Weg für den Reiter und das Pferd herauszufiltern.

Unterschiedliche Anregungen des Ausbilders, die Sitzposition zu verändern, können dazu beitragen, dass es dem Reiter leichter fällt, seine Wahrnehmung zu versprachlichen.

Der Ausbilder ist besonders gefordert – denn der Reiter fühlt nicht, dass er nach außen sitzt und aus diesem Grund das Reiten des Zirkels nicht gelingt. Durch die verschiedenen Fragen, die oben skizziert wurden, kann es dem Ausbilder gelingen, einen „gemeinsamen Nenner" zu entwickeln und die Distanz zwischen dem Reitergefühl und dem sichtbaren Ergebnis zu verringern. Hierzu ist es notwendig, dass der Ausbilder fragend vorgeht und als oberste Priorität die Innensicht des Reiters im Fokus hat, die er durch unterschiedliche Anregungen zu verändern versucht.

> **Ausbilder und Schüler im Dialog**
>
> Noch immer ist es gängige Praxis, dass der Reitschüler im Unterricht nicht sprechen soll. Damit hat er keine Möglichkeit, seine Bewegungserlebnisse mitzuteilen. Dies aber gäbe dem Reitlehrer wichtige Hinweise, um die weitere Ausbildung zu gestalten.

Den Reiter in einen Dialog einbinden

Der Ausbilder muss ebenso wie der Reiter bereit sein, Reitunterricht in Dialogform stattfinden zu lassen. Für beide Partner des Unterrichts werden die Rollen neu definiert. Die Abkehr vom anweisungsorientierten Unterricht kostet für viele Reiter und Ausbilder Überwindung, weil Instruktionen weitestgehend ausgeblendet werden müssen. Stattdessen treten Beratung und Moderation an ihre Stelle. Mit ihrer Hilfe wird dem Reiter angezeigt, mit angebotenen Vorschlägen seine Außensicht in die Innensicht umzulenken.

Der Ausbilder muss lernen, durch Anregungen den Reiter so weit zu bringen, dass er sich über seine Bewegungsabläufe sprachlich äußern lernt. Der Reitlehrer hat sich zu bemühen, den Reiter nach innen blicken zu lassen, was für beide Rollenträger nicht einfach ist. Es steckt noch zu sehr in den Köpfen der Ausbilder, dass der Reiter im Unterricht nicht sprechen darf. Wenn der Reiter nicht die Chance erhält und unterstützt wird, sich selbst bobachten zu lernen und seine Wahrnehmungen zu versprachlichen, wird es dem Reitlehrer schwerfallen, in die Tiefenstruktur der Bewegungsprobleme des Reiters vorzudringen und einen echten Dialog mit dem Reiter zu führen.

Beispiel: Ein Dialog heißt nicht, dass der Reitlehrer fragt: „Ist besser, oder?" und der Schüler antwortet: „Ja!" Dialog bedeutet, offene Fragen zu stellen. „Wie hast du diese Linie empfunden, welches Reitgefühl hattest du auf der offenen Zirkelseite? Hattest du ein anderes Gefühl auf der geschlossenen Seite? Woran glaubst du, liegt das unterschiedliche Gefühl?" Oder: „Wie fühlte sich die Traversale zu Beginn an – und wie am Ende? Welche Änderung würdest du bei der nächsten Traversale vornehmen – und warum? Was möchtest du verbessern?"

Ziel bei dieser Art der Kommunikation ist es, den Reiter zu einem mündigen Menschen zu formen, der durch die Art des Unterrichts befähigt wird, für sich und das Pferd sachadäquate Entscheidungen treffen zu können. Das ist ein längerer Weg, der auch in der Begleitung der Antworten der Reiter Zeit und Führung braucht.

Die Aufmerksamkeit des Reiters sensibilisieren

Ein dialogischer Reitunterricht basiert darauf, dass die Aufmerksamkeit des Reiters, sein Blick nach innen gelenkt wird. Er muss lernen, sich mit dem so genannten inneren Auge sehen zu lernen. Diese Richtungslenkung der Aufmerksamkeit kann sich auf unterschiedliche Aspekte wie Teilabläufe von Bewegung, Gesamtabläufe, spezifische Momente der Situation etc. beziehen, die das Bewirken des Reiters (seine Einwirkung) und die Antworten des Pferdes (wie reagiert es?) betreffen. Dabei wäre es wichtig, wenn die Vorschläge des Ausbilders bezüglich der Hilfengebung des Reiters eine große Variabilität aufweisen, damit der Lernende erlebt, wie unterschiedlich das Pferd auf sein Bewirken antwortet. Je mehr Experimente und Erprobungen vorgenommen werden, desto größer wird das Bewegungspotenzial des Reiters und Pferdes. Man sollte stets bedenken, dass keine Bewegung (weder vom Pferd noch vom Reiter) zweimal identisch auftaucht. Gerade bezüglich der Kontrasterfahrungen geht es darum, dass der Reiter die Bandbreite seiner Einwirkungsmöglichkeiten auslotet, um in den sich ständig verändernden Situationen immer eine sinnvolle Hilfe parat zu haben.

Beim Reiten von Lektionen sollen Akzente gesetzt werden, auf die der Reiter seine Aufmerksamkeit besonders richten soll. Die Aufgabe des Reiters ist es dann, den Zusammenhang von Bewirken (Einwirkung) und Spüren (Wahrnehmen des Pferdes) zu erleben. Der Ausbilder soll so viele Anregungen wie möglich nutzen, welche Beobachtungsteile der Bewegung (Lektion) er dem Reiter als besondere Aufmerksamkeitslenkung anbieten soll.

Zu Beginn sollte die Aufmerksamkeit nicht sofort auf die gesamte Lektion gelenkt werden, weil die Komplexität zu hoch wäre, denn es finden zu viele Details auf einmal statt. Also sollte der Weg von Detailaufgaben („Entlaste einmal mehr/weniger den Pferderücken beim Rückwärtsrichten und beschreibe die Unterschiede der Pferdebewe-

Der Ausbilder muss, um das dialogische Unterrichtsprinzip konkret umzusetzen, bei Problemen zum Schüler gehen, um gemeinsam nach Lösungswegen zu suchen.

gungen") zur Gesamtbewegung führen („Richte dein Pferd rückwärts und beschreibe danach, wie die Bewegungsabläufe des Pferdes waren").
Zusammenfassung: Der dialogische Reitunterricht strebt nicht andere Bewegungsziele an, sondern bemüht sich vorrangig, das Mitdenken und Mitfühlen des Reiters in den Mittelpunkt zu rücken. Ziel ist neben hohen Bewegungsqualitäten eine Selbstständigkeit des Reiters zu erreichen, die es ermöglicht, dass er auch alleine reitend für sich und das Pferd sachlich korrekte Entscheidungen treffen kann.

Methodische Schritte für einen dialogischen Reitunterricht

- Klärung des Bewegungsproblems – Klärung der Reitaufgabe/Reitlektion zwischen Reitlehrer und Reitschüler.
- Klärung der Erfolgskriterien (Hilfengebung) zwischen Reitlehrer und Reitschülers.
- Vollziehen der Reitbewegungen, Analyse der Abläufe zwischen Reitausbilder und Reiter, daraus abgeleitet der nächste Schritt.
- Schaffung von Bewegungssituationen mit gestaffelten Schwierigkeitsgraden je nach Qualität der Pferde und Reitqualität des Reiters.
- Bereitstellung individueller Lösungen gemäß der Bewegungsqualitäten des Reiters.
- Je nach Art der Bewegungslösungen wird der Reiter zum Hineinhorchen in sich und in das Pferd in weiteren Schritten veranlasst.
- Bewusstmachen des „inneren Bildes" (Bewegungsgefühls) des Reiters (durch Befragen des Reiters hinsichtlich seiner Bewegungslösungen, seines aktuellen Bewegungsgefühls/ Beratung bei den Lösungen/Moderieren der Bewegungen des Reiters).
- Gelingt eine Reitlektion in der Anwendung, geht es in einem weiteren Schritt darum, diese nun auszuweiten: Durch Variationen z. B. in Tempo und Linienführung oder durch Kombination mit anderen Lektionen.

Skala der Ausbildung: Gewöhnungsphase

Bedeutung der Gewöhnungsphase

Der Begriff Gewöhnungsphase ist ein Fachbegriff, der mehrere Fähigkeiten umfasst: Takt, Losgelassenheit und Anlehnung. Alle drei Fähigkeiten werden im Folgenden näher erläutert. Für die Ausbildung eines jungen Pferdes ist die Gewöhnungsphase gleichzusetzen mit der Grundausbildung. In dieser Phase soll das Pferd an die wesentlichen Dinge des Reitens gewöhnt werden. Es soll geschult werden, das Reitergewicht zu tragen, ohne aus dem Gleichgewicht zu kommen. Kennenlernen muss es auch die wesentlichen körpersprachlichen Signale des Reiters, die Hilfen. Vor allem aber soll in der Gewöhnungsphase sichergestellt werden, dass das Pferd sich unter der zusätzlichen Last des Reiters genauso natürlich und zwanglos bewegt, als ob es keinen Reiter tragen würde.

Hierzu sind aus Sicht der Reitlehre die drei ersten Fähigkeiten der Skala der Ausbildung nötig: Takt, Losgelassenheit und Anlehnung.

Der Begriff Gewöhnungsphase bezieht sich allerdings nicht nur auf die Grundausbildung eines jungen Pferdes, sondern genauso auf die Aufwärmphase jeder einzelnen Reiteinheit. Auch zu Beginn jeder Reiteinheit ist das Ziel, dass das Pferd sich zunächst mit dem Reitergewicht arrangiert, im Takt geht, losgelassen ist und die Anlehnung an die Reiterhand sucht.

Die Bedeutung der drei Fähigkeiten Takt, Losgelassenheit und Anlehnung sollen auf den kommenden Seiten erläutert werden, außerdem sollen Verknüpfungen zwischen Reit- und Bewegungslehre zahlreiche Hinweise für ein gutes Gelingen dieses Teilbereichs der Reitausbildung liefern.

Die Anlehnung ist einer von drei Fähigkeitsbereichen, die in der Gewöhnungsphase erarbeitet werden.

Takt beim jungen Pferd

Wenn sich das Pferd unter dem Reiter zum ersten Mal in Bewegung setzt, kommt es zu dem erheblichsten Eingriff in der Entwicklung eines Reitpferdes: Das Pferd wird mit dem Gewicht des Reiters belastet. Pferde sind grundsätzlich dazu in der Lage, Gewicht zu tragen – allerdings nur, wenn die Funktionalität der entsprechenden Muskulatur, insbesondere der Rücken- und korrespondierenden Bauchmuskulatur,

Das erste Ausbildungsziel in der Gewöhnungsphase ist die Wiederherstellung des natürlichen Taktes beim Pferd in jeder Grundgangart.

hierfür entwickelt wird. Die ungewohnte Belastung auf dem Rücken des Pferdes (Vergleich: Rucksack auf unserem Rücken) kann zunächst zu einer Beeinträchtigung des Taktes führen. Damit wird die Natürlichkeit des Ganges beim Pferd – mehr oder weniger erheblich – gestört, worunter auch die Bewegungsübertragung auf den Reiter leidet.

Die Rückenmuskulatur des Pferdes drückt sich dem Reiter zunächst entgegen. Da die Muskulatur jedoch wenig entwickelt ist, wird sie schnell ermüden, was dann ein Abspannen oder ein Durchhängenlassen der Muskelgruppen nach sich zieht. Als Folge daraus senkt sich der Rücken, die Hinterbeine werden herausgestellt. Soll das Pferd nun Schritt, Trab oder Galopp gehen, wirkt sich der durchhängende Rücken auf jede Gangart störend aus. Was ohne Reitergewicht ein taktsicherer Trab war, ist nun ein im Takt gestörtes Laufen (keine fließenden Bewegungen von hinten nach vorne und umgekehrt).

Damit ergibt sich für den Reiter die klare Forderung, als Allererstes regulierend auf den Takt des Pferdes einzuwirken – und zwar so, dass das Pferd in seine originäre Situation (im Takt gehend ohne Reitergewicht) zurückgeführt wird, also im Takt gehend, jetzt mit Reitergewicht.

Den Takt des Pferdes regulieren

Nur ein Reiter, der bereits Bewegungsgefühl entwickelt hat, ist dazu in der Lage, rhythmisierend auf den Gang des Pferdes einzuwirken, das heißt, dem Pferd zu helfen, seinen Takt unter dem Reitergewicht wiederzufinden. In der umgekehrten Situation – ungeübter Reiter auf ausgebildetem Pferd – bedeutet der Beginn der Gewöhnungsphase Folgendes: Jede Reitsituation muss damit beginnen, dass Reiter und Pferd ihren natürlichen Takt in der Bewegung miteinander abgleichen und finden können, dass sie einen gemeinsamen Takt finden.
Fazit: Erstes Ziel in der Grundausbildung des Pferdes und beim Beginn einer jeden Reiteinheit ist es, dass das Pferd seinen Takt findet und der Reiter sich diesem Takt anpasst bzw. den Takt durch geschicktes Einwirken in jeder Gangart herstellt (siehe praktische Hinweise in den einzelnen Gangarten Seite 156).

Takt in den Grundgangarten

In jeder der drei Grundgangarten hat das Pferd einen anderen Takt, eine unterschiedliche Fußfolge und unterschiedlich viele Phasen.

Für einen Reiter, der im Verlauf seiner Reiterkarriere das Gefühl für die halben Paraden erlangen will, ist die Kenntnis der Phasen zwar wichtig, noch wesentlicher aber ist es, zu fühlen, was unter dem Reiter passiert.

Viele können die Phasen zwar auswendig „aufsagen", aber sie können sie nicht wahrnehmen und daraus keine Schlüsse für ihre Hilfengebung ziehen. Der Reiter muss fühlen lernen, wann welches Bein des Pferdes abfußt, wann es in der freien Schwebe ist und wieder auffußt, um den richtigen Moment für sein Einwirken herauszufinden.

Erfasst der Reiter diesen Moment nicht, ist seine Einwirkung, vor allem seine treibende Hilfe, wirkungslos. Ein Beispiel: Der Reiter treibt nicht in dem Augenblick, wenn das Pferd sich in den Gelenken durchbeugt und kurz vor dem Abfußen ist, sondern im Moment der freien Schwebe. Es ist dem Pferd in diesem Moment anatomisch gar nicht möglich, auf die Hilfe des Reiters zu reagieren.

Um das Pferd dabei zu unterstützen, unter dem Reitergewicht zu seinem natürlichen Bewegungsablauf zurückzufinden, muss der Reiter fühlen, wann der richtige Moment des Treibens gekommen ist.

Takt im Schritt

Der Schritt ist ein Viertakt, der aus acht Phasen besteht. Er ist die einzige schwunglose Grundgangart. Das heißt: Der Schritt hat keine Phase, in der alle vier Beine des Pferdes in der freien Schwebe sind, es sind immer mindestens zwei Hufe am Boden. Grundsätzlich eignet sich der Schritt gut zum Schulen von Bewegungsabläufen. Sowohl neue Abläufe für das Pferd als auch neue Abläufe für den Reiter lassen sich in der langsamsten der drei Grundgangarten am leichtesten nachvollziehen bzw. ausprobieren. So kommt es, dass der Schritt in der Ausbildung von Reiter und Pferd als eine Gangart mit „belehrendem" Charakter bezeichnet wird.

Einmal tief durchatmen: Innerhalb der Reitstunde sollten Reiter und Pferd immer wieder aktive Erholungsphasen einbauen. Die Zügel werden hingegeben, Reiter und Pferd können die kurze Entspannungszeit genießen.

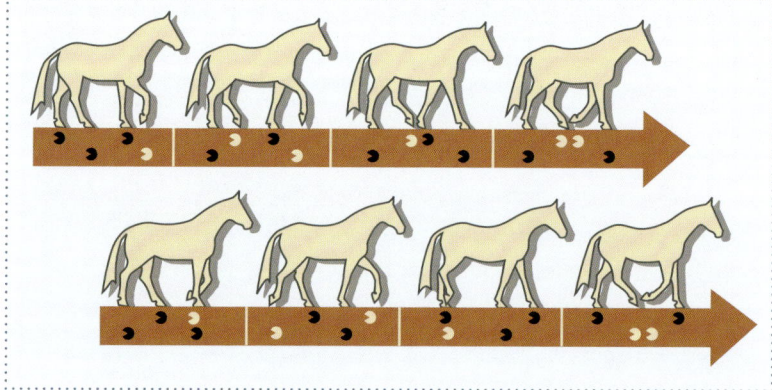

Fußfolge im Schritt: Es sind immer zwei oder drei Hufe am Boden. Eine Schwebephase gibt es im Schritt nicht. Deshalb wird der Schritt als schwunglose Gangart bezeichnet.

Der Schritt ist außerdem wichtig, damit vor dem Aufwärmen die Gelenkflüssigkeit gebildet werden kann (siehe Aufwärmen des Reiters Seite 71). Viele Aspekte, die dort angesprochen wurden, verlaufen bei Pferd und Reiter annähernd analog (Atmung, Herzfrequenz, Lockern von Muskeln etc.) und werden darum an dieser Stelle nicht erneut behandelt.

Der Schritt dient außerdem dazu, um innerhalb einer Reitstunde aktive Erholungsphasen einzubauen, sodass sich das Pferd regenerieren kann.

Erfühlen von Takt
Um als Reiter ein Gefühl für den Takt des Pferdes zu entwickeln, gibt es eine Reihe von Übungen auf dem Pferd.

Vornüberbeugen
Sie beugen sich mit geschlossenen Augen zum Pferdehals und berühren mit den Händen die rechte und linke Brust des Pferdes. Sie sollen ansagen, wann das linke bzw. rechte Vorderbein nach vorne geht.

Vornüberbeugen mit Erfühlen der Schrittfolge
Sie sollen in derselben Lage sagen, wann das linke bzw. das rechte Hinterbein abfußt. Haben Sie Probleme, kann Ihr Ausbilder Ihnen dabei helfen und ansagen, wann das Pferd hinten links/rechts abfußt. Über diese Hilfe erfühlen Sie die Pferdebewegungen bewusster und können sie danach meistens schneller selbst aus dem Gefühl heraus identifizieren.

Vornüberbeugen an der Longe im Schritt ist sehr hilfreich, um Reiteinsteigern ein Gefühl für den Bewegungsablauf des Pferdes zu vermitteln.

Erfühlen der Fußfolge im Schritt

Sie reiten im Schritt und verfolgen die Fußfolge des Pferdes (auch mit geschlossenen Augen). Sie sagen z. B. zunächst die Bewegungen der Vorderbeine an, danach die der Hinterbeine. Danach sollten Sie auch versuchen, die Schrittfolge im Zusammenhang zu erfühlen. Dafür bekommen die Beine Nummern. Das linke Vorderbein erhält z. B. die 1, das rechte Hinterbein eine 2, das rechte Vorderbein die 3 und das linke Hinterbein die 4.

Praktische Hinweise

Wechselseitiges Treiben im Schritt: Das Pferd tritt ohne Schwebephase wechselseitig mit dem Hinterbein vor. Dadurch entsteht eine fühlbare pendelnde Bewegung des Rippenbogens vom Pferd. Der Bewegungsablauf des Pendelns gibt vor, dass der Reiter wechselseitig treiben muss. Die Intensität des Treibens richtet sich danach, inwiefern die Kriterien des Schritts (Takt, Fleiß, Ungebundenheit, Raumgriff) erfüllt sind.

Die Nickbewegung des Pferdekopfes zulassen: Beim Schritt ist der Hals als Balancierstange von besonderer Bedeutung, weil die Vorwärtsbewegung durch ein Nicken im Hals in der schwunglosen Gangart Schritt unterstützt wird. Deshalb ist es unerlässlich, dass der Reiter diese Nickbewegung zulässt, denn sonst wäre der Bewegungsfluss des Pferdes durch den gesamten Körper gestört. Der Reiter muss in der Lage sein, der Bewegung des Pferdekopfes mit der Hand zu folgen und dabei stets eine weichfedernde Verbindung von der Hand zum Pferdemaul zu behalten. Beim Schrittreiten ist also die Reiterhand am ausgeprägtesten in Bewegung.

Takt im Trab

Der Trab ist ein Zweitakt mit vier Phasen, also eine schwunghafte Gangart mit Schwebephase. Der Trab ist für die Grundlagenarbeit am besten geeignet. Das rhythmische Kontrahieren und Entspannen aller Muskelgruppen macht es dem Reiter vergleichsweise leicht, sich dem Rhythmus des Pferdes anzupassen oder den Rhythmus sogar durch geschicktes Einwirken zu stabilisieren. Zur lösenden Arbeit ist der Trab bei vielen Pferden die beste Gangart.

Erfühlen der Fußfolge im Trab: Sagen Sie im Trab an, wann das linke/rechte Vorderbein und linke/rechte Hinterbein ab- und auffußt.

Der Hals als Balancierstange

Ganz besonders in der Gangart Schritt muss das Pferd die Möglichkeit haben, durch Nickbewegungen mit Hals und Kopf sein Gleichgewicht zu halten. Verkürzt der Reiter im Schritt die Zügel zu stark, kommt das Pferd sofort aus dem Gleichgewicht. Die Folge: Es geht nicht länger im Takt.

Praktische Hinweise

Richtig treiben: Grundsätzlich wurde auf Seite 57 beschrieben, dass das Treiben das Hinterbein zum Vortreten anregen und damit ein gleichmäßiger Bewegungsfluss durch den Körper hergestellt werden soll. In der schwunghaften Gangart Trab wird zunächst grundsätzlich aber nicht das gleichseitige Hinterbein aktiviert, sondern es wird gleichmäßig beidseitig getrieben. Erst in einer spezielleren Anforderung im diagonalen Hilfensystem kann die Intensität der Hilfen innen und außen unterschiedlich erfolgen.

Aussitzen und Leichttraben: Unabhängig davon, ob der Reiter aussitzt oder leichttrabt, von der Grundstruktur wird gleich getrieben. Beim Leichttraben entfernen sich beim Aufstehen des Reiters beide Unterschenkel vom Pferd, während sie sich beim Einsitzen gleichzeitig dem Pferdeleib anschmiegen. Während des Einsitzens wirken beide Schenkel gleichseitig und gleichzeitig treibend. Beim Leichttraben wird jeder zweite Trabtritt durch eine treibende Hilfe unterstützt, beim Aussitzen kann die treibende Hilfe bei jedem Trabtritt erfolgen.

Beim Leichttraben sitzt der Reiter im Takt abwechselnd ein und steht wieder auf. Es wird daher nur jeder zweite Trabtritt durch eine treibende Hilfe unterstützt.

Fußfolge im Trab: Das Pferd setzt jeweils ein diagonales Beinpaar auf, fußt ab zur Schwebephase, landet auf dem anderen diagonalen Beinpaar, fußt wieder ab zur Schwebephase.

Die Intensität des Treibens und die Häufigkeit sind genau wie beim Schritt abhängig von der jeweiligen Situation.

Takt im Galopp

Erst wenn sich das Pferd unter dem Reiter in der Gangart Trab sicher und geregelt vorwärts bewegt, kommt die Galopparbeit hinzu – jedenfalls in den meisten Fällen. Doch Ausnahmen bestätigen die Regel: Immer wieder gibt es Pferde, denen es schwer fällt, sich in der Gangart Trab loszulassen und die sich weitaus wohler fühlen, wenn der Reiter ihnen die Chance gibt, sich zunächst im Galopp und erst später im Trab zu lösen. Es ist wichtig für den Reiter herauszufinden, welche Gangart dem Pferd mehr „liegt".

Der Galopp ist ein Dreitakt mit sechs Phasen und einer ausgeprägteren Schwebephase im Vergleich zum Trab. Hier ist die Besonderheit zu berücksichtigen, dass das Pferd sowohl im Rechtsgalopp als auch im Linksgalopp geritten werden kann.

Erfühlen der Fußfolge im Galopp: Auch im Galopp sagen Sie an, wann das innere/äußere Hinterbein auffußt. Variationen dieser Aufgaben sind keine Grenzen gesetzt.

Ziel dieser Übungen soll es sein, sich der Pferdebewegungen bewusst zu werden, um zu erfühlen, was im Pferd abläuft. Daraus kann der Reiter folgern, wann die unterschiedlichen Hilfen einzusetzen sind. Nur über die gefühlsmäßige Eindeutigkeit der Pferdebewegungen kann der Reiter auch bewusst auf diese einwirken.

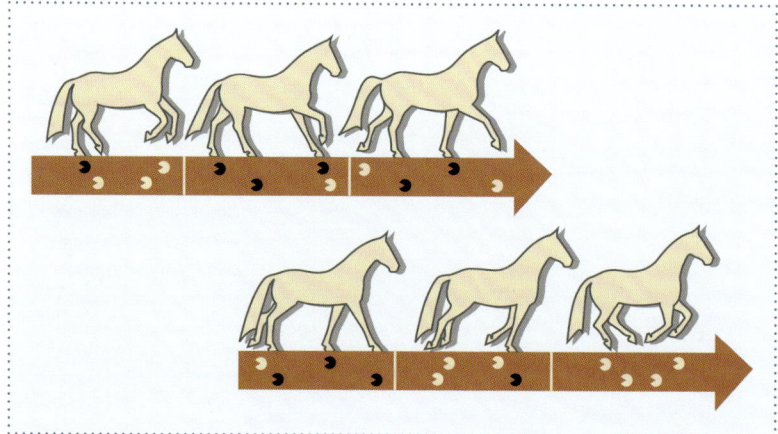

Fußfolge im Rechtsgalopp: Das Pferd fußt mit dem linken Hinterbein auf, es folgen rechtes Hinterbein und linkes Vorderbein gleichzeitig. Danach fußt das rechte Vorderbein auf, dabei sind die drei weiteren Beine in der Luft. Schließlich kommt der Moment der freien Schwebe, bevor das linke Hinterbein wieder auffußt.

Praktische Hinweise

Angaloppieren: Der verwahrende äußere Schenkel sichert das äußere Hinterbein (Standbein des Galopps), mit dem das Angaloppieren beginnt. Mit der Technik der halben Paraden wird das Pferd auf die kommende neue Situation aufmerksam gemacht. Der Reiter gibt dem Pferd die notwendige Stellung, die innere Schulter wird vor die innere Hüfte gerichtet. Damit sind die positionellen Bedingungen gesichert, dass das Pferd nach einseitiger Gewichtsbelastung des Beckens innen in Kombination mit treibender Hilfe des inneren Schenkels in den Galopp springt. Auf die Hilfengebung zum Angaloppieren wurde bereits auf Seite 56 eingegangen.

Dreidimensionalität des Reiters

Der Motor des Reiters: das Becken

Den schwingenden Pferderücken kann der Reiter erfühlen, wenn er im Becken flexibel ist und seine Bewegungen aufgrund der Freiheit des Kreuzdarmbein-Gelenks dreidimensional ablaufen. Für das Reiten jeder Gangart ist diese dreidimensionale Beweglichkeit des Reiterbeckens von entscheidender Bedeutung.

Grundsätzlich ist das Becken als blockierendes System nicht nur für Reiter, sondern für alle Menschen ein Problem. Entscheidend für die Elastizität im Becken sind mehrere Muskelbereiche: tiefe Rückenmuskulatur, Gesäßmuskulatur, vordere und hintere Oberschenkelmuskulatur, Hüftbeuger, gerade Bauchmuskulatur, seitliche Rumpfmuskulatur.

Die Gesäßmuskulatur muss das Becken stabilisieren, wobei ihre Funktion oft durch zu stark verkürzte tiefe Rückenmuskeln zunichte gemacht wird. Sind die tiefen Rückenmuskeln zu stark verkürzt, besteht die Tendenz, das Becken nach vorne zu kippen (Hohlkreuz). Diese Tendenz wird durch zu starke Hüftbeuger unterstützt, die ebenfalls das Becken in eine Hohlkreuzhaltung versetzen. Wenn außerdem noch die vordere Oberschenkelmuskulatur sehr stark ist, kommt der Reiter aus dieser negativen Position nicht heraus, zumal die geraden Bauchmuskeln und Gesäßmuskeln meistens schwach sind und dem Hohlkreuz nicht entgegenwirken können. Ein natürliches Mitschwingen in der Mittelpositur ist unmöglich.

> **Beweglichkeit des Beckens**
> Sechs Muskelgruppen sind für die Beweglichkeit des Beckens verantwortlich. Ein natürliches Mitschwingen mit den Bewegungen des Pferderückens ist nur möglich, wenn diese sechs Muskelgruppen miteinander harmonieren.

Mitschwingen im Becken

- Die tiefe gerade Bauchmuskulatur muss stark genug sein, um das Becken natürlich aufzurichten: Kräftigung der Bauchmuskeln.
- Die vorderen Hüftbeuger lassen das Becken nach vorne kippen; sie sind oft zu kurz und müssen gedehnt werden.
- Die schräge Bauchmuskulatur ermöglicht die einseitige Gewichtshilfe, ohne dass sich die äußere Schulter nach hinten bewegt (Kräftigung).
- Die tiefe Rückenmuskulatur darf nicht blockieren (Dehnung).
- Auch die Gesäßmuskulatur muss das Becken stabilisieren und gleichzeitig gegen die Klemmer wirken. Die Gesäßmuskeln öffnen die Beine; die Klemmer schließen sie: Kräftigung der Gesäßmuskeln.
- Die seitliche Rumpfmuskulatur ist oft nicht gleichmäßig ausgebildet. Sie muss gekräftigt werden, um stabilisierend wirken zu können.
- Die Klemmer blockieren das Becken; sie müssen in einem ausgewogenen Verhältnis zur Gesäßmuskulatur stehen. Meistens sind sie stärker als die Gesäßmuskeln ausgebildet; sie müssen also gedehnt werden.

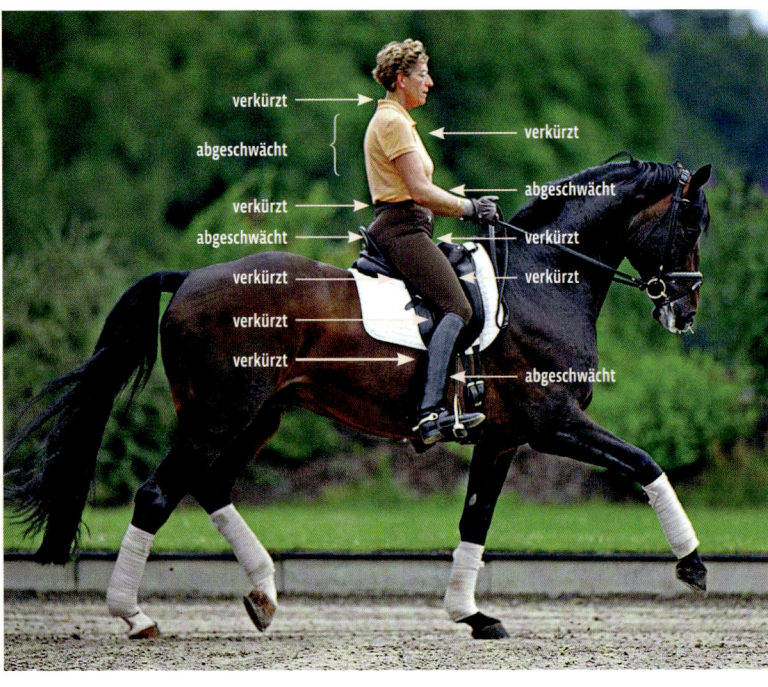

Die zwölf wesentlichen „Problemzonen" von Reitern: Abgeschwächte oder verkürzte Muskelpartien behindern losgelassenes Reiten. Mit dem 6-Punkte-Programm lassen sich diese Schwächen nachhaltig verbessern.

Das Kreuz-Darmbein-Gelenk muss frei sein

Selbst wenn die angesprochene Muskulatur ausgewogen ist und harmonisch funktioniert, kann das Mitschwingen nicht funktionieren, wenn das Kreuz-Darmbein-Gelenk, auch als Ilio-Sakral-Gelenk (ISG) bezeichnet, blockiert ist.

Ein Großteil der Ursachen von Rückenschmerzen entsteht in diesem Gelenkbereich. Das Kreuz-Darmbein ist insofern ein wichtiges Gelenk für den Menschen, weil es die Natürlichkeit der Bewegungsabläufe behindern kann. Alle menschlichen Bewegungen sind dreidimensional (vor-zurück, links-rechts, oben-unten).

Mobilisierungsübung und Entblocken des ISG

Ausgangsposition: Rückenlage, ein Bein strecken, das andere in Hüfte und Kniegelenk rechtwinklig abbeugen.

Ausführung: Das abgewinkelte Bein über das gestreckte in Richtung Boden führen, wobei die Hand die Dehnbewegung noch unterstützen kann. Kopf in die entgegengesetzte Richtung zum abgewinkelten Bein drehen. Zu beiden Seiten ausführen.

Aus der Praxis weiß man, dass fast jeder Reiter gelegentlich unter einer Blockade des Ilio-Sakral-Gelenks (ISG) leidet. Mit einer einfachen Übung lässt sich das ISG problemlos entblocken.

Losgelassenheit

Unter Losgelassenheit versteht man in der Reitersprache das unverkrampfte An- und Abspannen aller Beuger und Strecker im gesamten Pferdekörper. In ihrer Gesamtheit werden sie in der Fachsprache als Muskelfunktionskette bezeichnet.

Im Zusammenhang von Losgelassenheit wird häufig auch von Zwanglosigkeit gesprochen. Die Zwanglosigkeit ist die physische und psychische Unverkrampftheit, die das Pferd von Natur aus mitbringen sollte. Sie ist also Voraussetzung dafür, dass ein Pferd später unter dem Reiter die Losgelassenheit entwickeln kann. Wesentlicher Unterschied zur Zwanglosigkeit ist, dass unter Losgelassenheit das unverkrampfte Muskelspiel – der Wechsel zwischen Anspannen und Abspannen – verstanden wird.

Ein losgelassenes Pferd hat die Natürlichkeit in seinen Bewegungen unter dem Reitergewicht wiedergefunden. Voraussetzung hierfür ist das taktmäßige Gehen des Pferdes (siehe Takt Seite 153).

An zahlreichen Merkmalen (Ohren, Augen, Nüstern/Maul, Ganasche, Hals, Rücken, Schweif) lässt sich erkennen und erfühlen, ob das Pferd losgelassen ist.

Störfaktoren
Viele Aspekte aus den Bereichen Haltung und Fütterung können es dem Pferd schwerer machen als nötig, später unter dem Reiter zur Losgelassenheit zu kommen. Klassische Störfaktoren, die zu innerer Verspanntheit und Unruhe führen: Langeweile in der Box, zu wenig Raufutter, Stress, zu wenig Bewegung (nur Box, ohne Paddock und/oder Weide), falsche bzw. unpassende Ausrüstung.

In der üblichen Reitliteratur werden im Zusammenhang mit Losgelassenheit immer zwei Bereiche voneinander getrennt: innere und äußere Losgelassenheit.(siehe auch Skala der Ausbildung des Reiters Seite 79).

Häufig sind die Erläuterungen hierzu in der Reitliteratur unzulänglich, denn es wird versucht, den einzelnen Arten der Losgelassenheit verschiedene Körpersignale zuzuordnen.

Losgelassenheit ist aber immer als Gesamtbild zu betrachten und vereint verschiedene körperliche Signale, die – isoliert betrachtet – das Gesamtbild verfälschen könnten. Innere und äußere Merkmale der Losgelassenheit können also nicht isoliert voneinander gesehen werden, sondern stehen immer in einem Zusammenhang.

Der Begriff Losgelassenheit bezieht sich weiterhin nicht allein auf die muskuläre Arbeit, die geleistet wird, sondern das Pferd ist in seiner Gesamtheit als Wesen zu betrachten: Psyche und Physis spielen hier eine gleichermaßen große Rolle.

Wir müssen als Reiter lernen, die Körpersignale des Pferdes zu verstehen und zu ergründen, was diese Signale in dem Pferd ganz untrüglich bedeuten. Zum besseren Verständnis werden die Merkmale isoliert erläutert, um später wieder zu einem Gesamtbild zusammengefügt zu werden.

Merkmale der Losgelassenheit
Die Kopfregion

Gesichtsausdruck, Ohren, Augen und Nüstern zeigen die Mimik des Pferdes. Das Pferd soll sich natürlich und vertrauensvoll zu seinem Reiter verhalten, die Umwelt gelassen wahrnehmen und ein konzentriertes Ohrenspiel zeigen.

Der Maulregion kommt eine ganz besondere Bedeutung zu. Das geschlossene, zufrieden tätig kauende und schäumende Maul wird immer gern zitiert. Das Kauen hat für das Pferd eine ganz besondere Bedeutung. Kauen heißt im originären Sinn immer zunächst Futteraufnahme und damit zusammen hängt immer ein Einspeicheln des Futters. Das ist eine reflexartige Reaktion des Körpers. Durch Kautätigkeit wird das schwammartige Gewebe der Ohrspeicheldrüse ausgedrückt. Durch Kauen wird also immer Speichelfluss erzeugt, unabhängig davon, ob ein Pferd losgelassen ist oder nicht. Wir können das in einer anderen Extremsituation beobachten. Ein besonders gestresstes Pferd, z. B. im Rennsport zeigt, wenn es ein Finish gelaufen ist, ebenfalls ausgeprägten Speichelfluss. Also dient das Kauen auch der Stressbewältigung beim Pferd. Es versucht, sich durchs Kauen selbst zu beruhigen.

In der Reitsituation sollte der Reiter das Pferd über die Einwirkung auf das Maul (halbe Paraden siehe Seite 102) dazu veranlassen, zu kauen.

Der Reiter muss diejenige Muskulatur, die das Kauen auslöst, als Teil einer Muskelfunktionskette verstehen. Er treibt das Pferd von hinten nach vorne, mit seinen feinen Zügelhilfen fängt er die Bewegungsenergie ab. Dabei bewegt er das Gebiss im Maul des Pferdes. Dies wiederum hat einen Einfluss auf das Muskelspiel des Pferdes, seine Kaumuskulatur wird angesprochen und dieses Kauen bewirkt, dass es zum Speichelfluss kommt. Schon im Buch „Der Reiter formt das Pferd" (Bürger/ Zitschmann) wird klar festgestellt, dass die Kautätigkeit und Schaumbildung im Maul des Pferdes erst dann zu einem qualitativen Merkmal werden, wenn das Pferd seine Lippen beim Kauen geschlossen hält!

Die Mimik dieses Pferdes zeigt, dass es losgelassen ist.

Loben kann entscheidend dazu beitragen, dass sich ein vertrauensvolles Verhältnis zwischen Pferd und Reiter entwickelt.

Der Hals

Ein wichtiges Indiz für Losgelassenheit ist die Bereitschaft des Pferdes, seinen Hals fallen zu lassen. Um diese Bereitschaft zu prüfen, nutzt der Reiter die Lektion Zügel-aus-der-Hand-Kauen-Lassen im Trab.

Beim Zügel-aus-der-Hand-Kauen-Lassen öffnet sich der Ganaschenwinkel, das Genick ist nicht länger höchster Punkt. Doch so tief wie in den Fotos unten sollte das Pferd seinen Kopf nur in Ausnahmefällen senken. Als Anhaltspunkt dient die Maßgabe, dass das Maul etwa in Höhe des Buggelenks sein sollte.

Wenn der Reiter den Zügel bei weiterhin vortreibenden Hilfen langsam länger werden lässt, folgt das Pferd bei gleichbleibendem Takt und Tempo dem Angebot des Reiters, streckt den Hals mit entspannter Unterhalsmuskulatur nach vorwärts-abwärts. Hierbei muss sich der Ganaschenwinkel vergrößern, ansonsten würde das Pferd in dieser Lektion nicht mehr an die Hand herantreten. Je nach anatomischen Voraussetzungen beim Pferd gilt als ungefährer „Orientierungswert" für den fallen gelassenen Hals, dass das Maul in etwa bis zur Höhe des Buggelenks gesenkt werden kann.

Dieser Effekt des fallen gelassenen Halses kann nur erzielt werden, wenn ein Pferd seine Spannung verliert, ähnlich wie es auch beim Join up von Monty Roberts beschrieben wird. Er lässt sich also durch reiterliche Einwirkung oder aber durch sinnvolle Bodenarbeit erzielen.

Die Atmung

Wenn alle Muskelfunktionsketten des Pferdes harmonisch im Bewegungsfluss tätig sind, führt dies automatisch zu einer gleichmäßigen Atmung, die sich durch Abschnauben zeigen kann.

Der Rücken

Eines der wichtigsten Kriterien der Losgelassenheit ist der schwingende Rücken des Pferdes, der auch als Bewegungszentrale bezeichnet wird. Ausgerechnet den schwingenden Rücken aber kann man als Betrachter nicht zuverlässig erkennen. Schweif, Kopf und Halshaltung des Pferdes liefern Hinweise, ob der Rücken des Pferdes schwingt oder

eher festgehalten wird. Das unbestechlichste Indiz für einen schwingenden Rücken bleibt dem Reiter und seinem Gefühl vorbehalten. Das Pferd nimmt durch das rhythmische An- und Abspannen seiner Muskulatur das Reitergewicht an und lässt damit zu, dass der Reiter „zum Sitzen und zum Treiben" kommt. Ausgerechnet dieses wichtige Kriterium ist sehr stark an die subjektive Wahrnehmung des Reiters, an seine Losgelassenheit und Beweglichkeit gebunden.

Die Losgelassenheit muss sowohl beim Reiter als auch beim Pferd vorhanden sein, damit der Pferderücken schwingt. Einerseits ermöglicht die unverkrampft an- und abspannende Muskulatur des Pferdes, dass der Reiter zum Sitzen und zum Treiben kommt. Andererseits muss der Reiter dazu in der Lage sein, die Bewegungen des Pferdes in sich aufzunehmen und dreidimensional durch seinen Körper „fließen" zu lassen, damit das Pferd den Rücken loslässt und zum Schwingen kommt. Stärker als in diesem Kriterium des schwingenden Rückens kann sich die Wechselwirkung nicht zeigen, die zwischen Reiter und Pferd besteht.

Der Schweif

Der Schweif als Verlängerung des Rückens wird immer als Seismograf des Muskeltonus des Pferdes gesehen. Wenn der Rücken als Bewegungszentrale des Pferdes rhythmisch an- und abspannt und unverkrampft arbeitet, wird sich auch der Schweif in seiner Haltung zeigen: gleichmäßig, dem Bewegungsrhythmus angepasst, nach rechts und links pendelnd, getragen.

Der im Bewegungsrhythmus pendelnde Schweif ist ein wichtiger Indikator der Losgelassenheit.

Praktische Hinweise

Es gibt nicht ein Patentrezept, das für alle Pferde anwendbar wäre, damit sie zügig innerhalb einer Reiteinheit zur Losgelassenheit kommen. Ganz besonders bei dieser Fähigkeit des Pferdes ist das Gefühl des Reiters entscheidend: In welcher Verfassung ist das Pferd, welche Lektionen sind speziell für diesen Tag, diese Reiteinheit in welcher Anzahl zum Ziel führend?

Generell ist allerdings festzustellen, dass häufige Übergänge von einer Gangart in eine andere die Losgelassenheit fördern können, weil das Pferd in jeder Gangart seine Muskulatur in unterschiedlichen Rhythmen an- und abspannt. Sehr wirkungsvoll sind bei einer

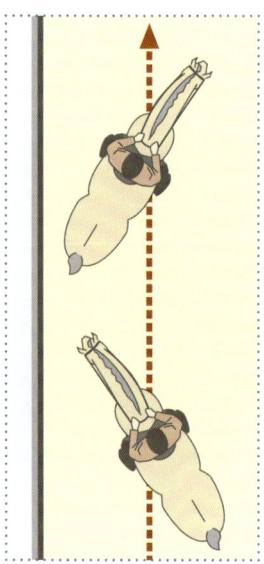

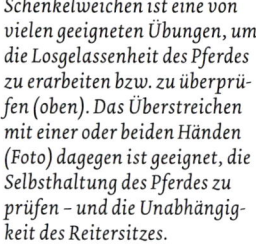

Schenkelweichen ist eine von vielen geeigneten Übungen, um die Losgelassenheit des Pferdes zu erarbeiten bzw. zu überprüfen (oben). Das Überstreichen mit einer oder beiden Händen (Foto) dagegen ist geeignet, die Selbsthaltung des Pferdes zu prüfen – und die Unabhängigkeit des Reitersitzes.

Mehrzahl der Pferde häufige Übergänge von einer schwunghaften Gangart zu der anderen schwunghaften Gangart, also vom Trab zum Galopp und andersherum. Auch Schenkelweichen im Schritt und im Trab trägt bei vielen Pferden, ebenso wie häufige Handwechsel, dazu bei, zur Losgelassenheit zu kommen. Um sie zu prüfen, sollte der Reiter am Ende der Lösungsphase die Lektion Zügel-aus-der-Hand-Kauen-Lassen in seine Arbeit integrieren.

Anlehnung

Im Zusammenspiel Rückentätigkeit und Dehnungsbereitschaft des Pferdes ist die Basis für den nächsten Punkt der Skala der Ausbildung des Pferdes schon gelegt: die Anlehnung. Sie wird oft schon ganz am Anfang der Reiteinheit oder auch der Ausbildung eines jungen Pferdes missverständlich ins Spiel gebracht. Und zwar dann, wenn der Reiter rhythmisierend in die Bewegung des Pferdes eingreift. Hier muss man zwei Aspekte unterscheiden: Erstens eine sehr einfache Verbindung zum Pferdemaul, die natürlich von Anfang an besteht, und zweitens die Anlehnung im Sinne der Skala der Ausbildung, wenn das Pferd „an die Hand zieht".

Anlehnung

Die Qualität einer Anlehnung im Sinne der Skala der Ausbildung kann sich erst im Anschluss an die Losgelassenheit einstellen, also unmittelbar in dem Zusammenhang, wenn sich das Pferd vertrauensvoll an die Hand herandehnt.

Es gibt Voraussetzungen, um eine Anlehnung im Sinne der Skala der Ausbildung zu erarbeiten:
- das taktmäßige Gehen des Pferdes in allen drei Grundgangarten,
- das Vorhandensein eines gewissen Maßes an Losgelassenheit.

Man spricht erst dann von einer korrekten Anlehnung, wenn das Pferd die treibende Hilfe des Reiters annimmt und von hinten nach vorne an die Hand herantritt. In der Reitersprache sagt man dann: „die Anlehnung wird vom Pferd gesucht und vom Reiter gestattet".

Zentrale Bedeutung beim Erreichen von Anlehnung ist das feine Zusammenspiel der treibenden und verhaltenden Reiterhilfen. Dies bewirkt, dass das Pferd zuerst auf den treibenden Impuls des Reiters reagiert und erst nach diesem Impuls die Auswirkung auf die Verbindung von der Reiterhand zum Pferdemaul zu spüren ist. Der Begriff Anlehnung bezieht sich also nicht allein auf die Zügeleinwirkung, sondern ist das Ergebnis korrekter Einwirkung des Reiters auf das gesamte Pferd.

Die Reiterhand soll eine ständige Verbindung zulassen, dabei weich und federnd bleiben. Sie muss zwingend die Nickbewegung des Pferdekopfes zulassen, die im Schritt am ausgeprägtesten ist (siehe Seite 158:

Variationen in der Anlehnung (links Zügel-aus-der-Hand-Kauen-Lassen, rechts Zügel wieder aufgenommen) sollen nicht dazu führen, dass das Pferd eiliger oder langsamer wird. Beim Vergleich der Fotos fällt auf, dass der Bewegungsablauf des Pferdes mit langem und aufgenommenem Zügel nahezu identisch ist – ideal.

Ein Fallenlassen des Halses und das Öffnen in der Ganasche muss nach entsprechenden Reiterhilfen bei qualitätsvoller Anlehnung jederzeit möglich sein.

Nickbewegung des Pferdes). Daraus ergibt sich schon zwangsläufig, dass eine stete Verbindung nicht starr, sondern innerhalb des sich ständig bewegenden Systems stets mitgehend sein muss. Häufig wird die stete Verbindung zum Pferdemaul dennoch als „starres Halten der Reiterhand" fehlinterpretiert oder der Reiter versucht, eine Verbindung zum Pferdemaul allein durch Annehmen der Zügel zu bewirken.

Die qualitätsvolle Verbindung von der Reiterhand zum Pferdemaul muss in jeder Halshaltung des Pferdes möglich sein. Es ist also unerheblich, ob das Pferd sein Genick am höchsten Punkt hat oder ob es die Zügel aus der Hand kaut und sich damit in der Ganasche öffnet. Folglich muss ein Fallenlassen des Halses für das Pferd jederzeit möglich sein, ohne dass die Qualität der Anlehnung verloren geht.

Fazit: Eine qualitätsvolle gleichmäßige Anlehnung kann nicht ausschließlich als Resultat aus dem Erreichen der beiden Fähigkeiten Takt und Losgelassenheit erzielt werden. Erst durch die Arbeit am Geraderichten und damit die Arbeit an der Schubkraft verbessert sich die gleichmäßige Anlehnung. Hier zeigt sich erneut die Wechselwirkung der sechs Fähigkeiten untereinander. Die beste Qualität der Anlehnung (= Leichtigkeit) wird erst mit dem Erarbeiten der Versammlung erreicht.

Mithilfe der Kurzkehrtwendung hat der Reiter auch in der Gangart Schritt die Möglichkeit, das Geraderichten des Pferdes zu verbessern (links). Um Takt, Losgelassenheit und Anlehnung im Schritt zu überprüfen, lässt der Reiter die Zügel aus der Hand kauen.

Positiver Spannungsbogen wird erzeugt

Für das junge Pferd bedeutet das Ende der Gewöhnungsphase: es ist nun in der Lage, sich in allen drei Grundgangarten im natürlichen Bewegungsvolumen mit dem Reiter auf dem Rücken auszubalancieren, es bewegt sich unverkrampft, in allen drei Gangarten im Takt und ist bereit, an die Reiterhand heranzutreten.

Angewendet auf eine Reiteinheit bedeutet das Ende der Gewöhnungsphase, dass Pferd und Reiter optimal aufgewärmt und vorbereitet für weiteres Training sind, dass alle Muskelfunktionsketten nun „arbeiten".

In der gesamten Gewöhnungsphase beschäftigt sich der Reiter sozusagen vorrangig damit, das Pferd mit dem zusätzlichen Reitergewicht zurück zu seiner Natürlichkeit zu führen. Es wird in der Gewöhnungsphase die Basis für weitere Ausbildungsarbeit geschaffen. Es wurde noch nichts am Gehen des Pferdes im Sinne einer Ausbildungsarbeit verändert. Dies entwickelt sich erstmals, wenn man sich dem Schwung als der nächsten Fähigkeit der Skala der Ausbildung zuwendet (siehe Seite 176).

Auf einen Blick

- Der Begriff Gewöhnungphase umfasst drei Fähigkeitsbereiche des Pferdes: Takt, Losgelassenheit und Anlehnung.
- Erstes Ziel in der Ausbildung eines jungen Pferdes ist, es zu seinem natürlichen Takt unter dem Reitergewicht zurückfinden zu lassen.
- Für den Reiter ist es besonders wichtig, im Takt der Grundgangarten korrekt zu treiben und gute Voraussetzungen zu schaffen, mit seinem Becken mit den Rückenbewegungen des Pferdes mitzuschwingen.
- Unter Losgelassenheit versteht man das unverkrampfte An- und Abspannen aller Beuger und Strecker im gesamten Pferdekörper. Die Signale der inneren und äußeren Losgelassenheit sind außerordentlich vielschichtig. Sie als Reiter zu kennen, ist unerlässlich.
- Die Qualität des dritten Fähigkeitsbereichs der Gewöhnungsphase, der Anlehnung, kann sich erst nach Erreichen der Losgelassenheit entwickeln. Unter Anlehnung ist das vertrauensvolle und beidseitig gleichmäßige Herantreten an die Hand des Reiters zu verstehen.
- In der Gewöhnungsphase schafft der Reiter die Voraussetzungen für weitere Ausbildungsarbeiten. Sind diese Voraussetzungen nicht gegeben, wird jede weitere Ausbildung mit Problemen behaftet sein.

Schwung, Geraderichten, Versammlung

Von der Gewöhnung zur Schub- und Tragkraft

In der Gewöhnungsphase wurde das junge Pferd darin geschult, sich im Takt und mit rhythmisch an- und abspannender Muskulatur an die Reiterhand heranzudehnen.

Für das weiter ausgebildete Pferd ist die Gewöhnungsphase mit den drei Fähigkeiten Takt, Losgelassenheit und Anlehnung als Aufwärmphase einer Reiteinheit zu betrachten, die nötig ist, um in die Arbeitsphase einzutreten. Das Pferd hat damit den notwendigen positiven Spannungsbogen entwickelt, der für die kommende Arbeit Voraussetzung ist. Mit der Entwicklung der Schubkraft beginnt die weiterführende Ausbildung des jungen Pferdes.

Alle Fähigkeiten, die beim jungen Pferd bisher erarbeitet wurden, dienten dazu, das Pferd unter dem Reitergewicht zu seiner Natürlichkeit zurückzuführen.

Das heißt: Mit jeder der drei Fähigkeiten Takt, Losgelassenheit und Anlehnung hat der Reiter erreicht, dass das Pferd sich nun nicht länger nur allein, sondern auch unter dem Reitergewicht in einer naturbelassenen Haltung in jeder Gangart ausbalancieren kann.

Alle Ausbildungsarbeit, die künftig geleistet wird, verfolgt das Ziel, das Pferd athletischer zu machen und es auf der Basis seiner natürlichen Veranlagungen und seines Talents weiter zu fördern.

Dabei steht aus sportlicher Sicht im Vordergrund, die Bewegungsabläufe des Pferdes zu verschönern, zu erweitern und es in die Lage zu versetzen, sich mit mehr Athletik, Harmonie und Leichtigkeit unter dem Reiter zu bewegen.

Doch nicht nur aus einem gewissen Leistungsgedanken heraus – d. h. nicht nur für die sportliche Nutzung ist es notwendig, die weiteren drei Fähigkeitsbereiche Schwung, Geraderichten und Versammlung beim Pferd zu entwickeln. Nur wer sein Pferd in allen sechs Fähigkeitsbereichen ausreichend schult, kann sicherstellen, dass das Pferd als Reittier gesund bleibt, dass die Ausübung des Reitsports (ob leistungs- oder breitensportorientiert) Freude bringt und keine Gefahren heraufbeschworen werden (Sicherheit).

Alle vier eingangs (siehe Seite 12) genannten Argumente, die für die Schulung des Pferdes nach der Skala der Ausbildung sprechen, sind damit erfüllt.

Weiterentwicklung des Pferdes

Im Verlauf der weiteren Entwicklung des Pferdes perfektionieren sich ineinandergreifend alle sechs Fähigkeiten der Skala der Ausbildung. Hierzu muss sich das Pferd auf zwei Ebenen weiterentwickeln: koordinativ und konditionell.

Ab Seite 27 sind bereits die koordinativen Fähigkeiten des Reiters angesprochen worden, hier sollen sie entsprechend kurz auf das Pferd bezogen noch einmal zusammengefasst werden. Ziel ist es, dass das Pferd seine Gleichgewichts- und Rhythmusfähigkeit unter Einbeziehung der Fähigkeiten Schwung, Geraderichten und Versammlung stabilisiert. Je weiter die Ausbildung des Pferdes voranschreitet, desto höher werden die Ansprüche an die koordinativen und konditionellen Fähigkeiten.

In der Dressur stellen Lektionen wie die Piaffe oder Passage höchste Anforderungen an Pferd und Reiter, im Springsport sind dies hohe Sprünge und unterschiedlichste Variationen in den Distanzen zwischen den Hindernissen, in der Vielseitigkeit schließlich dreht es sich um technisch immer komplexere Aufgaben. Die Hauptforderungen allerdings sind nach wie vor die Ersten, die Pferd und Reiter in der Skala der Ausbildung begegnet sind: Takt und Losgelassenheit. Diese Fähigkeiten müssen in jeder Bewegung aufrechterhalten werden. Ist dies nicht der Fall, stecken meist Probleme in der Gleichgewichtsfähigkeit des Pferdes dahinter. Diese Defizite im Takt und in der Losgelassenheit wirken sich auf alle anderen Fähigkeiten negativ aus (u. a. Reaktionsfähigkeit, Orientierungsfähigkeit über das Auge, die muskulär zu differenzierenden Muskeleinsätze je nach Untergrund der Reitbahn, den Bewegungsfluss durch den gesamten Körper vom Impuls der Hinterhand bis zum Maul und wieder zurück, Koordination der Teilimpulse etc.). Das Pferd soll über die Steigerung der koordinativen Fähigkeiten bezüglich seiner Bewegungsabläufe leichter, eleganter und harmonischer wirken.

Konditionell entwickelt sich das Pferd ab diesem Ausbildungsstadium in den Bereichen Schnelligkeit, Kraft und Ausdauer: Es wird immer mehr zu einem Athleten. Schnelligkeit meint die Fähigkeit, Bewegungsabläufe gemäß Anforderung innerhalb der kleinstmöglichen Zeiteinheit zu vollziehen. Das Pferd fußt schneller und dynamischer

---

Weiterentwicklung des Pferdes

Eine Weiterentwicklung des Pferdes im Sinne der Skala der Ausbildung ist nur möglich, wenn die Fähigkeitsbereiche der Gewöhnungsphase (Takt, Losgelassenheit, Anlehnung) sicher beherrscht werden.

Je anspruchsvoller und komplexer die Anforderungen und Lektionen für das Pferd werden, desto weiter entwickelt es auch seine konditionellen und koordinativen Fähigkeiten. Diese werden zum Beispiel für Verstärkungen im Trab oder für engere Wendungen benötigt.

ab und ist fähig, seine Bewegungsabläufe beim Aufkommen auf dem Boden so weich folgen zu lassen, dass keine „Ecken und Kanten" im Bewegungsablauf entstehen.

Dazu benötigt das Pferd auch Kraftpotenziale (beim Ab- und Auffußen), weil Kraft immer mit Schnelligkeit korrespondiert. Dabei geht es stets darum, dass der verstärkte Muskelaufbau immer mit Geschmeidigkeit und gleichzeitig mit dynamischen Fähigkeiten gepaart bleibt. Der Aufbau der Kraftaspekte muss stets im Kontext der körperlichen Struktur erfolgen, weil auch ein Zuviel an Kraft sich negativ auf die koordinativen Abläufe auswirken kann (Reduzierung der Beweglichkeit, Geschmeidigkeit).

Ausdauer bezieht sich auf die Fähigkeit, dass das Pferd in den Zustand versetzt wird, seine Lektionen oder Aufgaben (z. B. Traversalen oder lange Galoppstrecken) nicht nur ein-, zwei- oder dreimal vollziehen zu können, sondern diese in höheren Wiederholungszahlen abrufen kann. Seine Sauerstoffaufnahmefähigkeit wird erhöht, die Pulszahl senkt sich, weil das Herz imstande ist, bei einem Schlag mehr Blut auszuschütten. Dabei bezieht sich die Fähigkeit der Wiederholung nicht auf eine Monotonie der zu vollziehenden Abläufe, sondern dieselben Lektionen bzw. Aufgaben müssen in unterschiedlichen Variationen reproduzierbar sein. Auch Ausdauer korrespondiert mit den beiden anderen angesprochenen konditionellen Fähigkeiten Schnelligkeit und Kraft.

Bewegung aktiv verändern

Mit der Entwicklung des Schwunges will der Reiter erreichen, dass sich Rahmen und Raumgriff in den einzelnen Gangarten des Pferdes verändern lassen. Durch gezielte reiterliche Einwirkung und zweckmäßiges Nutzen von verschiedenen Übergängen soll das Pferd geschult werden, seine Bewegungsenergie bewusster einzusetzen, um zum Beispiel größere Tritte oder Sprünge zu vollziehen.

Dies ist das Hauptziel, das man zunächst mit der Entwicklung des Schwunges verfolgt: ein kraftvolleres Abfußen und eine Erweiterung der Bewegungsamplitude.

Schwung

Der Begriff Schwung in der Reiterfachsprache wird unterteilt in
- den schwunghaften Gang
- den schwungvollen Gang.

Die Unterscheidung zwischen schwunghaft und schwungvoll ist von immenser Bedeutung. Unter dem schwunghaften Gang versteht man die natürliche Veranlagung des Pferdes, sich in den Gangarten Trab und Galopp vorwärtszubewegen, also in den Gangarten, die eine Schwebephase haben.

Viele Pferde sind heute von Natur aus mit viel Bewegungsqualität ausgestattet. Diese Qualität aber als schwungvolle Gänge zu bezeichnen, ist im Verständnis der klassischen Reitlehre nicht immer korrekt. Ein schwungvoller Bewegungsablauf im Sinne der Skala der Ausbildung bezieht sich nicht allein auf den Bewegungsablauf, sondern diese Bewegungen müssen vom Pferd auch in einem Zustand der Losgelassenheit erfolgen.

Es gibt genügend Pferde, die zwar viel Bewegungsqualität mitbringen, aber diese Bewegungen nur dann zeigen, wenn sie „unter Spannung" stehen. Der Begriff „schwungvoll" steht aber immer im Zusam-

---

Entwicklung des Schwungs
In allen drei Grundgangarten soll mit der Entwicklung des Schwungs erreicht werden, dass das Pferd seinen Raumgriff und Rahmen verändern kann. Hierzu muss das Pferd kraftvoller abfußen und seine Bewegungsamplitude erweitern.

Schwung

Galopp und Trab bezeichnet man als schwunghafte Gangarten, weil sie eine Schwebephase haben. Der Galopp ist die Gangart mit der längsten Schwebephase.

menhang mit Losgelassenheit, einer Fähigkeit, die der Reiter zunächst erarbeiten muss.

Durch ein ausgefeiltes Zusammenspiel von treibenden und verhaltenden Hilfen und den richtigen Einsatz halber Paraden will der Reiter erreichen, dass das losgelassene Pferd mit der Hinterhand energisch abfußt und diesen Impuls aus der energisch abfußenden Hinterhand über den schwingenden Rücken auf die Gesamt-Vorwärtsbewegung des Pferdes überträgt.

Ein Beispiel: Im Trab soll es mit seinen Hinterbeinen weiter vorfußen, einen längeren Bogen mit den Hinter- und Vorderbeinen beschreiben. Dies gelingt dem Pferd genau dann, wenn es seine Schwebephase verlängert. In der Reitersprache hat man diese Forderung zusammengefasst mit den Worten: Das Pferd soll „kurz auf der Erde, lang in der Luft" sein.

Der schwungvolle Gang ist aber nicht allein durch ein kraftvolles Abfußen der Hinterhand gekennzeichnet, sondern gleichermaßen sichtbar durch das „Durchlassen" des kraftvollen Impulses über den Rücken bis zum Maul und wieder auf die Hinterhand zurück. Der Fußungsbogen verändert sich nicht nur in der Hinterhand, sondern im Verhältnis genauso in der Vorhand. Dies bedeutet: Wenn der Reiter am

Tritte verlängern im Trab: Die großen Gelenke der Hinterhand bewegen sich mit mehr Spielraum nach vorne.

Schwung des Pferdes arbeitet, verändert er den Raumgriff des Pferdes, der Fußungsbogen des Pferdes wird weiter, die Vorder- und Hintergliedmaßen schwingen weiter und höher vor. Die Schwebephase verlängert sich, die Phase des Abfußens scheint kürzer zu werden, in Wirklichkeit wird sie aber kraftvoller.

Anatomische Hintergründe

Guter Schwung im Sinne der Skala der Ausbildung entwickelt sich aus der Hinterhand des Pferdes und fließt bei einem losgelassenen Pferd wie ein schnellkräftiger Impuls von hinten über den Rücken bis zum Maul. Der Kreislauf schließt sich, indem der Impuls weiter vom Maul zur treibenden und verhaltenden Reiterhilfe erneut bei der Hinterhand des Pferdes ankommt.

Wenn heute der Schwung eines Pferdes beurteilt wird, schauen viele nur auf die Bewegung der Vorderbeine. Viel wichtiger aber wäre, das Fußen der Hinterbeine über die Spur der Vorderbeine hinaus zu prüfen sowie die Bewegungsrichtung der Sprunggelenke des Pferdes zu beobachten. Sie sind anatomisch so angelegt, dass ihre Bewegungsrichtung Aufschluss darüber liefert, ob das Pferd bei der Entwicklung des schwungvollen Ganges auf dem richtigen Weg ist.

Auch geht es bei der Entwicklung des Schwunges nicht allein um die Bewegungsrichtung der Sprunggelenke, sondern es geht um die sogenannten „großen Gelenke" des Pferdes: die Hüft-, Knie- und Sprunggelenke. An diesem Punkt der Ausbildung ist das Ziel, für die Energie-Entwicklung aus der Hinterhand zu sorgen. Damit verändert sich die Bewegungsamplitude des Pferdes. Die „großen Gelenke" bewegen sich zunächst mit mehr Spielraum nach vorne. Diese Entwicklung der Energie aus der Hinterhand ist ein ganz zentraler Punkt für die weitere Ausbildung des Pferdes, weswegen oft davon gesprochen wird, dass die Fähigkeit des Schwungs eine Art „Türöffner" für die spätere Arbeit an der Versammlung ist.

Erstes Ziel ist es, die Bewegungsrichtung der großen Gelenke zu verändern. Zweites Ziel ist es, bei der Versammlung die Beugefähigkeit der großen Gelenke zu fördern (mehr dazu ab Seite 204).

Besonders gut von unten zu erkennen ist allerdings nicht die energische Vorwärtsbewegung der Hüft- oder Kniegelenke, sondern der Bewegungsablauf der Sprunggelenke. Sie sollen durch den treibenden Impuls des Reiters nach vorwärts-aufwärts fußen, nicht etwa nur hochgezogen werden oder nach hinten herausschwingen. Häufig sieht man heute auf hochkarätigen Dressurturnieren Pferde, die zwar mit den Vorderbeinen weit aufwärts schwingen, jedoch die Hinterbeine nicht genügend unter den Körper setzen, stattdessen hinten herausschwingen und damit den energischen Impuls nicht von hinten über den Rücken übertragen. Der Fußungsbogen dieser Pferde wurde zwar ebenfalls verändert, aber zu stark aufwärts und zu wenig vorwärts. Mit dieser Art des Bewegungsablaufs verringert sich der Raumgriff der Pferde anstatt sich zu erweitern.

Was fühlt der Reiter?

Ob der Reiter auf dem richtigen Weg ist, sein Pferd zur Entwicklung eines schwungvollen Ganges zu veranlassen, ist also zum einen sichtbar, aber auch für den Reiter fühlbar. Allerdings muss die Voraussetzung gegeben sein, dass der Reiter den Bewegungen des Pferderückens, die durch die veränderte Bewegungsamplitude ausgeprägter werden, mit einem beweglichen Becken folgen kann. Wenn es dem Reiter gelingt, sich dem erweiterten Bewegungsrahmen des Pferdes anzupassen und sich davon „mitnehmen" zu lassen, kann er den Schwung des

Gelungene Galoppverstärkung auf gebogener Linie.

Pferdes beeinflussen (das Pferd „zieht"). Eine gute Möglichkeit, dies zu überprüfen, ist das Reiten von Übergängen innerhalb einer Gangart, also die Veränderung des Gangmaßes etwa vom Arbeitstrab zum Mitteltrab oder zurückgeführt zum versammelten Trab.

Die Einwirkung des Reiters zur Entwicklung des Schwungs

Um Schwung beim Pferd zu erzielen, muss der Reiter einen energischen Impuls aus der Hinterhand des Pferdes durch vermehrtes Treiben erzeugen. Dabei kann der Reiter nur dann von dem Pferd „mitgenommen" werden, wenn er sich durch korrektes Treiben im Becken nicht blockiert und im Oberkörper aufrecht bleibt bzw. sich aus seinem Becken heraus leicht nach vorne neigt. In dieser Haltung ist es dem Reiter möglich, eine Rahmenerweiterung des Pferdes im Hals mit seiner Hand zulassen.

Grundvoraussetzung eines korrekten muskulären Einsatzes ist das leichte Öffnen des Beines, d. h., die Fußspitzen müssen leicht nach außen geführt werden. Wenn man sich das Zifferblatt einer Uhr vorstellt, dann befindet sich die linke Fußspitze auf der 11-Uhr-, die rechte auf der 1-Uhr-Position. Bei einer parallelen Position der Füße zum Pferdeleib (wie es oft noch gefordert wird) können die Waden nur dann zum Treiben benutzt werden, wenn die Adduktoren (Klemmer) eingesetzt werden. Dies aber hätte zur Folge, dass das Becken festgestellt ist. Der Reiter kann dann nicht von den Pferdebewegungen mitgenommen werden. Er würde gegen die Bewegung des Pferdes sitzen und schwungvolle Bewegungen be- oder verhindern.

Durch das leichte Zeigen der Fußspitzen nach außen ist es dem Reiter möglich, die Waden als treibenden Impuls einzusetzen, indem er die hintere Seite der Oberschenkelmuskulatur (die Kniebeugemuskeln) an- und abspannt. Diese ist sehr stark und kann blitzartig eingesetzt werden. Sind die Bügel zu lang, kann allerdings selbst bei leicht nach außen geneigten Fußspitzen die hintere Muskulatur der Oberschenkel kaum eingesetzt werden, sondern der Zwillingsmuskel unterhalb des Knies übernimmt diese Funktion (bevor die Kniebeugemuskeln agieren können) und führt zudem den Absatz nach oben. Dem hohen Absatz folgt fast automatisch ein hohes Knie. Dieses lässt das Becken nach hinten kippen, sodass es nicht mehr optimal der Hinterhand- und Rückenbewegung des Pferdes folgen kann.

Um Schwung beim Pferd zu entwickeln, muss der Reiter mit seinen treibenden Hilfen differenziert einwirken können. Ziel ist es, dass vermehrtes Treiben die Hinterhand weiter nach vorne fußen lässt.

Voraussetzungen beim Reiter

Schwungvolle Bewegungen beim Pferd kann der Reiter nur dann entwickeln, wenn er im Becken nach allen Seiten hin flexibel ist. Sein Becken muss dreidimensional funktionieren (nach vorne-hinten, rechts-links, oben-unten, siehe Seite 141, „Dreidimensionalität des Beckens"). Diese Dreidimensionalität ist nur gegeben, wenn das Kreuz-Darmbein-Gelenk frei ist. Der Reiter sollte stets vor dem Aufsitzen durch eine spezielle Übung (siehe Seite 163) die Freiheit des Kreuz-Darmbeins überprüfen, um den Schwung des Pferdes in den Schwebephasen (Trab und Galopp) weich aussitzen zu können und sich mitnehmen zu lassen.

Insgesamt muss der Reiter im Becken so flexibel wie möglich sein. Seine Beckenbewegungen nach rechts – links (auf dem Zifferblatt einer Uhr von 3 nach 9) und nach vorne und hinten (von 6 nach 12) sollten identisch groß sein, um das Pferd in seiner Schwungentwicklung zu unterstützen anstatt blockierend zu wirken. Sollten Differenzen vorhanden sein, können sie durch entsprechende Übungen auf dem Balimo ausgeglichen werden.

Ziel des Reiters muss es sein, durch Kippen des Beckens eine leichte Vorwärtstendenz des Oberkörpers zu erzeugen, ohne vor der Bewegung zu sitzen. (Die Gewichtshilfen müssen immer noch zum Tragen kommen.) Durch diese Haltung würden auch die Hände leicht nach vorne gehen, um über eine weiche Anlehnung den gesamten Bewegungsfluss des Pferdes zu unterstützen und eine Rahmenerweiterung in den Verstärkungen auch im Halsbereich zuzulassen. Um eine solche Gesamtbewegung problemlos vollziehen zu können, muss der Reiter seine Beckenbewegungen im Tempo des Pferdes hochgradig flexibel und weich reaktiv vollziehen, sodass er erst gar nicht in Rücklage gerät. Außerdem muss er seine Zügelführung koordinativ so beherrschen, dass ihm unabhängig vom Grundsitz ein gefühlvolles Nachgeben und Annehmen mit seinen Händen möglich ist. Zusammenfassend sind auf den Reiter bezogen folgende Bewegungskriterien wichtig:
- freies ISG,
- Beweglichkeit des Beckens in alle Richtungen,
- Bügel unter die breiteste Stelle des Ballens,
- Blick des Reiters muss ganz leicht unter der Waagerechten sein,
- keine zu langen Bügel, kein überstreckter Sitz (würde die Beckenbeweglichkeit reduzieren).

Das Becken: Motivator oder Blockierer

In jeder Gangart muss das Reiterbecken den Bewegungen des Pferderückens flexibel dreidimensional folgen. Besonders zur Entwicklung von Schwung ist es wichtig, dass der Reiter sein Becken gemäß den treibenden Hilfen reaktiv folgen lässt.

Bei der Rückführung, hier von einer Trabverstärkung zurück zum Arbeitstempo, ist eine sensible Zügelführung besonders wichtig. Kommt der Reiter „ins Ziehen", blockiert er das Pferd.

Schwung und Reitersitz

Durch die Schwungentwicklung könnte es sein, dass der Reiter aufgrund der starken Vorwärtstendenz des Pferdes mit dem Oberkörper in Rücklage gerät.

Eine solche Bewegung wäre für Reiter und Pferd negativ, weil sich durch den zurückgeneigten Oberkörper der Reiter im Becken automatisch fest macht. Dabei wird der Übergang des 5. Lendenwirbels zum Kreuzbein blockiert. Dies stört das Pferd in seiner gesamten Dynamik und Rhythmusprobleme bzw. Verspannungen des Pferdes sind die Folge.

Der Reiter muss sich bei den Übergängen so im Becken ausbalancieren, dass er nicht ins Hohlkreuz fällt und das Pferd im Rücken stört. Durch die Rückwärtsneigung des Oberkörpers ergibt sich als Folge auch eine falsche Einwirkung mit den Zügeln. Sie ist automatisch rückwärts weisend. Somit würde der Reiter das Pferd im Maul stören, sodass durch diese negative Einwirkung die gesamte Vorwärtstendenz des Pferdes (vom Hinterbein über den Rücken zum Pferdemaul) reduziert würde. Der Bewegungsfluss wird behindert, die positive Spannkraft des Pferdes als „Feder" wird weitestgehend außer Kraft gesetzt.

Diese zu diesem Ausbildungszeitpunkt als Ziel angestrebte Rahmenerweiterung und Selbsthaltung des Pferdes könnte so nicht erreicht werden.

Rückführung des Schwungs

Eine sensible Zügelführung ist besonders auch bei Übergängen zur Rückführung des Schwunges gefragt. Die Hand darf nicht blockierend wirken, sondern die treibende Hilfe des Reiters muss dazu führen, dass die Hinterbeine auch bei der Rückführung durchschwingen bzw. durchspringen, um es dem Pferd zu ermöglichen, bei einem fließenden Übergang Last aufzunehmen. Der entwickelte Schwung des Pferdes muss bei der Rückführung unbedingt erhalten bleiben! Der Reiter kann dies sitz- und einwirkungsmäßig nur erreichen, wenn er ein hohes Gleichgewichtsgefühl besitzt, den feinsinnigen Zusammenhang von treibenden und verhaltenden Hilfen verstanden hat und situationsgemäß anzuwenden versteht, das heißt in diesem Fall die Anwendung der Technik der halben Paraden.

Die Übergänge müssen mit einem „Einziehen des Bauchnabels" erreicht werden. So wird das Becken leicht nach hinten-unten geneigt, was das Pferd als vermehrtes Einsitzen (Gewichtshilfe) interpretiert. Durch dieses Einziehen des Bauchnabels wird der Rücken des Reiters zwar druckmäßig belastet, jedoch nicht blockiert, weil das Becken des Reiters trotz Druckbelastung auf den Rücken noch flexibel bleibt. Man wird sofort spüren, dass die Pferde diese Hilfe annehmen. Auch „fallen" sie dabei nicht auf den Zügel, sondern bleiben in einer fließenden Vorwärtsbewegung.

In der Reitersprache hat sich für das Einziehen des Bauchnabels ein anderer Begriff etabliert: „Kreuz anspannen". Anatomisch ist es ohnehin vollkommen unmöglich, das Kreuz anzuspannen. Hinzu kommt aber auch, dass viele Reiter mit dem Begriff „Kreuz anspannen" etwas völlig anderes verbinden. Sie neigen ihren Oberkörper hinter die Senkrechte, stellen durch starkes Anspannen der Bauch- und Gesäßmuskeln ihr Becken fest und blockieren dadurch wiederum den Rücken des Pferdes.

Der Begriff „Kreuzanspannen" muss, um Missverständnissen vorzubeugen, daher durch den Begriff „Einziehen des Bauchnabels" ersetzt werden. Dabei kippt das Becken leicht nach hinten, belastet beide Gesäßknochen verstärkt, bleibt aber beweglich und blockiert das Pferd nicht im Rücken. Dabei atmet der Reiter aus. Es ist daher unbedingt notwendig, dem Reiter zu erläutern, was bei der Rückführung des Schwunges anatomisch-physiologisch abläuft. Denn im Ablauf

Bauch einziehen statt Kreuz anspannen

Das leichte Kippen des Beckens bei der Rückführung des Schwunges wird in der Reitersprache als „Kreuz anspannen" bezeichnet. Genauer wäre es, hier von einem „Einziehen des Bauchnabels" zu sprechen. Denn anatomisch ist es gar nicht möglich, das Kreuz anzuspannen.

dieser Rückführung des Schwunges wird sozusagen der Charakter einer halben Parade perfekt umgesetzt, was eine der größten reiterlichen Herausforderungen darstellt.

Schwung im Schritt?

Es ist widersinnig, in der Gangart Schritt von Schwung zu sprechen. Wie kann ein Pferd in einer schwunglosen Gangart ohne Schwebephase schwungvolle Bewegungsabläufe zeigen? Hier zeigt sich einmal mehr, dass in der Reiterfachsprache der Begriff Schwung weiter gefasst werden muss. Schwung ist der energische Impuls aus der Hinterhand durch den Körper des Pferdes, der sich in der Gesamt-Vorwärtsbewegung auswirkt. Dieser „Energiebegriff" ist sehr wohl auch auf die schwunglose Gangart Schritt anwendbar, hier hat man sich wegen der Missverständlichkeit des Wortes Schwung auf den Begriff „Fleiß" geeinigt. Da es jedoch innerhalb der drei Grundgangarten im Schritt am schwierigsten ist, einen energischen, vom Reiter ausgelösten und „gesteuerten" Impuls im Pferd hervorzurufen, wird der Schritt bei der Entwicklung des Schwunges in der Ausbildung des Pferdes zuletzt bearbeitet. Dies spiegelt sich auch in den Dressuraufgaben wider. Bis einschließlich der Klasse L wird in der Gangart Schritt ausschließlich Mittelschritt abgefragt. Erst ab der Klasse M wird der Schritt stärker differenziert, es kommt zunächst der versammelte Schritt hinzu, dann der starke Schritt.

Festgestellt wurde, dass mit dem Begriff Schwung das energisch abfußende Hinterbein und ein sich verändernder Fußungsbogen gemeint ist. Dies ist in schwungvollen Gangarten genauso möglich wie in der schwunglosen Gangart Schritt. Auch im Schritt ist es möglich, das Pferd zu weiterem Vortreten mit einem flachen Fußungsbogen oder zu einem weniger weiten Vortreten mit einem eher hohen Fußungsbogen zu animieren. Da die Gangart Schritt keine Schwebephase hat, stellt dies besonders hohe Anforderungen an das Zusammenspiel der treibenden und verhaltenden Hilfen des Reiters. Während in den Gangarten Trab und Galopp allein durch die Schwebephasen ein deutlicher für den Reiter zu fühlender Rhythmus vorherrscht, ist der klare Takt und Rhythmus im Schritt für den Reiter deutlich schwieriger zu „erfühlen". Den Takt betreffend gilt der Schritt auch als „störanfälligste" Gangart.

Schwung – auch im Schritt
Obwohl der Schritt eine schwunglose Gangart ohne Schwebephase ist, lässt sich dennoch die Fähigkeit Schwung auch im Schritt entwickeln. Hier ist es zum besseren Verständnis des Reiters allerdings nötig, den Begriff mit „Fleiß" oder „Energie" zu ersetzen.

Um die vier Kriterien guten Schritts (Viertakt, Ungebundenheit, Fleiß und Raumgriff) zu erreichen, muss der Reiter im Becken absolut locker sein. Jede Verstellung oder Blockade kann dazu führen, dass der Schritt an Qualität verliert.

Tipps zum Schritt reiten

Da die Schrittbewegung eine dreidimensionale Bewegung ist, gewinnt die Freiheit des Kreuz-Darmbein-Gelenks des Reiters eine noch höhere Bedeutung. Jegliche kleine Verstellung des Gelenks wirkt sich auf die Qualität des Schritts (Viertakt, Ungebundenheit, Fleiß und Raumgriff) gravierend negativ aus. Daher sollte der Reiter vor jedem Ritt Übungen zur Überprüfung der Freiheit des ISG (Ilio-Sakral-Gelenks, siehe Seite 47 und 163) vollziehen und die Flexibilität des Beckens in alle Richtungen sicherstellen. Im Becken ist in alle Bewegungsrichtungen höchste Beweglichkeit gefordert, weil jede kleinste Schwäche des Beckens die vier Kriterien des Schritts (s. o.) negativ beeinflussen.

Der Reiter darf dabei nicht mit dem Becken schieben, weil diese Bewegungen die Flexibilität des Pferderückens stören. Die Gewichtshilfen sind passiv unterstützend, getrieben wird mit den Unterschenkeln bzw. Waden. Der Reiter muss aufrecht sitzen, damit sein Gewicht optimal als unterstützende Hilfe wirken kann. Die Durchlässigkeit des Reiters ist insofern erkennbar, wenn er ebenso wie das Pferd eine Nickbewegung zeigt, die jedoch einen bestimmten Bewegungsumfang nicht übersteigen darf. Ist der Kopf-, Hals- und Nackenbereich (siehe „6-Punkte-Programm", Seite 43) verspannt, muss er mit entsprechenden Übungen befreit werden, weil ansonsten der Bewegungsfluss des Reiters nicht funktioniert und das Pferd im Schritt unwillentlich durch den Reiter gestört wird.

Auch die Hüftbeuger müssen elastisch sein, damit die Beine so lang wie möglich und nötig locker in den Bügel fallen gelassen werden können. Dabei muss darauf geachtet werden, dass die Bügel nicht zu lang sind, wie man es heute oft sehen kann. Ein „langes Bein" kann auch zu lang sein, weil es die Flexibilität des Beckens behindern kann. Je länger der Bügel ist, desto mehr geht der Reiter ins Hohlkreuz und desto höher ist der Absatz. Je kürzer der Bügel ist, desto höher gelangt das Knie, das Becken kippt nach hinten und der Reiter sitzt mit einem Rundrücken. Das Bein darf außerdem nicht in den Bügel gestreckt werden, weil somit das Becken ebenfalls festgestellt wird. Besonders wichtig ist in der Gangart Schritt auch, dass der Reiter mit der weitesten Stelle seines Fußballens in den Bügel tritt. Nur in dieser Stellung ist es für den Reiter möglich, den Bewegungsfluss „nach unten herauszulassen", d. h., im Fußgelenk reaktiv durchzufedern. Dies gilt natürlich für die Gangarten Trab und Galopp genauso.

Wenn nun das Bein die optimalen Bedingungen erfüllt, kann der Reiter das Pferd treibend unterstützen. Im Schritt treibt der Reiter mit den Schenkeln wechselseitig. Wenn das Pferd Viertakt, Ungebundenheit, Fleiß und Raumgriff entwickelt hat, begleitet oder „verwaltet" das gesamte Bein nur noch das Pferd, d. h., die entspannten Beine pendeln am Pferdeleib („das Pferd holt sich die Schenkelhilfe ab" wie man in der Reitersprache sagt). Aufgrund des engen Kontaktes zum Pferd mit

Die Handeinwirkung muss im Schritt sehr vorsichtig erfolgen. Der Reiterin gelingt dies optimal: Sie lässt die Nickbewegung des Pferdehalses zu, das Pferd kann sich in der Ganasche öffnen.

dem Schenkel kann der Reiter jederzeit weich Einfluss nehmen, wenn die Kriterien des Schritts verloren gehen. Leider sieht man heute immer wieder, dass Reiter mit den Schenkeln klemmen oder jeden Schritt heraustreiben. Dies sollte der Reiter unterlassen, weil der Schenkel dem Pferd das Tempo vorgibt, das es dann aufrecht erhalten sollte. Doch durch ständiges Treiben (auch in anderen Gangarten) werden Pferde triebig. Das Pferd muss Respekt vor dem Schenkel haben und nicht durch ihn abstumpfen.

Wenn der Reiter die Schrittlänge des Pferdes verändert, fördert er auch seine Fähigkeit, das Gleichgewicht zu halten. Ist das Pferd dazu in der Lage, seine Schrittlänge zu verändern, benötigt es eine ausgeprägtere Gleichgewichtsfähigkeit. Auch dies gilt analog in den anderen Gangarten, nur dass dort die Schwebephase hinzukommt. In jeder Gangart verschafft sich der Reiter mit der Entwicklung des Schwunges erstmals die Möglichkeit, das Gleichgewicht des Pferdes aktiv zu verbessern.

Entwicklung Fleiß (Schwung) im Schritt
Übergänge innerhalb des Schritts: zunächst fleißiges Vorwärtsschreiten, Nickbewegung aktiv zulassen/unterstützen durch weiche, vorgehende Hand.
Versammeln: In sich wiederholenden Reprisen einige Schritte verkürzen; Hilfengebung hier: weitertreiben, mit der immer noch weich mitgehenden Hand vorsichtig abfangende Impulse geben (d. h., Bauchnabel einziehen, halbe Paraden); darauf achten, dass der Takt erhalten bleibt.
Geeignete Lektion Kurzkehrtwendung: Die Kurzkehrtwendung hat bereits versammelnden Charakter, doch im Vordergrund steht an dieser Stelle der Ausbildung die Entwicklung des Fleißes im Schritt. In der Einleitung der Wendung werden die Schritte verkürzt. Aus den verkürzten Schritten wiederum ist es nach der Wendung für Pferd und Reiter leichter, ein „Ziehen" an die Hand herzustellen. Dadurch ist es leichter möglich, raumgreifendere Schritte zu entwickeln. Wenn die Fähigkeit der Versammlung erarbeitet ist, können Schrittpirouetten (Wenden auf kleinerem Radius) dieses Prinzip weiter vertiefen: Es verbessert sich einerseits der Raumgriff (= starker Schritt), andererseits die Versammlung.

Schritt verbessern durch vermehrtes Treiben?

Der Schritt gilt aufgrund seiner Schwunglosigkeit als schwierigste und störanfälligste Gangart. Viele Reiter glauben, dass sie diese Gangart verbessern können, indem sie einfach mehr treiben. Damit jedoch wird der Takt eher gestört als verbessert.

Häufige Übergänge innerhalb des Trabes sind geeignete Maßnahmen, um Schwung in dieser Gangart weiter zu entwickeln. Es soll erreicht werden, dass die Hinterhand aktiv vorfußt. Zur Orientierung betrachtet man Unterarm und Hinterröhre des Pferdes. Sie sollen möglichst parallel verlaufen, was hier noch nicht ganz der Fall ist.

Entwicklung Schwung im Trab

Übergänge Schritt-Antraben: Der Fokus muss auf dem Vorwärts im Moment des energischen Abfußens liegen. Viel Energie soll beim prompten Antraben aus der Hinterhand durch den Körper fließen.

Übergänge Galopp-Trab: Zunächst lösende Übergänge Trab-Galopp, dann Übergänge Galopp-Trab. Um die Bewegungsamplitude im Trab zu verändern, aus dem Galopp zum Trab durchparieren. Wenn das Pferd in den Takt des Trabes gefunden hat, sofort für ein paar Meter die Tritte verlängern. Aus dem Vorwärts des Trabs wird hier ebenfalls viel Energie aus der Hinterhand entwickelt. Diese Galopp-Trab-Übergänge führen allerdings nur dann zum Ziel, wenn das Pferd losgelassen ist. Ist die Losgelassenheit noch nicht hergestellt, würde diese Übung dazu führen, dass das Pferd nach dem Übergang zum Trab nicht die Tritte verlängert, sondern wieder angaloppiert.

Übergänge innerhalb des Trabs: häufiger Wechsel zwischen Arbeitstrab und Tritte verlängern. Beim Verlängern der Tritte darauf achten, dass das Pferd seinen Rahmen wirklich erweitern kann (also Becken leicht nach vorne kippen, daraus folgend geht die Hand vor, damit es mit seiner Balancierstange Hals die größeren Bewegungsabläufe im Gleichgewicht ausführen kann). Bei der Rückführung wird das Reiterbecken wieder etwas mehr durch Bauchnabel einziehen zurückgenommen (vermehrter Druck auf die Sitzbeinhöcker). Mit diesen Übergängen kann der Reiter seine Technik der halben Paraden überprüfen und verfeinern. In dem Augenblick, in dem es gelingt, dass das Pferd sich bei der Rückführung nicht auf der Reiterhand „abstützt", sondern durch halbe Paraden die Tritte oder Sprünge verkürzt und sich selbst trägt, hat es die halben Paraden des Reiters „durchgelassen".

Entwicklung Schwung im Galopp

Übergänge Trab-Galopp: Darauf achten, dass das Pferd aus dem Trab energisch abfußt und vorwärts-aufwärts in den Galopp hineinspringt. Beim Angaloppieren an Zulegen denken, die ersten Galoppsprünge eher etwas freier nach vorne reiten.

Übergänge innerhalb des Galopps: Beim Zulegen und Aufnehmen im Galopp immer im Fokus behalten, dass das Pferd sich selbst trägt, sich nicht auf der Reiterhand abstützt (halbe Paraden). Besonders in der Rückführung fällt dies den Pferden zunächst schwer. Hilfreich ist es, zu Beginn die Rückführung mit einer gebogenen Linie zu verbinden. Beispiel: an der langen Seite zulegen, Rückführung Mitte der langen Seite durch das Reiten einer großen gebogenen Linie wie z. B. einem Zirkel. Dabei überstreichen, um zu prüfen, ob sich das Pferd selbst trägt. Daraus wieder zulegen, am Ende der langen Seite erneut (in der Ecke) Tempo zurückführen. Mit fortschreitender Ausbildung können die gebogenen Linien bis hin zur Volte verkleinert werden.

Beim Zulegen im Galopp soll die Hinterhand weit unter den Körper des Pferdes fußen. Doch das allein genügt nicht: Der entwickelte Schwung muss durch den Körper fließen und darf nicht dazu führen, dass sich das Pferd in Hals und Genick zu frei macht.

Geraderichten

Bedeutung des Geraderichtens

Nach Meinung vieler Reiter ist das Geraderichten, genau wie der Schwung, ein Punkt in der Ausbildung des Pferdes, der hauptsächlich für Dressurpferde Gültigkeit hat. Doch jedes Pferd, ob im Dressur-, Spring- oder Geländesport, ob im Leistungs- oder Breitensport, sollte ganz einfach aus gesundheitlichen Gründen geradegerichtet werden. Denn nur ein geradegerichtetes Pferd ist in der Lage, auf Dauer den Belastungen unter dem Reiter ohne gesundheitliche Schäden standzuhalten. Das Springpferd muss geradegerichtet sein, um später mit Hinzukommen der Versammlungsfähigkeit dazu in die Lage versetzt zu werden, mit der Hinterhand kraftvoll und langfristig verschleißfrei abzuspringen und elastisch zu landen. Ein Freizeitpferd, das weite Strecken im Gelände gehen soll, muss dazu in der Lage sein, jedes Bein gleich stark zu belasten. Ein Pferd, das ständig unter dem Reiter schief

Geraderichten auf gebogener Linie: Die Reiterin hat ihrem Pferd genau das nötige Maß an Stellung und Biegung gegeben, um auf dem Zirkel hufschlagdeckend zu galoppieren. Das innere Hinterbein fußt ganz leicht diagonal unter den Körper (rechts).

ist, wird seine Gelenke und Bänder schnell einseitig verschleißen, seine Muskulatur rechts und links unterschiedlich stark entwickeln und die daraus resultierenden Verspannungen auf Dauer nicht mehr ausgleichen können.

Wenn man als Ausbilder beginnt, qualitativ an der Fähigkeit des Geraderichtens zu arbeiten, befindet man sich in etwa im zweiten Ausbildungsjahr. Dies spiegelt sich auch in den Dressuraufgaben wider. Bis zur Klasse A wird nur eine beginnende Geraderichtung gefordert. Eine gewisse Schiefe des Pferdes, zum Beispiel im Galopp an der langen Seite, wird noch toleriert. Mit dem Einstieg in die Klasse L hingegen muss das Geraderichten beim Pferd bereits gewährleistet sein als zwingende Voraussetzung für die Versammlung.

Gemeinsames Ziel: Schubkraft

Mit der Einbeziehung des Geraderichtens wird es möglich, beim Pferd die sogenannte „Schubkraft" zu entwickeln. Die Fähigkeiten Schwung und Geraderichten müssen zur Entwicklung der Schubkraft beitragen. Gemeinsames Ziel: Dem Pferd soll durch geeignete Lektionen (siehe Ende des Kapitels) die Fähigkeit verliehen werden, sein Gleichgewicht nicht nur in den Grundgangarten beim Geradeausreiten zu halten, sondern auch dann im Gleichgewicht zu bleiben, wenn die Anforderungen an die Bewegungen komplexer und anspruchsvoller werden.

Die Steigerung der Anforderungen begann mit der Arbeit am Schwung des Pferdes. Das Ziel war, den Raumgriff beim Pferd zu verändern. Damit sind erst die Voraussetzungen für das Geraderichten gegeben. Das Pferd soll nun durch die weitere Ausbildung am Geraderichten die Fähigkeit vertiefen, den erarbeiteten Schub aus der Hinterhand besser zu nutzen.

Erst durch das Geraderichten ist es möglich, beide Körperhälften des Pferdes gleichmäßig geschmeidig zu machen und seine Gelenke rechts und links gleichermaßen zu bewegen und zu belasten. Weiterhin wird durch das Geraderichten die Voraussetzung für das Beugen der großen Gelenke des Pferdes geschaffen. Dies wiederum wird später in der Arbeit an der Versammlung das wichtigste Ziel sein. Das Geraderichten hat also zwei gleichrangige Ziele: die Gesunderhaltung durch Vorbeugung einseitigen Verschleißes und das Schaffen der notwendigen Voraussetzungen für die Versammlung.

Geraderichten gilt für alle!
Damit ein Pferd langfristig die Last des Reiters tragen kann, ohne Schaden zu nehmen, muss der Reiter dafür sorgen, dass es seine Muskeln, Sehnen, Gelenke und Bänder rechts und links gleich stark beansprucht. Dies wird durch das Geraderichten erreicht und ist für Pferde aller Verwendungszwecke eine gesunderhaltende Maßnahme und kein „dressurmäßiger Selbstzweck".

Was heißt „ein Pferd geraderichten"?

Ein Pferd ist von Natur aus niemals gerade, sondern hat eine sogenannte „natürliche Schiefe". Grob vereinfacht bedeutet dies, dass sich das Pferd beim Reiten von Rechtswendungen anders verhält als beim Reiten von Linkswendungen. Bei rund 80 Prozent der Pferde fußt das rechte Hinterbein rechts am gleichseitigen Vorderbein vorbei, und zwar sowohl im Geradeausreiten wie auch in Wendungen. Das linke Hinterbein dagegen fußt eher in Richtung Körperschwerpunkt des Pferdes. In der Reiterfachsprache sagt man: Das rechte Hinterbein geht „aus der Last", das linke Hinterbein „in die Last".

Der Reiter fühlt (im Geradeaus oder in Wendungen) mehr Druck am linken Zügel, wohingegen der rechte Zügel häufig nicht angenommen wird, d. h., hier entsteht keine Verbindung von der Reiterhand zum Pferdemaul. Diese Schiefe des Pferdes wird verstärkt durch seine Anatomie, denn die Hüften sind breiter als die Schultern.

Ziel des Geraderichtens ist, dass das Pferd „hufschlagdeckend" geht. Dahinter verbirgt sich Folgendes: Wenn ein Pferd geradeaus geht, sollen sich im Prinzip zwei Linien ziehen lassen, auf denen das Pferd seine Vorder- und Hinterhufe aufsetzt. Diese Linien werden „Hufschlaglinien" genannt. Damit das Pferd aber nun beim Geradeausreiten auf zwei Hufschlaglinien gehen kann, muss der Reiter die (schmalere) Vorhand auf die (breitere) Hinterhand ausrichten, indem er die innere Schulter vor die innere Hüfte bringt. Die Vorhand des Pferdes wird sozusagen leicht nach innen vor die Hinterhand „versetzt". Damit das Pferd nun aber tatsächlich auf nur zwei Hufschlaglinien geht, muss es mit seiner (breiteren) Hinterhand nicht nur gleichmäßig weit vorfußen, sondern auch noch leicht diagonal nach innen in Richtung der Spuren der Vorderhufe kommen. Dieses leicht diagonale Vorfußen der Hinterhand nennt man in der Reitersprache „Schmalspurtreten".

Schmalspurtreten – was ist das?

Ein geradegerichtetes Pferd soll auf zwei Hufschlaglinien gehen. Aufgrund seiner anatomischen Konstruktion (Vorhand schmaler als Hinterhand) ist dies nur zu erreichen, wenn die Hinterhufe leicht diagonal in Richtung der Vorderhufe fußen. Dieses diagonale Vortreten der Hinterhand nennt man Schmalspurtreten.

Was fühlt der Reiter?

Beim Geradeausreiten auf einem noch nicht geradegerichteten Pferd hat der Reiter häufig das Gefühl, das Pferd würde zwar an den linken Zügel herantreten, am rechten Zügel aber lässt sich keine Verbindung herstellen. Wie oben beschrieben fußen die meisten Pferde hinten rechts „aus der Last", also rechts am Vorderbein vorbei, und links „in die Last", also eher unter den Körperschwerpunkt.

Geraderichten

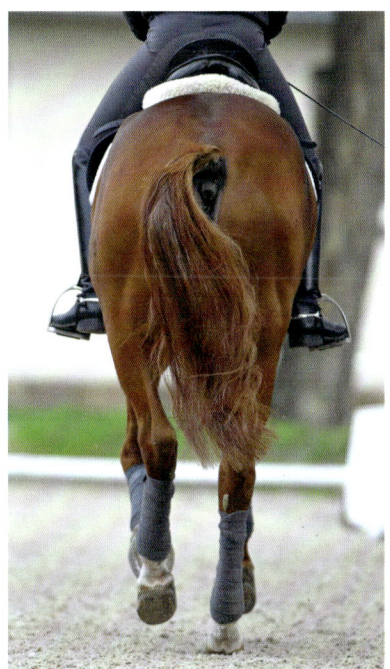 

Geradegerichtetes Pferd im Galopp: Sowohl von vorne als auch von hinten ist sehr gut zu erkennen, dass die Vorhand ganz leicht nach innen vor die innere Hüfte gebracht wurde.

In Wendungen nach rechts fußt das rechte Hinterbein weiterhin aus der Last, also weiter nach innen. Da der Reiter rechts keine Verbindung zum Pferdemaul herstellen kann, ist es ihm zunächst nicht möglich, die innere Schulter vor die innere Hüfte zu bringen.

Beim Reiten links herum hat der Reiter dagegen das Gefühl, das Pferd würde sich steif und fest machen. Es tritt nicht an den rechten, äußeren Zügel heran und „legt" sich stattdessen auf den linken, inneren Zügel. Der Halsmuskel bleibt steif, der Mähnenkamm bleibt auf der rechten Seite anstatt nach links herüberzukippen. Das Pferd bleibt sozusagen auch in Linkswendungen nach rechts gebogen, die Hinterhand folgt nicht der Spur der Vorhand, sondern drängt aus der Wendung heraus.

Aus dem Gefühl, das der Reiter auf einem naturschiefen Pferd hat, entwickelten sich unterschiedliche Bezeichnungen der rechten und linken Körperhälfte des Pferdes. Die linke Seite, die sich für den Reiter oft steifer anfühlt, wird als „Zwangsseite" bezeichnet, die rechte Seite als „hohle Seite", weil das Pferd sich scheinbar hohl macht, ohne jedoch die gewünschte Last mit der Hinterhand aufzunehmen.

Dieses noch nicht geradegerichtete Pferd „versetzt" den Reiter beim Schenkelweichen. Es hat seine seitliche Balance in dieser Lektion noch nicht gefunden. Das zeigt sich auch daran, dass sich das Pferd etwas verwirft.

Der Reiter wird versetzt

Für den Reiter kann dieses Gefühl zunächst unangenehm sein. Der erfahrene Reiter spürt, dass er nicht „in der Mitte" des Pferdes sitzt und seine Sitzbeinhöcker nicht mehr gleichmäßig belasten kann. Er wird sozusagen vom Pferd versetzt. Die anatomisch-physiologische Erklärung: Da das rechte Hinterbein nicht unter den Körperschwerpunkt tritt, ist der rechte Rippenbogen des Pferdes aufgewölbter als der linke – gleichgültig, ob man geradeaus, rechts- oder linksherum reitet. Es ist dem Reiter aufgrund dieser leichten Aufwölbung des Rippenbogens fast unmöglich, gerade und mit gleichmäßiger Belastung auf beiden Sitzbeinhöckern im Sattel Platz zu nehmen.

Die Folge: Der Körperschwerpunkt des Reiters verändert sich, er wird nach links versetzt (bei unerfahrenen Reitern wird dies häufig kompensiert durch das Einknicken in der Hüfte rechts).

Was läuft beim Geraderichten des Pferdes ab?

Ziel des Geraderichtens ist, dass der Reiter in jeder Gangart und gleichermaßen im Geradeaus sowie in Rechts- und Linkswendungen versuchen muss, die innere (schmalere) Schulter vor die innere (breitere) Hüfte zu bringen (siehe Grafik Seite 98). Dies wiederum hat zur Folge, dass das Pferd im Prinzip permanent minimal gestellt und gebogen sein muss (siehe „Reiten in Stellung", Seite 195). Nur dann kann der Reiter die jeweils innere Schulter vor die innere Hüfte bringen.

Interessanterweise ist diese Technik fast überall nur für die Gangart Galopp in der Fachliteratur beschrieben. Ein Pferd soll beispielsweise im Rechtsgalopp stets leicht rechts gestellt und gebogen sein und die rechte Schulter soll vor die rechte Hüfte gebracht werden. Erst als Folge daraus kann das rechte Vorderbein vor dem rechten Hinterbein auffußen und hufschlagdeckend gehen.

In den Gangarten Schritt und Trab jedoch muss dies ebenfalls erfolgen, was unter anderem der Hippologe Hans von Heydebreck in seinem Buch „Die deutsche Dressurprüfung" ausführlich darlegt. Das Geraderichten im Sinne der Skala der Ausbildung ist in den Gangarten Trab und Schritt nur möglich, wenn die Vorhand des Pferdes hier genauso wie im Galopp vor die Hinterhand gebracht wird und das Pferd damit eine minimale Stellung und Biegung zur jeweiligen inneren Seite erfährt.

Geraderichten

Stattdessen geht man in der heutigen Fachliteratur häufig von einer scheinbaren „linearen Geraderichtung" aus, das heißt, in den Gangarten Schritt und Trab soll das Pferd weder gestellt noch gebogen sein. Dann jedoch wäre es aufgrund der anatomischen Vorbedingungen (der breiteren Hinterhand und der schmaleren Vorhand) gar nicht möglich, das zuvor definierte Ziel des Geraderichtens zu erreichen.
Fazit: Auch im Schritt und Trab muss das Pferd auf der rechten und linken Hand durch „Reiten in Stellung" jeweils minimal nach innen gestellt und gebogen werden.

Reiten in Stellung

Um dem Anspruch des Geraderichtens auch im Schritt und Trab gerecht zu werden, muss der Reiter sein Pferd auch auf geraden Linien „in Stellung" reiten. Ziel beim Reiten in Stellung ist, die Geraderichtung des Pferdes zu verbessern. Das äußere Hinterbein des Pferdes soll beim Reiten in Stellung vermehrt zum Fußen zwischen die Vorderhufe animiert werden. Hierbei muss der Reiter besonders auf seine treibenden Hilfen achten. Der äußere Schenkel muss vortreibend und verwahrend einwirken und somit dem äußeren Hinterbein die Fußungsrichtung vorgeben. Der innere Schenkel dagegen hat die Funktion, das innere Hinterbein auf der Hufschlaglinie zu halten.

Während es diesem Pferd auf der rechten Hand leichter fällt, in Stellung zu gehen, muss der Reiter auf der linken Hand noch belehrend einwirken – unter anderem gut an dem inneren, verwahrend zurückgelegten Schenkel zu erkennen. Damit will der Reiter ein Ausweichen des inneren Hinterbeins verhindern.

Auch ohne eine seitliche Begrenzung muss der Reiter sich stets entscheiden, „wo innen ist". In diesem Fall hat der Reiter die rechte Schulter des Pferdes vor die rechte Hüfte gebracht und damit entschieden, dass rechts innen ist.

Praktische Hinweise zum Geraderichten

Zu Beginn der Ausbildung eines jungen Pferdes ist es nahezu unmöglich, sich wirklich korrekt in die Mitte des Pferdes zu setzen. Die Naturschiefe sorgt dafür, dass das Pferd den Reiter leicht zu einer Seite versetzt. Je nachdem, ob das Pferd nach rechts oder links schief ist, kann dies die rechte oder linke Seite sein. Es ist bei der Ausbildung von jungen Pferden von immenser Bedeutung, dass der Reiter zunächst versucht, dieser Schiefe nicht entgegenzuwirken. Er darf sich nicht zwanghaft gegen die Schiefe des Pferdes aufrecht und ohne seitliche Schiefe hinsetzen. Wie oben beschrieben, hebt sich (bei den meisten Pferden der rechte) Rippenbogen. Der geübte Reiter muss auf die Schiefe des Pferdes reagieren, indem er den anatomischen Gegebenheiten des Pferdes zunächst vorsichtig, quasi für das Pferd unmerklich, folgt, d. h., der Schiefe, die der aufgewölbte Rippenbogen verursacht, ein wenig nachgibt und sich ebenfalls minimal „schief" hinsetzt. Auch wenn das Geraderichten relativ spät verbessert werden kann, wird der geübte Reiter doch vom ersten Aufsitzen an versuchen, die Längsachse des Pferdes zu beeinflussen und der Aufwölbung eines Rippenbogens durch Reiten von verschiedensten Wendungen und schultervorartigem Reiten immer wieder vorsichtig entgegenzuwirken.

Der Reiter braucht viel Gefühl

In der Entwicklungsphase des Geraderichtens kann der Reiter beim schultervorartigen Reiten seinen inneren Schenkel belehrend etwas weiter nach hinten legen, um der Hinterhand „den richtigen Weg" zu weisen. Mit dem äußeren Schenkel begrenzt er das Ausweichen des äußeren Hinterbeins, mit dem inneren Zügel kann der Reiter außerdem unterstützend etwas seitwärts weisen, um die innere Schulter vor die innere Hüfte des Pferdes zu bringen. Je nach Ausbildungsstand, Situation und Geschmeidigkeit des Pferdes muss der Reiter hier entscheiden, wie viel belehrende bzw. unterstützende Hilfen zum Geraderichten notwendig sind.

Grundsätzlich ist das reiterliche Gefühl beim Geraderichten des jungen Pferdes von immenser Bedeutung. Einerseits soll der Reiter dem Pferd unmerklich „folgen", andererseits darf er sich aber auch nicht vom schiefen Pferd eine Sitzposition „zuweisen lassen", die nicht der des geradegerichteten Pferdes entspricht.

Für den unerfahrenen Reiter wiederum zeigt sich an diesem Punkt der Ausbildung die Wichtigkeit eines erfahrenen und gut ausgebildeten Lehrpferdes. Wäre das Pferd unzureichend ausgebildet und nicht geradegerichtet, würde der lernende Reiter von Anfang an vom Pferd in eine schiefe Sitzposition gebracht werden bzw. ständig in der Hüfte einknicken. Bereits wenige Wochen dieser „Sitzerfahrung" reichen aus, damit der lernende Reiter den schiefen Sitz, den er eingenommen hat, als richtig und gerade empfindet. Unter solchen Voraussetzungen ist qualitätsvolles, gutes Reitenlernen nicht möglich.

Geraderichten von Anfang an?

Die natürliche Schiefe begegnet dem Reiter vom ersten Aufsitzen an und natürlich wartet man nicht, bis Takt, Losgelassenheit, Anlehnung und Schwung in sicherem Maße entwickelt sind. Von Anfang an werden in der Ausbildung gebogene Linien geritten und der erfahrene Reiter wird auch von Anfang an das Geraderichten in seine Ausbildungsarbeit mit einbeziehen. Er wird versuchen, über kurze Phasen die innere Schulter vor die innere Hüfte zu bringen (schultervorartiges Reiten) und viele Wendungen reiten.

Hier zeigt sich einmal mehr das Prinzip der Skala der Ausbildung, bei dem jede der sechs Fähigkeiten von Anfang an ineinandergreift, obwohl noch nicht jede der Fähigkeiten voll ausgereift ist. Ihre volle Qualität erreichen die Fähigkeiten erst nach langjähriger Ausbildung.

Der Reiter muss also durch geschicktes Anwenden der diagonalen Hilfengebung erreichen, auch schon dem jungen Pferd die Fähigkeit des Geradegerichtetseins nahezubringen.

Erst wenn das Pferd durch wiederkehrende Zwecklektionen gelernt hat, mit seinem äußeren Hinterbein der Spur des äußeren Vorderbeins zu folgen, kann der Reiter seine stärkeren, belehrenden Schenkelhilfen vermindern.

Parallel hierzu ist auch die Zügelführung zu beachten. Ziel der Ausbildung soll es sein, das geradegerichtete Pferd, dessen innere Schulter vor der inneren Hüfte ist und das – wie zuvor beschrieben – minimal gestellt und gebogen ist, am äußeren Zügel zu führen. Bei einem noch nicht vollständig geradegerichteten Pferd ist es noch nicht möglich, es am äußeren Zügel zu führen, weil das Pferd noch nicht in der Lage ist, an beide Zügel gleichmäßig heranzutreten.

Erfahrungsvorsprung

Einmal mehr muss hier unterstrichen werden, wie wichtig es ist, dass nur der erfahrene und gefühlvolle Reiter dazu in der Lage ist, ein junges, naturschiefes Pferd geradezurichten.

Reiten mit Stellung: Das Pferd ist im Genick gestellt, aber im Körper nicht gebogen. Gut zu erkennen: Die linke, äußere Hand des Reiters geht minimal vor, um die Innenstellung zuzulassen.

Es muss Ziel des Reiters sein, zunächst einen gleichmäßigen Druck auf beiden Zügeln herzustellen (durch verminderte Stellung und das Animieren des äußeren Hinterbeins) und den gleichmäßigen beidseitigen Kontakt zum Pferdemaul aktiv aufrechtzuerhalten. Erst wenn dies gelingt, ist es möglich, das Pferd allmählich sicherer am äußeren Zügel zu führen.

Lektionen zur geraderichtenden Biegearbeit

Dem Reiter stehen in der Arbeit diverse Möglichkeiten zur Verfügung, am Geraderichten des Pferdes zu arbeiten. In der Reitersprache nennt man dies geraderichtende Biegearbeit. Gemeint ist damit, dass das Reiten auf gebogenen Linien und das Reiten von Lektionen, bei denen das Pferd in Stellung und Biegung ist, besonders nachhaltige Effekte auf das Geraderichten haben können.

So beginnt die geraderichtende Biegearbeit am Anfang einer Reiteinheit oder in den ersten Monaten der Pferdeausbildung mit dem Reiten auf großen gebogenen Linien, später werden die Linien enger bis hin zur Volte. Dies ist zunächst alles Arbeit auf einem Hufschlag, das heißt auf zwei Hufschlaglinien. Mit zunehmender Komplexität kommen die Lektionen Reiten in Stellung, Schultervor und Schulterherein dazu. Alle drei Lektionen sind wichtige Zwecklektionen für die geraderichtende Biegearbeit. Nach und nach bewegt der Reiter sein Pferd durch diese drei Lektionen von zwei Hufschlaglinien allmählich auf drei Hufschlaglinien. Bei allen drei gerade genannten Lektionen handelt es sich noch nicht um „richtige" Seitengänge. Denn in diesen drei Lektionen ist das Pferd noch gegen die Bewegungsrichtung gestellt und gebogen (bei den Seitengängen in Bewegungsrichtung), auch die Hinterbeine kreuzen noch nicht (anders als bei den Seitengängen gefordert). Diese drei Lektionen gelten als Bindeglied zu der Arbeit auf vier Hufschlaglinien, dies sind die Seitengänge (Renvers, Travers, Traversalen).

Bei jedem Reiten auf gebogenen Linien sollte man sich in der praktischen Arbeit am Wirkprinzip der grundlegenden Reittechniken (Seite 85) orientieren. Die diagonalen Hilfen, die der Reiter auf großen oder kleinen gebogenen Linien gibt, sind immer dieselben, weswegen auf eine erneute Beschreibung hier verzichtet wird.

Die Hilfengebung für das Reiten von Kurzkehrt, Schulterherein und den Seitengängen wird im Folgenden stichwortartig beschrieben.

Kurzkehrt

Die Hilfengebung ist identisch mit der für eine Hinterhandwendung und für eine Schrittpirouette:

- Einleiten der neuen Lektion mit halben Paraden.
- Stellung in Bewegungsrichtung geben. Den inneren Zügel verkürzen, der innere Zügel hat in der folgenden Wendung Stellung gebende und seitwärts weisende Funktion. Der äußere Zügel lässt die Stellung zu, d. h., die Hand geht zunächst etwas vor, der Zügel hat dann begrenzende Funktion.
- Gewichtshilfe hat die Funktion, das Pferd nun nicht nur zu stellen, sondern auch in Bewegungsrichtung zu biegen, sodass sich der Rippenbogen leicht senkt und das vermehrte Belasten des inneren Gesäßknochens ermöglicht wird.
- Innerer Schenkel hat die Funktion, die Biegung und Stellung zu unterstützen. Er hat außerdem treibende Funktion. Durch das Treiben soll das innere Hinterbein des Pferdes fleißig und mit geringem Raumgriff auf- und abfußen. Er ist der vorherrschende Schenkel. Der äußere Schenkel hat verwahrende Funktion. Er soll die Biegung begrenzen, ein Ausweichen der Hinterhand verhindern und das Heruntreten des äußeren Hinterhufs um den inneren Hinterhuf unterstützen.

Was ist ein Seitengang?

Unter Seitengängen versteht man all jene Seitwärtsverschiebungen des Pferdes, bei denen es in Bewegungsrichtung gestellt und gebogen ist und sowohl Vorder- als auch Hinterbeine kreuzen.

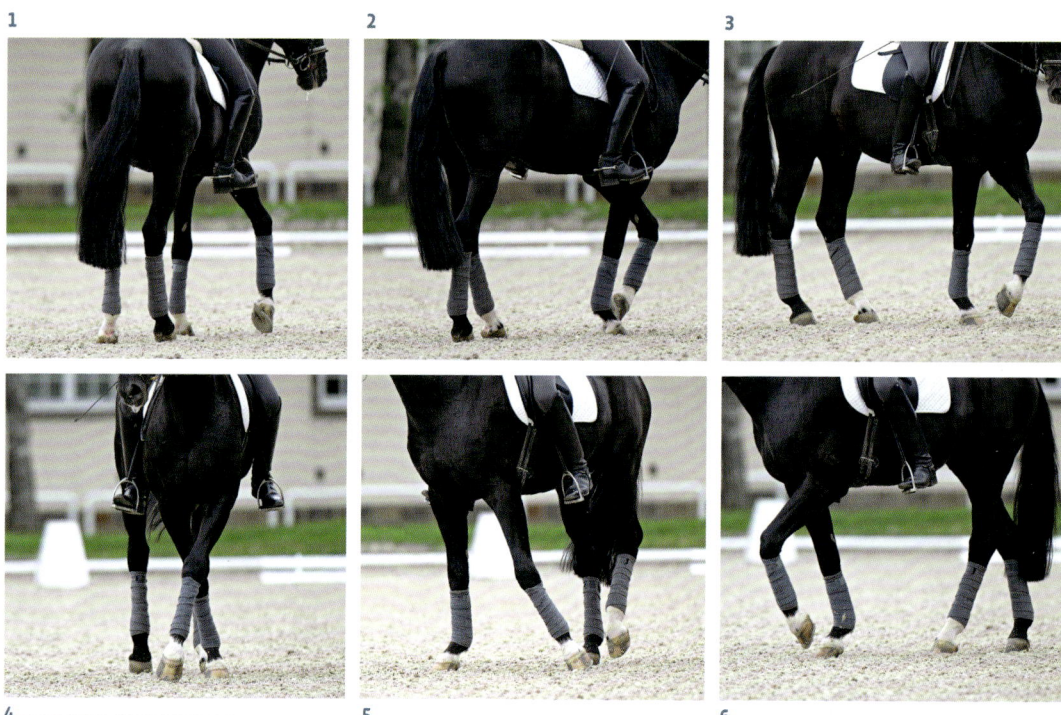

Kurzkehrtwendung nach rechts im Detail. Dabei sollen die Hinterbeine einen Kreis beschreiben, aber nicht kreuzen. Auf Bild 2 gelingt dies wenig. Ein paar Tritte später, auf Bild 5, gelingt es besser.

Die Lektion ist gelungen, wenn das Pferd in der Wendung gleichmäßig gestellt und gebogen bleibt, mit dem inneren Hinterhuf einen kleinen Kreis beschreibt und im Takt auf- und abfußt anstatt zu drehen. Mit den Vorderbeinen kreuzt das Pferd, nicht aber mit seinen Hinterbeinen.

Es wird vorausgesetzt, dass das Pferd alle Fähigkeiten (Viertakt im Schritt, Losgelassenheit etc.) in der Lektion beibehält.

Schulterherein
- Einleiten der neuen Lektion mit halben Paraden.
- Stellung nach innen geben (inneren Zügel verkürzen, der innere Zügel hat in der folgenden Wendung Stellung gebende und seitwärts weisende Funktion). Äußeren Zügel entsprechend verlängern (begrenzende Funktion) und die Vorhand des Pferdes so weit nach innen führen, dass das äußere Vorderbein vor der inneren Hüfte ist.
- Vermehrt innen belasten.
- Der innere Schenkel hat die Funktion, die Biegung zu erhalten und er fordert den inneren Hinterhuf zu fleißigem Abfußen in Richtung Körperschwerpunkt auf. Der äußere Schenkel darf nicht passiv sein.

Schulterhereinartiges Reiten auf beiden Händen im Galopp. Das Pferd ist hier allerdings ein wenig zu stark abgestellt. Ideal wäre es, wenn man von vorne oder hinten nur drei Hufschlaglinien sehen würde – so wie auf dem kleinen Foto unten.

Er hat ein Ausweichen der Hinterhand zu verhindern und das äußere Hinterbein des Pferdes zum fleißigen Abfußen zu animieren.
Die Lektion gilt als gelungen, wenn die Hinterhand des Pferdes auf dem Hufschlag bleibt, wohingegen die Vorhand leicht in die Bahn geführt wird – und zwar so weit, dass von vorne betrachtet die äußere Schulter des Pferdes vor der inneren Hüfte des Pferdes ist. Das innere Hinterbein des Pferdes fußt in Richtung des äußeren Vorderbeins, sodass man idealerweise von vorne nur drei Pferdebeine sieht. Die Vorderbeine kreuzen, die Hinterbeine kreuzen nicht.

Bei dieser Lektion, die als ideale vorbereitende Übung für die Seitengänge gilt, ist das Pferd gegen die Bewegungsrichtung gestellt und gebogen. Auch hier wird vorausgesetzt, dass das Pferd alle Fähigkeiten (klarer Takt, Losgelassenheit, sichere Anlehnung, Erhaltung des Schwunges) in der Lektion beibehält.

Das Genick des Pferdes darf nicht „abkippen". Die positive Wirkung auf Gang und Haltung des Pferdes ist für den Reiter fühlbar. Der Reiter empfindet, dass sich das Pferd vermehrt aufrichtet, also in einer verbesserten Selbsthaltung geht.

Das Schulterherein ist als die wichtigste Lektion bei der geraderichtenden Biegearbeit anzusehen und gilt außerdem als „Mutterlektion" aller Seitengänge. Hintergrund: Im Schulterherein vertieft das Pferd seine Fähigkeit des Geraderichtens, damit schafft man gleichzeitig alle Voraussetzungen für die versammelnde Arbeit. Gute Versammlung wiederum lässt sich nur dann vertiefen, wenn Pferd und Reiter in der Lage sind, Seitengänge zu benutzen.

Seitengänge

Auch wenn gerade festgestellt wurde, dass Seitengänge durchaus mehr der Versammlung als dem Geraderichten dienen können, soll bereits an dieser Stelle auf die grundsätzliche Hilfengebung in den Seitengängen verwiesen werden. Denn in der praktischen täglichen Arbeit wird der Ausbilder auch nicht warten, bis ein Pferd vollständig geradegerichtet ist, bis er mit der Arbeit am Schulterherein und den Seitengängen beginnt.

Er benutzt die Lektionen, wenn das Pferd noch nicht alle Fähigkeiten der Skala der Ausbildung vollständig erworben hat. Ziel dabei ist es, die bereits erworbenen Fähigkeiten zu verbessern und dem Pferd ein Bewegungsgefühl für die kommende Arbeit zu geben.

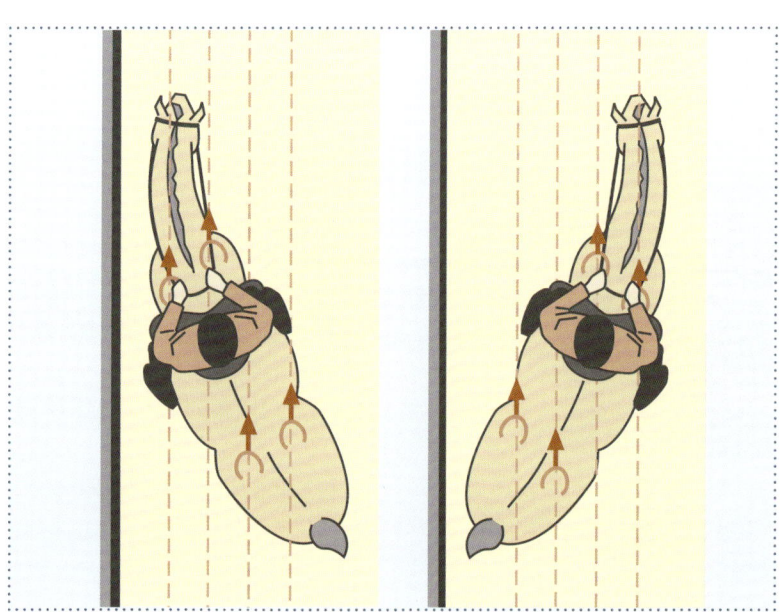

Seitengänge an den langen Seiten auf vier Hufschlaglinien: Links Travers, wobei die Hinterhand in die Bahn geführt wird, rechts Renvers, wobei die Vorhand in die Bahn geführt wird. In beiden Fällen ist das Pferd in Bewegungsrichtung gestellt und gebogen.

Grundsätzlich ist die Hilfengebung in den Seitengängen Renvers, Travers und den Traversalen identisch. Ein Unterschied besteht lediglich in der Einleitung und dem Beenden der Lektionen, außerdem werden Renvers und Travers üblicherweise an den langen Seiten geritten, wohingegen Traversalen auf freien diagonalen Linien geritten werden. Alle Seitengänge werden auf vier Hufschlaglinien geritten. Ob eine Traversale flach oder steil geritten wird, ist in erster Linie vom Ausbildungsstand des Pferdes abhängig, aber auch von dem gymnastizierenden Effekt, den der Reiter erzielen will.

Traversale

Im Folgenden wird die Hilfengebung für eine Traversale erläutert.
- Einleiten der neuen Lektion mit halben Paraden.
- Stellung in Bewegungsrichtung geben (inneren Zügel verkürzen, der innere Zügel hat in der folgenden Wendung Stellung gebende und seitwärts weisende Funktion). Der äußere Zügel lässt die Stellung zu (begrenzende Funktion).
- Vorhand vor die Hinterhand führen, in Bewegungsrichtung biegen (das Becken vollzieht eine Rollbewegung je nach Richtung auf die imaginäre Uhrzeit 11 oder 1).

Die Traversale ist eine außerordentlich gut geeignete Lektion, um die Versammlung langfristig zu verbessern. Zunächst wird sie recht flach geritten. Um den gymnastischen Wert zu verstärken, kann sie nach und nach steiler gestaltet werden bis hin zur Zick-Zack-Traversale, deren Richtungswechsel die Lektion noch wertvoller machen.

- Der innere Schenkel hat die Funktion, die Biegung zu erhalten und den inneren Hinterfuß zum Untertreten zu animieren.
- Der äußere Schenkel hat vorwärts-seitwärts treibende Funktion und soll das Ausweichen der Hinterhand verhindern.
- Im Verlauf der Traversale können beide Hände in Bewegungsrichtung leicht vorgehen.

Die Lektion gilt als gelungen, wenn das Pferd bei gleichbleibender Biegung mit Vorder- und Hinterbeinen gleichmäßig kreuzt. Wie bei den vorher beschriebenen Lektionen wird vorausgesetzt, dass das Pferd alle Fähigkeiten in der Lektion beibehält (sicher im Takt, losgelassen, in Anlehnung unter Erhalt des Schwunges). Das Pferd traversiert nahezu parallel zur langen Seite, die Vorhand ist dabei leicht vor der Hinterhand. Die Hinterbeine kreuzen bis zur Höhe der Sprunggelenke. Die relative Aufrichtung verbessert sich, das Pferd kommt dem Reiter scheinbar „entgegen", die Selbsthaltung hat sich verbessert.

Versammlung

Bedeutung der Versammlung

Mit der Arbeit an den Fähigkeiten Schwung und Geraderichten hat der Reiter die nötigen Voraussetzungen geschaffen, um nun das Pferd zu versammeln: Er hat zunächst die Schubkraft des Pferdes entwickelt. Die Schubkraft ist zwingende Voraussetzung, um mit der Arbeit an der Versammlung nun auch die Tragkraft des Pferdes weiterzuentwickeln.

In der gesamten weiteren Entwicklung des Pferdes ist es wichtig zu erkennen, dass die Fähigkeit der Versammlung keinesfalls nur nützlich für Dressurpferde, sondern für Pferde jeglichen Verwendungszwecks ist.

Was ist Versammlung?

Unter Versammlung versteht man grundsätzlich die Fähigkeit des Pferdes, seine Schritte, Tritte und Sprünge unter Erhalt des Schwunges zu verkürzen. Ganz wesentlich dabei ist, dass das Pferd in der Versammlung losgelassen bleibt. Im Abschnitt „Schwung" wurde erläutert, dass das Pferd die Fähigkeit erwerben musste, seinen Raumgriff zu verändern. Dieser Fähigkeit kommt nun mit der Arbeit an der

---

Versammlung
Nachdem die notwendigen Voraussetzungen zur Versammlung geschaffen worden sind (Schwung und Geraderichten) ist es möglich, dass das Pferd nun die Fähigkeit erwirbt, seine Schritte, Tritte und Sprünge zu verkürzen und hierbei den Schwung zu behalten.

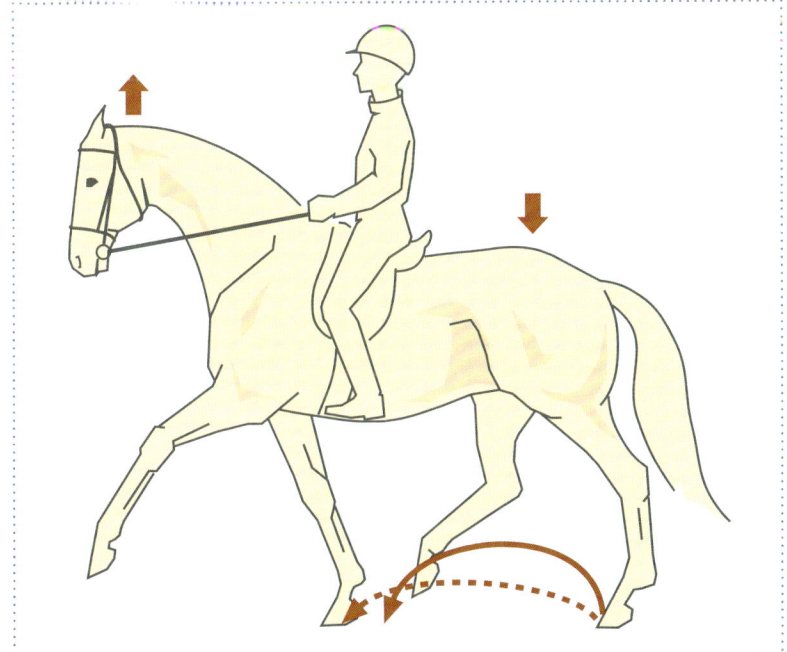

Durch die vermehrt gebeugten Hanken wirkt das Pferd hinten „tiefer gelegt", vorne richtet es sich mehr auf. Der Fußungsbogen eines versammelten Pferdes verläuft etwas höher und kürzer. Im Arbeitstempo entspräche der Fußungsbogen der gestrichelten Linie, er wäre also flacher und länger. Gleichzeitig würde sich die Aufrichtung des Pferdes etwas verändern – das Pferd wäre optisch „länger".

Versammlung eine große Bedeutung zu. Denn das Pferd soll seine Schritte, Tritte und Sprünge zwar verkürzen, aber dabei sollen sich gleichzeitig die Fußungsbögen nach vorwärts-aufwärts entwickeln. Darüber hinaus soll das versammelte Pferd „kürzer auf der Erde und länger in der Luft" sein. Was bedeutet es? Das Pferd stößt sich in den schwunghaften Gangarten kurz und kraftvoll vom Boden ab, wobei sich gleichzeitig die Schwebephasen verlängern, in denen kein Huf den Boden berührt. Nur wenn das Pferd seinen Schwung bzw. Fleiß in den einzelnen Gangarten erhält, hat es genügend Schubkraft, um daraus die Tragkraft zu gewinnen, die es zur Versammlung benötigt.

Schon bei der Entwicklung der Schubkraft ging es um die großen Gelenke des Pferdes. Hauptsächlich geht es jetzt um das Hüft- und Kniegelenk, aber ebenso um die darunterliegenden Gelenke vom Sprunggelenk an abwärts. Bei der Entwicklung der Schubkraft stand die Bewegungsrichtung der Gelenke nach vorne, nicht die Beugefähigkeit im Vordergrund. Damit hat der Reiter die Voraussetzung geschaffen, die Gelenke nun auch zu beugen. Dies funktioniert in der praktischen Arbeit am besten durch das Reiten von Seitengängen.

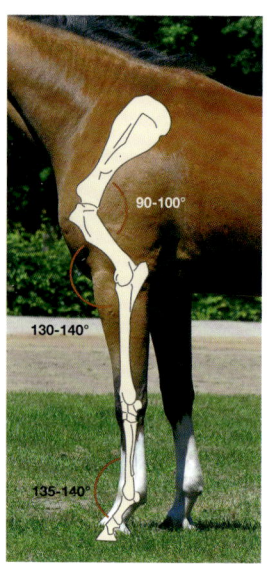

Die Vorhand dient als Stützapparat des Pferdes. Die Gelenke der Vorhand sitzen quasi senkrecht aufeinander, mit Ausnahme der Winkelung von der Schulter zum Oberarm.

Zunächst sollte durch gymnastizierende Zwecklektionen erreicht werden, dass das Pferd rechts und links identisch geschmeidig ist. Besonders ausgeprägt fand diese Arbeit beim Geraderichten statt.

Mit der Arbeit an der Versammlung wird nun die Gleichgewichtsfähigkeit des Pferdes um eine Dimension erweitert (vorne/hinten): Es soll die Fähigkeit erwerben, seine Hüft- und Kniegelenke (Hanken) stärker zu beugen und damit nicht länger nur im seitlichen Gleichgewicht zu sein. Damit erreicht der Reiter, dass eine Gleichgewichtsverschiebung von vorne nach hinten, also von der Vorhand zur Hinterhand und zurück zustande kommt.

Vielfach wird vereinfachend davon gesprochen, dass der Reiter mit dem Versammeln eines Pferdes das Ziel verfolgt, dessen Vorhand zu „entlasten". Hintergrund: Viele Reitpferde leiden auffällig häufig im Bereich der Vorhand unter Problemen an Sehnen, Gelenken und Bändern. Es wird argumentiert, dass das Reitergewicht zusätzliche Last auf die Vorhand des Pferdes bringt und diese vorzeitig verschleißt, wenn es im Verlauf der Ausbildung nicht gelingt, das Pferd in Versammlung zu reiten.

Korrekt daran ist mit Sicherheit, dass Pferde, die durchgehend „auf der Vorhand" geritten werden, eher mit Problemen an den Vordergliedmaßen zu kämpfen haben. Doch Messungen haben ergeben, dass die Entlastung der Vorhand ausgedrückt in Kilogramm kaum mehr als 30 Kilogramm (kg) beträgt, was in vielen Fällen nicht einmal die Hälfte des Reitergewichts ausmacht. Bei einem Gesamtgewicht von rund 700 kg (Pferd und Reiter) fehlt für eine solche Argumentation jegliche Relation.

So wäre es wohl richtiger, davon zu sprechen, dass die Vorhand durch das Beugen der Hanken in ihrem Bewegungsspektrum erweitert wird und damit unter anderem die Belastungen des Reitens durch das Beugen der Gelenke insgesamt besser abfangen kann.

Es gibt diverse Anzeichen guter Versammlung (siehe Seite 212). Hier sei nur ein Beispiel genannt: Die verbesserte Schulterfreiheit. Darunter versteht man die Beweglichkeit der Vorderbeine aus der Schulter heraus.

Das Bewegungsspektrum erweitert sich sichtbar mit verbesserter Versammlung, die Vorhand kann weiter und höher vorschwingen oder das Pferd kann am Sprung besser basculieren.

Anatomische Hintergründe zur Versammlung

Grundsätzlich haben Vor- und Hinterhand des Pferdes völlig unterschiedliche Funktionen: Die Vorhand ist von Natur aus zum Tragen geschaffen (Stützapparat), die Hinterhand dagegen ist mit ihren großen Gelenken (Hüfte und Knie) für den Schub, die Dynamik im Bewegungsablauf zuständig (Motor des Pferdes).

Während die Gelenke in der Vorhand quasi senkrecht aufeinandersitzen, sind die Hanken des Pferdes, d. h. Hüfte und Knie, derart gewinkelt, dass sie sich bei Belastung quasi „zusammenfalten" und ihren Winkel/ihre Stellung zueinander verringern können. Es soll durch die Arbeit an der Versammlung eine Verkleinerung der Winkel in den großen Gelenken erreicht werden. In der Fachsprache sagt man hierzu: Ziel der Versammlung ist unter anderem, dass sich das Pferd vermehrt in den Hanken beugt.

Das vermehrte Beugen hat zur Folge, dass das Pferd sich mit der Hinterhand sichtbar senkt, dadurch kippt das Becken des Pferdes. Der lange Rückenmuskel wiederum, der am hinteren Beckenrand und an der unteren Halswirbelsäule anhaftet, sorgt aufgrund des gekippten Beckens dafür, dass sich das Pferd in Hals und Genick vermehrt aufrichtet (er „zieht" sozusagen die Vorhand des Pferdes bzw. das Genick nach oben). Hierdurch entsteht optisch der Eindruck, das Pferd würde nun „bergauf" gehen.

In der Reiterfachsprache gibt es den Begriff der relativen Aufrichtung. Damit ist gemeint, dass je nach Intensität der Hankenbeugung das Pferd unterschiedlich stark aufgerichtet ist. Ein junges Pferd, das seine Hanken nur wenig beugt, kann demzufolge nicht genauso stark aufgerichtet werden wie ein ausgebildetes Grand Prix-Pferd, dessen Hanken sich bis zum Maximum beugen können und dessen Hals und Genick folglich viel weiter aufgerichtet werden.

Der Versuch, schon junge Pferde zu stark aufzurichten, hat nichts mit sinnvoller Ausbildung zu tun und ist immer das Ergebnis zu starker Handeinwirkung. Dies nennt man in der Fachsprache „absolute Aufrichtung".

Während bei der Entwicklung der Schubkraft die Gangmaße und damit die Fußungsbögen verlängert wurden, soll das versammelte Pferd sich nun kraftvoller vom Boden abstoßen und vermehrt vorwärts und gleichzeitig aufwärts fußen.

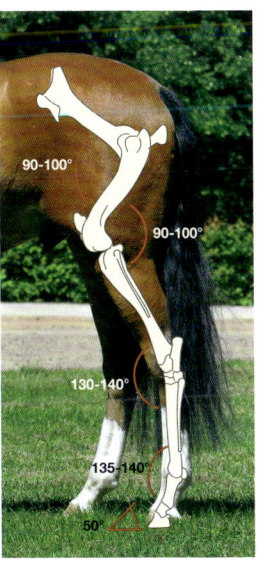

Die Hinterhand ist der „Motor" des Pferdes. Besonders das Hüft- und Kniegelenk können sich in ihrer Winkelung stark verändern.

Abwechslung und Wechselspiel

Die besten Erfolge in der weiterführenden Ausbildung erzielt man durch abwechslungsreiche Lektionsfolgen und das Wechselspiel zwischen Schub- und Tragkraft, also zum Beispiel den Wechsel zwischen der Rahmenerweiterung beim Tritte-Verlängern und der Rahmen-„verkürzung" in der Passage oder Piaffe.

Vielfach sprechen Ausbilder daher zu Recht davon, dass der „Türöffner" zur Versammlung zunächst die Entwicklung des Schwunges sei. Die Dressuraufgaben spiegeln dieses Arbeitsprinzip der wechselnden Verstärkung und Versammlung wider. Gerade in der jüngeren Vergangenheit standen die Dressuraufgaben der höheren Klassen vermehrt in der Diskussion: So wurde die Sinnhaftigkeit des Rückwärtsrichtens oder der „Schaukel" infrage gestellt. Es wurde angeregt, das Halten ganz aus den Aufgaben zu streichen und den sinnvollen Wechsel zwischen Versammlung und Verstärkung zugunsten „publikumswirksamerer" Lektionsfolgen aufzugeben. Nun spiegeln aber die Dressuraufgaben bisher die natürliche Gymnastizierung des Pferdes auf Basis bewegungswissenschaftlicher Erkenntnisse wider. Sie beliebig zu verändern würde bedeuten, dass man sich gerade mit dem Dressursport weit von der klassischen Ausbildung entfernt und stattdessen eine künstliche, zirzensische Abrichtung des Pferdes vorzieht.

Je weiter ein Pferd ausgebildet ist, desto besser ist auch bei der Lektion Rückwärtsrichten zu erkennen, wie es seine großen Gelenke der Hinterhand, die Hanken, beugt (links). Auch im Schritt (rechts) ist die gute Selbsthaltung und das weite Vortreten der Hinterhand zu erkennen.

Versammlung

Mögliche Probleme beim Reiten versammelter Lektionen

Das größte Problem beim versammelten Reiten ist, die Hinterhand des Pferdes aktiv genug zu halten, also ihren Schub nach vorwärts-aufwärts immer wieder einzufordern. Vielfach wird statt versammelt einfach nur durch vermehrten Zügeleinsatz „langsamer" geritten. Die Hinterhand verliert auf diese Weise ihren Schub und Schwung, sie „schleift" über den Boden anstatt energisch und kraftvoll vorwärts-aufwärts zu fußen. Gute Versammlund ist besonders im Trab leicht an der Parallelität von Hinterröhre und Unterarm des Pferdes (siehe Seite 168) zu erkennen.

Viele Reiter „vergessen" in der Versammlung das Treiben und versuchen über vermehrte Handeinwirkung zu erreichen, dass das Pferd sich versammelt. Dies ist jedoch niemals allein über Handeinwirkung zu erreichen, sondern der „Schlüssel" zum Erreichen guter Versammlung ist die Technik der halben Paraden.

In der Versammlung sollen sich die Hanken, also die Hüft- und Kniegelenke des Pferdes beugen. Dies wiederum hat aber auch einen Einfluss auf alle darunter liegenden Gelenke bis hin zu den Fesselgelenken, die sich ebenfalls vermehrter beugen.

Der Schlüssel zu guter Versammlung sind die halben Paraden.

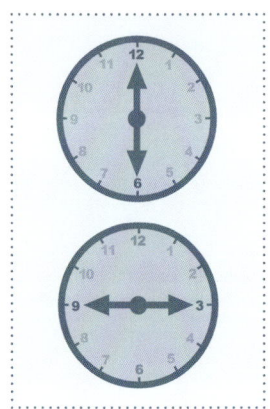

Feiner als in der Versammlung können halbe Paraden kaum geritten werden, hier kommt es auf Nuancen an. Der Reiter muss in der Versammlung vermehrt mit den Gewichtshilfen einwirken, ohne sich dabei im Becken zu blockieren. Diese mögliche Blockade würde sich als stoßende Bewegung auf den Pferderücken negativ auswirken und den fließenden Bewegungsablauf des Pferdes stören.

Es ist eine wichtige Funktion des Reiters, sein Becken bei versammelnden Lektionen vermehrt nach hinten „kippen" zu lassen, ohne dass diese Bewegung stecken bleibt, also sich nicht gemäß der Trab- oder Galoppbewegung wieder nach vorne auflöst. Das Becken bewegt sich also, wenn man sich das Zifferblatt einer Uhr vorstellt, stets von einer mittleren Position des Beckens (leicht nach vorne geneigt) zurück zur 6 und wieder in diese mittlere Position. Diese Rückwärtsbewegung des Beckens kann, wie bereits dargestellt, durch Einziehen des Bauchnabels auch bei versammelnden Lektionen erzeugt und praktiziert werden. Voraussetzung ist jedoch, dass die Flexibilität des Beckens generell nach vorne und hinten (auf einer Uhr von 12 nach 6) und rechts und links (auf einer Uhr 3 nach 9) vorhanden ist. Unterstützt werden kann die vermehrte Einwirkung über die Gewichtshilfe durch das rhythmische kurzfristige Anspannen der Bauchmuskulatur gemäß Rhythmus und Gangart des Pferdes.

Da die Bauchmuskulatur generell beim Menschen zur Abschwächung neigt, haben die meisten Menschen Probleme, den Zugang zum korrekten Einsatz zu finden. Aus diesen Gründen sollten Reiter lernen, die Bauchmuskeln einzusetzen und sie zu kräftigen.

Die folgenden Übungen können sowohl statisch als auch langsam dynamisch ausgeführt werden. Bei der statischen Ausführung wird am Ende der Ausführung zunächst 8–10 Sekunden die Muskelanspannung gehalten. Dabei bitte weiteratmen. Es kann nun die Zeitlänge ausgedehnt oder mehrmals hintereinander die Anspannung 8–10 Sekunden gehalten werden. Dabei ist eine Pause ebenfalls von 8–10 Sekunden zwischen den Wiederholungen einzulegen.

Die langsam dynamischen Abfolgen sollen 8–12 Mal (eine Serie) hintereinander vollzogen werden. Bei mehreren Serien hintereinander zwischen den Serien eine Pause von 10–15 Sekunden einlegen. Je nach Trainingszustand sollte der Reiter mit einer sachgerechten Dosierung beginnen.

Kräftigung der Bauchmuskulatur

Ausgangsposition: Rückenlage, Knie- und Hüftgelenke rechtwinklig beugen, Arme vor dem Oberkörper kreuzen.
Ausführung: Oberkörper langsam aufrichten, der Kopf bleibt in der Verlängerung des Oberkörpers (nicht das Kinn auf die Brust drücken).

Ausgangsposition: Rückenlage mit angestellten Beinen, Arme nach vorn strecken – siehe Seite 29.
Ausführung: Oberkörper langsam aufrichten und Hände an den Beinen vorbeistrecken.

Ausgangsposition: Rückenlage, Knie- und Hüftgelenke rechtwinklig beugen, Unterschenkel halten oder auf einen Stuhl legen.
Ausführung: Oberkörper aufrichten, linke Schulter vom Boden lösen und Hände am rechten Oberschenkel vorbeiführen – siehe Seite 29.

Mobilisierung des Rückens

Ausgangsposition: Rückenlage, Knie- und Hüftgelenke rechtwinklig beugen und Beine leicht öffnen.
Ausführung: Beine abwechselnd rechts oder links am Boden ablegen.

Verstärkungen

Grundsätzlich lässt sich die Versammlung des Pferdes sehr gut anhand der Verstärkung überprüfen. Auch dies ist im Übrigen ein Grund, warum in den Dressuraufgaben ein häufiger Wechsel zwischen versammelten und starken Tempi gefordert wird.

Das versammelte Tempo kann nicht ad hoc vom Pferd gefordert werden, sondern muss durch sinnvoll aufeinander aufgebaute „Übungsreihen" vom Elementaren zum Komplexen erarbeitet werden.

Ein Beispiel: Grundsätzlich beginnt die Arbeit stets im Arbeitstempo. Dies ist auch das zu wählende Tempo in der Lösungsphase (elementar). Eine sinnvolle Steigerung ist dann, die Tritte im Trab zu verlängern bzw. die Sprünge im Galopp zu erweitern. Hieraus entwickelt man die beginnende Versammlung (allmählich wird es komplexer). Aus der beginnenden Versammlung heraus wird anschließend der Mitteltrab bzw. Mittelgalopp entwickelt. Die Besonderheit bzw. der Unterschied zum Tritte verlängern bzw. Sprünge erweitern: Beim Erweitern der Tritte bzw. Sprünge vergrößert man Rahmen und Raumgriff allmählich, auch die Rückführung erstreckt sich über mehrere Tritte bzw Sprünge. Beim Reiten von Mitteltrab bzw. Mittelgalopp dagegen sollen die erweiterten Tritte bzw. Sprünge sofort, ohne eine Phase der Steigerung, gezeigt werden.

Aus dem Mitteltrab bzw. -galopp entwickelt man die qualitativ verbesserte Versammlung. Erst dann werden daraus die starken Tempi entwickelt.

Fazit: Effekte der Versammlung

Die Effekte qualitätsvoller Versammlung sind vielfältig:
- Bei gebeugten Hanken entsteht eine kleinere „Unterstützungsfläche" des Pferdes. Damit lassen sich kleinere Wendungen problemloser reiten, das Pferd kann sich sozusagen „Tummeln auf Tellers Breite", worunter man einerseits natürlich eine Pirouette verstehen kann, andererseits aber auch die rasanten, extrem engen Wendungen von Springpferden im Stechparcours.
- Durch das vermehrte Beugen der Hanken gewinnt die Vorhand an Bewegungsfreiheit. Das Pferd ist in der Lage, seine Vorderbeine freier aus der Schulter heraus zu bewegen, kürzer aufzufußen und weiter vorwärts-aufwärts zu schwingen. Für das Springpferd entwickelt sich aus der Versammlung der Vorteil, dass es seine Vorderbeine über dem Sprung gleichmäßiger und enger anwinkeln kann. Bei einem Dressurpferd kann damit eine relativ steile Schulter optisch „schräger gemacht" werden. Diese verbesserte Bewegungsmöglichkeit wird in der Reitersprache als „ungebundener Gang" bezeichnet.

- Sind Schub- und Tragkraft weit entwickelt, hat dies weitere sichtbare Auswirkungen auf die schwunghaften Gangarten. Das Pferd wirkt elastischer, es scheint, als könne es noch geschmeidiger auf- und abfußen. Bei vielen Pferden, die noch in der Grundausbildung sind, kann man jedes Auffußen deutlich und laut hören, quasi als würde das Pferd von einem Huf auf den anderen „fallen". Mit zunehmender Ausbildung wird der Gang des Pferdes federnder und damit weniger hörbar. Das Dressurpferd stößt sich mit elastischer gebeugten Gelenken ab und fußt weicher auf. Das Springpferd basculiert besser und ist in der Lage, nach dem Sprung elastischer zu landen. Dieses Zusammenwirken von Schub- und Tragkraft bezeichnet man in der Reitersprache als die Entwicklung der „Federkraft" oder auch den Ausdruck von mehr „Kadenz".
- Der positive Spannungsbogen, den man am Ende der Grundausbildung in Grundzügen hergestellt hat (siehe „Anlehnung" Seite 148), wird nun immer mehr verfeinert und perfektioniert. Als Reiter muss man mit fortschreitender Ausbildung immer wieder überprüfen, ob zunächst die Grundvoraussetzungen bzw. -fähigkeiten (Takt, Losgelassenheit, Anlehnung) genügend stabil erarbeitet sind, bevor man Schub- und Tragkraft entwickelt.
- Alle zuvor erarbeiteten Fähigkeiten verbessern sich mit der Versammlung immer weiter. Der Reitkomfort erhöht sich, die Hilfengebung kann auf ein Minimum reduziert werden, die Anlehnung bleibt beständig, ist dabei aber leicht. Insgesamt erscheint das Reiten für Reiter und Pferd wesentlich „leichter".

> **Was ist Kadenz?**
>
> Das Zusammenwirken von Schub- und Tragkraft des Pferdes bezeichnet man in der Reitersprache als die Entwicklung von Federkraft. Das elastische und gleichzeitig energische Auf- und Abfußen des Pferdes führt unter anderem dazu, dass das Pferd größer, erhabener aussieht. Dazu sagt man auch: Das Pferd geht mit mehr Kadenz.

Auf einen Blick

- Mit der Erläuterung aller sechs Punkte der Skala der Ausbildung ist das Gymnastizierungsprinzip, das hinter der Skala der Ausbildung steht, belegt und begründet.
- Je nach Ziel und Bedürfnis von Reiter und Pferd ist es möglich, anhand der Skala der Ausbildung in sinnvoll aufeinander aufbauenden Schritten in einen Dialog mit dem Pferd zu treten.
- Wenn der Reiter zum Ausbilder werden will, muss er aus Sicht der Bewegungslehre viele Voraussetzungen erfüllen, um einen Dialog zwischen sich und dem Pferd herzustellen.
- Andersherum kann der lernende Reiter nur auf einem geschulten Pferd das für dialogisches Reiten nötige Bewegungsgefühl erlangen.
- Die Prinzipien, die hinter der Skala der Ausbildung stehen, entsprechen der Natur des Pferdes und seiner Anatomie.
- Werden diese Prinzipien außer Kraft gesetzt, sollte man nicht mehr von Ausbildung des Pferdes sprechen, sondern von Abrichtung.

Durchführung eines Ausbildungsprojekts

In erster Linie geht es bei dem Buch „Reiten als Dialog" um die Frage, wie der Reiter mit dem Pferd in einen Dialog treten kann und welches Wissen hierfür nötig ist. Durch die Verknüpfung der Kenntnisse aus Reit- und Bewegungslehre wird es möglich, größeres Verständnis für Bewegungsabläufe von Reiter und Pferd und deren Auswirkungen zu erlangen. In einem zweiten Schritt wird darauf hingewiesen, dass das Reiten als Dialog nur dann wirkungsvoll sein kann, wenn es dem Reiter gelingt, sein Wissen handlungsorientiert anzuwenden, d. h. selbstständig aufgrund seines Wissens und seiner Erfahrungen nach Lösungsmöglichkeiten zu suchen.

Im weiteren Sinne der Ausbildung jedoch kommen diverse Wissensbereiche hinzu, die ebenfalls Einfluss auf die positive Entwicklung eines Pferdes haben – beispielsweise das Wissen über Pferdehaltung, Fütterung, Trainingsmanagement und vieles mehr.

Einen Einblick, wie umfassend diese Bereiche miteinander verknüpft werden können und müssen, geben die Ausbildungsprojekte, die seit 2016 Bestandteil der Meisterprüfung für Pferdewirtschaftsmeister mit der Fachrichtung Klassische Reitausbildung sind.

Welche Kriterien hierfür angelegt werden, wie ein solches Arbeitsprojekt aussehen kann und wie wesentlich auch in diesem Zusammenhang die handlungsorientierten Tätigkeiten des Menschen sind, wird hier im Detail erläutert.

Zur positiven Entwicklung eines Pferdes gehören neben dem Wissen um die klassische Reitlehre noch viele weitere Wissensbereiche.

Die Pferdeausbildung als Prozess

Die Inhalte dieses Buches sind nicht nur Grundlage der persönlichen Ausbildung, sondern pflanzen sich fort bis zur Gestaltung der Ausbildungswege von Pferd und Reiter in der Berufsausbildung für Pferdewirte und Pferdewirtschaftsmeister. Mit der Gesetzesänderung der neuen Verordnung von 2010 für Pferdewirte und 2016 für die Fortbildung zum Pferdewirtschaftsmeister ist der handlungsorientierte Ansatz in der Ausbildung und hier speziell in der Berufsausbildung verankert.

Die Grundlagen und Prinzipien sind im Kapitel der Unterrichtserteilung (siehe Seite 135) aufgezeigt worden. In diesem Abschnitt soll der handlungsorientierte Ansatz nun auf die Organisation eines Aus-

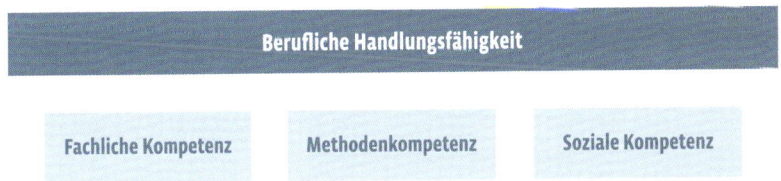

Die drei Säulen der Handlungsfähigkeit

bildungsabschnitts angewendet werden. In der Fortbildung zum Pferdewirtschaftsmeister wird ein Konzept für einen Ausbildungsabschnitt in Form eines Projektes als zentrales Prüfungsinstrument eingesetzt. Dieses Projekt steht beispielhaft für jeden geplanten Ausbildungsgang.

Ziel: Handlungsfähigkeit auf allen Ebenen

Das Ziel einer Ausbildung ist immer die eigenverantwortliche selbstständige Handlungsfähigkeit. Handlungsfähigkeit basiert in der Regel auf drei Kompetenzsäulen. Zum einen auf der fachlichen Kompetenz. Darunter versteht man das fachliche Wissen um die Reitlehre, Bewegungs- und Trainingslehre und alle für die Ausbildung wesentlichen Rahmenbedingungen, wie z. B. Fütterung, Haltung, Ausrüstung und Gesundheitsmanagement von Pferden. Hinzu kommen unsere persönlichen Erfahrungen und Fertigkeiten, die wir bereits erworben haben.

Eine weitere Säule ist die Methodenkompetenz, die in der Lösung von Aufgabenstellungen im Unterricht, aber auch in allen anderen Sequenzen der täglichen Ausbildungsarbeit eine Rolle spielen.

Als letzte Säule steht die soziale Kompetenz im Fokus. Keine Aktivität in der Ausbildungsarbeit wird isoliert von äußeren Einflüssen oder ohne Vernetzung in eine Infrastruktur von Pferdebetrieben stattfinden. Der Erfolg einer Weiterentwicklung von Ausbildung wird nur nachhaltig sein können, wenn alle drei Kompetenzen angemessen Berücksichtigung finden. Das Prinzip der vollständigen Handlung ist dann eine weitere Komponente, die unser Handeln bestimmt.

- Analyse von Pferd und Reiter, Stärken-Schwächen, Rahmenbedingungen (Haltung, Fütterung, Betrieb, Trainingsplätze, Ausrüstung, Schmied, Tierarzt etc.);
- Mögliche Pläne, die aufgrund der Analyse zur Anwendung kommen könnten;

- Begründete Entscheidung für einen der möglichen Pläne (es gibt immer mehrere Möglichkeiten);
- Die tatsächliche Umsetzung mit entsprechender genauer Dokumentation;
- Analyse der Durchführung mit anschließender Bewertung;
- Positives Ergebnis fordert den nächsten Schritt, unter Umständen mit neuen Inhalten/Analysen. Wieder sind mehrere Pläne möglich etc.;
- Negatives Ergebnis fordert eine Fehleranalyse und anschließend einen veränderten Plan mit dem gleichen Ziel wie vorher oder eine Zielkorrektur mit neuem Plan.

Projektarbeit

Die Grundlagen, die zur Umsetzung einer vollständigen Handlung beschrieben sind, lassen sich problemlos auf eine Projektarbeit übertragen. Die Projektarbeit wird in der Berufsbildung als Prüfungsinstrument eingesetzt. Insofern kann sich jeder, der die Fortbildung zur Pferdewirtschaftsmeisterin und zum Pferdewirtschaftsmeister anstrebt, an diesen Ausführungen orientieren. Aber es dient auch jedem anderen als Orientierung, der eine Ausbildungsplanung anstrebt.

Ziel der etwa einjährigen Projektarbeit für Pferdewirtschaftsmeister in der Fachrichtung Klassische Reitausbildung ist die Entwicklung eines Ausbildungsprojektes von Pferden vor dem Hintergrund diverser Kriterien. Ein anspruchsvolles Unterfangen, das aber auch jedem, der Pferde ausbildet, als Leitfaden dienen kann.

Jedes Ausbildungsprojekt wird somit analog zum Gestaltkreis mit einer ausführlichen Standortbestimmung einhergehen. Alle Informationen über die Pferde und Reiter, welche in dem Ausbildungskonzept berücksichtigt werden, spielen eine wichtige Rolle.

Dabei ist selbstverständlich ein Gesundheitscheck eine wesentliche Basisinformation. Daraus resultieren dann die individuellen körperlichen und seelischen Voraussetzungen von Pferd und Reiter. Wir erinnern uns: Reiten ist ein Dialog zwischen Pferd und Mensch über Körpersprache. Insofern kann eine Kommunikation und somit ein Einfluss auf die Entwicklung eines Pferdes in seiner Athletik nur Früchte tragen, wenn das Pferd in seiner komplexen Beschaffenheit mit allen Stärken und Schwächen weitestgehend richtig erfasst ist und wenn der ausbildende Reiter sein individuelles Leistungspotenzial kennt und uneingeschränkt einsetzen kann. Das beinhaltet aber auch, dass im Anwenden des Gestaltkreises begründet ist, dass es je nach Entwicklungsstand des Ausbilders zu einer Erweiterung und Weiterentwicklung der eigenen Handlungsfähigkeit kommen muss, auch wenn diese Schritte noch so kleinteilig oder auf den ersten Blick scheinbar banal sind.

Ist dieser Prozess erst einmal in Gang gesetzt, steht einer erfolgreichen Ausbildung nichts mehr im Wege. Natürlich wird es unter Umständen nötig sein, von außen Hilfe und Unterstützung in Anspruch zu nehmen. Aber auch gerade das ist Teil des Ausbildungsprojektes. An welcher Stelle des Prozesses ist neuer Input nötig? Wann werden Alternativen gebraucht? Insofern bildet der Gestaltkreis ab, was mit Handlungsfähigkeit als Ziel der Ausbildungsarbeit nicht nur im sportlichen, sondern auch im beruflichen Kontext geleistet werden kann.

Wenden wir uns jetzt konkret einem Projekt in der Ausbildung zu. Die ausführliche Analyse ist gemacht. Als nächstes wird aufgrund der Analyse ein plausibles, realistisch erreichbares Ziel zu definieren sein. Das Ziel wird immer zeitlich eingegrenzt und klar umrissen in der Aufgabe formuliert sein. Es beinhaltet die komplexen Prozesse der Ausbildungs- und Trainingsarbeit. Alle in der Analyse berücksichtigten Tätigkeitsfelder, die Gelingen oder Misslingen beeinflussen, werden Berücksichtigung finden. Insofern wird ein Projekt stets ganzheitlich durchgeführt.

> **SMART**
> **S**: spezifisch
> **M**: messbar
> **A**: attraktiv/akzeptiert
> **R**: realistisch
> **T**: terminiert

Zielsetzung des SMART-Projektes

S für spezifisch: Es wird genau definiert, was erreicht werden soll. Ist in der Ausgangsanalyse zum Beispiel ein Pferd auf dem Niveau der Klasse L, muss man dieses Leistungsniveau beschreiben können. Es bedeutet im Sinne der Skala der Ausbildung, dass die beginnende Versammlung möglich ist und alle Punkte vor der Versammlung weitestgehend funktionieren. Der Takt ist geregelt, eine daraus resultierende Losgelassenheit ist Grundlage für eine sichere Anlehnung bei einer dem Ausbildungsstand entsprechenden Haltung des Pferdes mit dem Genick als höchstem Punkt und der Stirn-Nasen-Linie an oder leicht vor der Senkrechten. Der natürliche Spannungsbogen ermöglicht dann eine Entwicklung des Schwungs und der damit verbundenen Schubkraft, die eine weitestgehende Graderichtung des Pferdes möglich macht, die dann wiederum Grundlage für die Entwicklung des Beugeganges und somit der beginnenden Versammlung ist. Das Pferd reagiert durchlässig auf treibende und verhaltende Hilfen (halbe Paraden), lässt sich geschmeidig in jede Richtung stellen und biegen.

Natürlich muss dem Ausbilder geläufig sein, anhand welcher Kriterien dieser Zustand erkannt wird. Die damit verbundenen Anforderungen der Klasse L sind klar definiert. Die Entwicklung der Gangmaße umfassen zum Beispiel, neben dem Arbeitstempo, den versammelten Trab (beginnend) und zur Überprüfung den Mitteltrab. Der Galopp wird analog unterteilt. Der Schritt wird, auch wenn es anderslautende Aufgabenstellungen des Turniersports gibt, normalerweise noch nicht differenziert und beschränkt sich somit auf den Mittelschritt. Das Pferd geht in jeder Phase der Aufgaben auf diesem Niveau hufschlagdeckend, das heißt Vorhand und Hinterhand beschreiten auf allen geraden und gebogenen Linien die gleichen Hufschlaglinien.

Schlüssellektion ist das Kurzkehrt beziehungsweise die Hinterhandwendung (siehe Seite 199). Damit ist die Grundlage der vertiefenden Ausbildungsarbeit gelegt und das Bewegungsprinzip des ständigen Wendens um die innere Hinterhand im Vorwärtsgehen realisiert. In der davor liegenden Arbeit im Rahmen der Klasse A sprechen wir vom Wenden um das jeweilige innere Vorderbein im Vorwärts und der damit beginnenden Geraderichtung. Versammlung spielt auf diesem Ausbildungsniveau noch keine Rolle. Ferner müssen in der Klasse L der Kontergalopp, die Übergänge innerhalb der Gangarten, wie oben beschrieben, und auch über zwei Gangarten hinweg sicher ausgeführt werden können (z. B. Galopp/Schritt, Schritt/Galopp, die dann immer eine versammelnde Wirkung erzielen). Das Hüftlot zur Beurteilung der Versammlung muss vom Ausbilder erkannt werden.

Frühester Zeitpunkt für diese Inhalte ist das zweite Ausbildungsjahr und damit in der Regel für fünfjährige Pferde möglich. Formuliert man jetzt ein Ausbildungsziel spezifisch, muss klar sein, an welchen Kriterien man eine Zieldefinition festmacht. In der vertiefenden Ausbildungsarbeit eines Dressurpferdes wäre dann das Erreichen der nächsthöheren Klasse realistisch. Das Niveau der Klasse M ist ebenso spezifisch zu benennen wie die Anforderungen der Klasse L. Die vertiefende Versammlung wird an der vollständigen Entwicklung der Gangmaße sichtbar. Ausgangspunkt bleibt der Arbeitstrab, daraus wird Tritte verlängern entwickelt (Klasse A,) Rückführung zur beginnenden Versammlung (Klasse L), Überprüfung durch Mitteltrab, danach Rückführung zur qualitätvolleren Versammlung (Klasse M) mit anschließender Überprüfung durch den starken Trab (Klasse M). Das gleiche gilt für den Galopp.

Selbst die schwunglose Gangart Schritt wird ab jetzt differenziert. Aus dem Mittelschritt wird zum Beispiel in der versammelnden Übung

In die vertiefende Ausbildungsarbeit sind alle sechs zentralen Punkte der Skala der Ausbildung integriert. Nun geht es darum, die Qualität der jeweiligen Lektionen zu verbessern.

des Kurzkehrt mühelos ein versammelter Schritt mit allen Kriterien der Versammlung, die dann in einem starken Schritt wiederum überprüfbar wird. Das bedeutet, dass in der vertiefenden Ausbildungsarbeit über dem Grundlagenniveau der Klasse L kein neuer Punkt zur Ausbildungsskala hinzukommt, sondern es vertiefen und entwickeln sich die Qualitäten der Punkte bis zur Vollendung dessen, was mit Pferden im Grand Prix Sport, sowohl in der Dressur, im Springen und in der Vielseitigkeit, möglich ist.

Im weiteren Verlauf der Ausbildung wird das permanente Wenden um das jeweilige Hinterbein durch die Entwicklung aller Seitengänge erweitert. Damit übernehmen die Seitengänge die zentrale Funktion der vertiefenden Ausbildungsarbeit. Das bedeutet, die Pferde verlassen die Arbeit auf einem Hufschlag und es werden drei, beziehungsweise vier Hufschlaglinien betreten. Somit spielen die Seitengänge nicht nur für die Dressurausbildung eine Schlüsselrolle, sondern sind unverzichtbarer Bestandteil der Ausbildung von Spring- und Vielseitigkeitspferden. Dazu kommt zur Perfektionierung und Kontrolle der verbes-

In der Grundlagenarbeit stehen Wendungen um das innere Vorderbein im Mittelpunkt der Ausbildung, in der vertiefenden Ausbildungsarbeit ist der Dreh- und Angelpunkt das Wenden um das innere Hinterbein in der Vorwärtsbewegung.

serten Galopparbeit der fliegende Galoppwechsel, der ebenso für alle Disziplinen unverzichtbar ist. Mit dieser klaren Beschreibung, was welches Ausbildungsniveau beinhaltet, ist die spezifische Definition für die Klasse M erfüllt.

M bedeutet meßbar: Die Inhalte sind natürlich in den verschiedenen Ausbildungsstufen an Qualitäten gebunden. So kann zum Beispiel in der Überprüfung einer Leistung eine Prozentzahl von 65 Prozent festgehalten werden. Diese Leistungsmarke soll dann eventuell mehrmals erreicht worden sein und dokumentiert damit die Reproduzierbarkeit der erreichten Leistung.

A bedeutet attraktiv beziehungsweise akzeptiert. Wenn eine Ausbildungsarbeit erfolgreich sein soll, dann muss das Ziel erstrebenswert sein und auch Anerkennung finden. Ansonsten sind Motivation und Unterstützung sehr schwer zu erreichen. Um seiner selbst willen wird sich keine prozessorientierte Ausbildung initiieren lassen.

R bedeutet realistisch: Der Weg, den man beschreiten möchte, muss in der Realität möglich sein. Luftschlösser sind zum Scheitern verurteilt. Unterforderungen würden aber genauso das Ziel der Bemühungen fragwürdig erscheinen lassen. Deshalb sind umfassende Analysen und begründete Inhalte auf dem Weg der Ausbildung so ungeheuer wichtig.

T bedeutet terminiert: Arbeit ist eine Leistung in einer Zeit. Erst in dem Moment, wo ein Zeitfenster klar definiert ist, wird der Wert einer Projektarbeit klar erkennbar. Die Wertigkeit einer Ausbildungsarbeit wird immer mit klaren Zeitintervallen einhergehen und damit wird der Beliebigkeit eine klare Absage erteilt. Das beinhaltet natürlich, dass aus gutem Grund Zeitfenster unter Umständen neu definiert werden müssen, wenn zum Beispiel gesundheitliche Probleme auftreten oder aber im Verlauf eines Prozesses Fehlentscheidungen getroffen wurden, die zu Umwegen und damit Zeitverzögerungen geführt haben. Dies stellt dann aber auch kein Problem in der positiven Beurteilung eines Ausbildungsprojekts dar, wenn die Vorkommnisse plausibel erklärt werden und Korrekturen wirkungsvoll vorgenommen wurden. Andererseits kann ein Projektziel auch ohne einen nachvollziehbaren Prozess erreicht werden. Das Talent eines Pferdes und Zufallsleistungen machen das unter Umständen möglich. Dieser Fall würde die Beurteilung eines Ausbildungsprojektes allerdings zum Scheitern verurteilen.

Ausbildungsphasen

- Junge Remonte:
  3- bis 4-jähriges Pferd
- Alte Remonte:
  4- bis 5-jähriges Pferd
- vertiefende Arbeit:
  5- bis 6-jähriges Pferd
- spezialisierende Arbeit:
  ab 7-jährige Pferd, bis zum Grand Prix, je nach Eignung

Ziel einer Jahresplanung kann die Erarbeitung von verbesserter Stellung und Biegung sein, die sich in Lektionen wie den Traversalen widerspiegelt. Wichtig ist dann, geeignete Teilziele zu formulieren, die im Wochen- oder Monatsrhythmus erreichbar sind.

Ist eine derartige SMART-definierte Zielvereinbarung erfolgt, wird man einen exemplarischen Projektverlauf erstellen. In der vertiefenden Ausbildungsarbeit zur Meisterprüfung wird ein zwölf Monate dauerndes Ausbildungskonzept erstellt. Das kann natürlich jeder Planung eines Zieles angepasst werden. Zwölf Monate sind in der Regel ein Ausbildungszyklus, der eine klar erkennbare Entwicklung sichtbar werden lässt. So kann jeder Abschnitt sinnvoll benannt werden.

Strukturen und Zyklen der Ausbildung

Es ist nötig, das Zeitfenster aufzuteilen. Die verschiedenen Zyklen geben dem Ausbilder eine Struktur vor. So wird es zu Beginn immer um die Vorbereitung und damit um den Erwerb von neuen Inhalten gehen. Es werden die Voraussetzungen geschaffen oder je nach Analyse Vorhandenes gefestigt, damit die Herausbildung neuer athletischer Fertigkeiten überhaupt möglich werden.

In der Phase der Wettkämpfe bzw. dem Erhalt der Fertigkeiten werden die Ausprägung und die relative Stabilisierung der sportlichen Form gewährleistet. Kein Organismus kann permanent in dieser Phase bleiben, deshalb ist immer ein Übergang mit zeitweiligem Verlust der Leistung einzuplanen. Diese Phase dient dann zur Wiederherstellung der adaptiven Voraussetzungen. Diese Zyklen sind sinnvoll in den zur Verfügung stehenden Zeitraum einzuplanen.

In der Praxis wird zum Beispiel ein Jahresplan erstellt. Hier werden in einer Übersicht realistische Teilziele eingetragen. Es können sogenannte „Meilensteine" sein. Zu einem bestimmten Zeitpunkt nimmt man sich vor, die fliegenden Galoppwechsel erarbeitet zu haben. Oder aber ein Turnierbesuch erfüllt die Aufgabe einer Prüfung, die den Ausbildungsfortschritt mit entsprechenden Protokollen dokumentieren. So entsteht eine Struktur, die einen Fortschritt in Teilabschnitte untergliedert.

In der Regel wird eine Einleitungszeit als Startpunkt beschrieben, dann werden Grundlagen geschaffen, auf denen die Entwicklung von „Neuem" basieren. Die Zeit der Ausprägung schließt sich an und wird mit der Stabilisierung der neuen Fertigkeiten abschließen. Somit werden Leistungen verankert und sind mit entsprechender Vorbereitung jederzeit reproduzierbar.

Zum Erreichen dieser Teilziele werden dann kurzfristigere Trainingspläne erstellt. Hierbei handelt es sich um eine Planung, die zum Beispiel einen Zeitraum von ein oder zwei Wochen umfasst. Hier werden die Inhalte und Umfänge der täglichen Arbeit geplant. Je nach angestrebtem Ziel werden die Anteile der Dressurausbildung, Springausbildung oder der zweckmäßigen Geländeschulung geplant. Umfänge, wie viel Zeit, wie viele Wiederholungen durchgeführt werden,

Die Unterteilung eines Ausbildungszyklus erleichtert die Planung und Durchführung eines Projektes.

Einleitung — Grundlagenbildung — Entwicklung — Ausprägung — Stabilisierung

Die Trainingslehre unterscheidet drei Phasen mit individuell zu planenden Zyklen.

Grundphasen der Entwicklung der sportlichen Form

Erwerb	Erhalt	Zeitweiliger Verlust
Verbesserung der Voraussetzungen und die Herausbildung der sportlichen Form	Ausprägung und die relative Stabilisierung der sportlichen Form	Wiederherstellung der adaptiven Voraussetzungen
Vorbereitung	Wettkämpfe	Übergang

werden niedergeschrieben. Warum werden welche Maßnahmen ausgewählt – und mit welcher konditionellen Zielsetzung?

Soll zum Beispiel Kraft oder Koordination im Vordergrund stehen? Ist dafür Springgymnastik oder klassische Dressurausbildung das Mittel der Wahl? Kommt das Pferd mehrfach täglich aus der Box? Wird es ergänzend longiert? Wie wirkt sich Weidegang aus? Wurde die Arbeit wegen Transporten unterbrochen? Hat die Arbeit an der Hand oder an der Doppellonge besondere Wirkungen auf den Fortgang der Arbeit gehabt?

Was immer mit dem Pferd in dieser Zeit geschehen soll, wird geplant. Hierfür sind natürlich umfassende Kenntnisse und Erfahrungen nötig. Reit-, Trainings- und Bewegungslehre sind der Grundstock. Aber auch alle anderen Erfahrungen über Ausrüstung und Fütterung, taktisches Verhalten auf Turnieren, die einen Erfolg möglich machen oder verhindern, müssen berücksichtigt werden.

Rahmenbedingungen

Aus der Analyse ergeben sich die entsprechenden Rahmenbedingungen. Das sind sicherlich auch die Haltungsbedingungen. Wenn Weidegang oder Paddockzeit nicht möglich sind, muss man Veränderungen herbeiführen, um ein Gelingen zu gewährleisten.

Wie geht der Ausbilder auf Exterieur oder Interieur ein? Welche Aufgabenstellungen sind damit verbunden? Leicht abzulenkende Pferde brauchen eventuell einen anderen Tagesablauf als konzentriert arbeitende Pferde. Ein günstiges Gebäude stellt den Reiter nicht vor die gleichen Aufgaben wie zum Beispiel ein Pferd mit einer ungünstigen Oberlinie. Wie man auf die verschiedenen Punkte eingeht, kann sehr unterschiedlich sein.

Wichtig ist, zu dokumentieren, was tatsächlich stattgefunden hat. Es kann regnen und der Geländeteil findet nicht statt, die vierte Wiederholung entfällt, weil die Leistung gut war und das Pferd müde und eine Wiederholung als kontraproduktiv eingestuft wurde. Am Ende des Planungsabschnitts muss dann entschieden werden, wie eine neue Planung aussehen muss. Welche Erkenntnisse werden aus dem Verlauf gezogen? Wenn die Arbeit intensiver ist, muss die Futterversorgung angeglichen werden. Nähert sich der Prüfling seinem Ziel, braucht er welche Hilfe? All diese Ereignisse entsprechen dem Zyklus der vollständigen Handlung.

Der Reiter begibt sich in einen Ausbildungsprozess, der ständig geplant, durchgeführt und auf Erfolg oder Misserfolg untersucht wird und je nach Bewertung entweder fortgesetzt oder korrigiert werden kann.

Das Ergebnis dieses Prozesses sollte dann zu dem vereinbarten Zeitpunkt vorgeführt werden. Die Inhalte und Qualitäten waren zu Beginn klar vereinbart. Es wird sich immer um ein Ausbildungskonzept handeln, welches den vielseitigen Gedanken der klassischen Ausbildungsarbeit entspricht. Es sollte sich nicht an einem Pferd oder einer Situation festmachen. Vielmehr steht das Pferd exemplarisch für das Konzept und sollte auf andere Pferde in ähnlicher Situation übertragbar sein. Der vielseitige Gedanke bedeutet hierbei, dass alle gymnastizierenden Effekte, die wir kennen und gezielt einsetzen können, auch genutzt werden.

Abwechslung, wechselnde Intensitäten, Variationen, verschiedene Böden und Trainingsplätze entsprechen den Grundsätzen der Trainings- und Bewegungslehre und sind somit mit der Reitlehre konform. Die gemachten Erfahrungen und Erkenntnisse basieren auf der Analyse und der Auswertung der Trainingsplanungen und deren Umsetzung in der Praxis. Somit ergibt sich bei richtiger Umsetzung des handlungsorientierten Ansatzes immer eine Entwicklung des Ausbilders und seiner Pferde.

Service

Zum Weiterlesen

Meyners, Eckart: Aufwärm- und Übungsprogramm für Reiter; KOSMOS 2015
Beim Reiten geht es um Balance, um das richtige Gefühl und Geschmeidigkeit. Eckart Meyners hat ein spezielles Aufwärm-, Fitness- und Bewegungsprogramm entwickelt, mit dem Reiter das Beste aus ihrem Körper herausholen können.

Meyners, Eckart: **Bewegungsgefühl und Reitersitz**, Reitfehler vermeiden – Probleme lösen; KOSMOS 2012
Mit dem Praxisbuch zur Meyners-Methode bekommt jeder Reiter flatternde Schenkel, hochgezogene Absätze und unruhige Hände in den Griff. Das 6-Punkte-Kurzprogramm für besseres Reiten und der Stuhl „Balimo" werden auch erfolgreich auf Lehrgängen eingesetzt.

Meyners, Eckart/Müller, Hannes/Niemann, Kerstin: **Das Praxisbuch – Reiten als Dialog**; Situationsanalysen & Lösungswege für Reitprobleme, KOSMOS 2014
Das erfahrene Expertenteam beschreibt typische Probleme, erklärt mögliche Ursachen und zeigt individuelle Lösungsansätze auf, die sich aus der Reit- und Bewegungslehre ergeben.

Meyners, Eckhart: **Wie bewegt sich der Reiter?**, Bewegungsabläufe verstehen Sitz & Hilfengebung verbessern; KOSMOS 2016
Eckhart Meyners erklärt die Anatomie des Reiters auf Basis neuster wissenschaftlicher Erkenntnisse und macht verständlich, was beim Reiten im Körper passiert. Faszienübungen helfen Haltung, Fitness und Beweglichkeit zu verbessern. Auch als E-Book erhältlich.

Meyners, Eckart: **Reiten mit Franklin-Bällen**, Mit neuer Beweglichkeit zum besseren Sitz; KOSMOS 2017
Reiten mit Franklin-Bällen bringt jeden Reiter aus starren Formen und führt zu vielfältigen Bewegungsmustern. Reiter erleben, wie sie lockerer auf dem Pferd sitzen und wie ihre Hilfengebung effektiver wird. Bewegungsexperte Eckart Meyners erklärt das Reiten mit Franklin-Bällen anhand von Übungen: die Wirkungen, welche Bälle und Rollen sich für welche Körperbereiche eignen, was dabei im Körper passiert und gibt zusätzlich wichtige Informationen über Faszien und Leitbahnen – inklusive Faszien-Übungen am Boden und auf dem Pferd. Das Plus zum Buch: die kostenlose KOSMOS-PLUS-App mit Filmen zu ausgewählten Übungen. Auch als E-Book erhältlich.

Obst, Katrin: **Fitnessstudio für mein Pferd**; KOSMOS 2018
Faszientraining, Muskelaufbau, Balance und Koordination – mit diesem umfassenden und abwechslungsreichen Physioprogramm für Pferde gelingt es, Verspannungen, Rückenleiden und anderen Beschwerden gezielt vorzubeugen. Das Ganzkörpertraining der erfahrenen Pferde-Physiotherapeutin Katrin Obst stärkt die Tiefenmuskulatur, verbessert die Beweglichkeit und hilft, Blockaden und Muskelprobleme zu vermeiden. Alle Übungen und Parcours werden detailliert beschrieben, sodass das Training auch ohne professionelle Assistenz durchgeführt werden kann. Auch als E-Book erhältlich.

Putz, Michael: **Die Reitabzeichen**, Prüfungswissen der FN für Theorie und Praxis; KOSMOS 2018
Dieser Ratgeber zu den Reitabzeichen 5 bis 1 der FN ist auf dem neuesten Stand der aktuellen APO, LPO und WBO und liefert aktuelles Wissen zur praktischen und theoretischen Prüfung. Ganz gleich, ob es um Prüfungsbestimmungen, die Beurteilung der Dressuraufgaben, Springparcours oder die theoretische Wissensabfrage in Frage und Antwort geht, hier ist alles zu finden. Auch als E-Book erhältlich.

Schöffmann, Dr. Britta: **Lektionen richtig reiten**; KOSMOS 2016
Von A wie Abwenden bis Z wie Zick-Zack-Traversale findet der Reiter in diesem Buch jede wichtige Lektion ausführlich erklärt. Er erfährt, wie die Übungen richtig geritten werden, welche Fehler man vermeiden sollte und mit welchen Hilfen die Lektionen Schritt für Schritt erarbeitet werden. Auch als E-Book erhältlich.

Schöffmann, Dr. Britta: **Die Dressurstunde**, Trainingskonzepte für jeden Tag, KOSMOS 2015
Der sinnvolle und systematische Aufbau einer Dressurstunde ist gar nicht so leicht. Wie lange muss ich mein Pferd aufwärmen und wie intensiv darf die Arbeitsphase sein? Welche Übungen sind lösend, welche versammelnd? Vor allem Turnier- und Freizeitreiter, die häufig ohne Reitlehrer trainieren, sind dankbar für klare Anleitungen und kompetente Hilfe, wie eine Dressurstunde pferdegerecht aufgebaut sein sollte und wie sie sich und ihr Pferd verbessern können. Erfolgsautorin Britta Schöffmann erklärt Zusammenhänge, zeigt, wie es geht und erstellt individuelle Trainingspläne. Auch als E-Book erhältlich.

Empfehlenswerte Filme

Meyners, Eckart: Bewegungsgefühl für Reiter, online auf www.wehorse.com

Meyners, Eckart: Übungsprogramm im Sattel, online auf www.wehorse.com

Meyners, Eckart und Wiemer, Sibylle: Reiten mit Franklin-Bällen, online auf www.wehorse.com

Quellen

Autorenliste 1: u. a. Engelke/Hlatky 2007, Hirtz/Hummel 2003, Hirtz/Nüske 1997, Hirtz/Hotz/Ludwig 2000, Heuer 1997, Kunert 2009, Lange 2005, Lange 2010, Loosch 1999, Scheid/Prohl 2001, 2003, Schnabel/Harre /Borde 1997, Weineck 2007

Autorenliste 2: u. a. Hirtz/Nüske 1997, Hirtz/Hotz/Ludwig 2000, Meyners 2009, Scheid/Prohl 2001, 2003, Weineck 2007

Autorenliste 3: u. a. Bertram/Laube 2008, Hirtz/Hotz/Ludwig 2000, Hirtz/Nüske 1997, Kirchner/Pöhlmann2005, Schöllhorn/Michelbrink/Grzybowsky 2007

Ayres, A.J./Robins, J.: Bausteine der kindlichen Entwicklung. Die Bedeutung der Integration der Sinne für die Entwicklung des Kindes. Berlin 1998

Beckmann, H./Schöllhorn, W.: Differenzielles Lernen im Kugelstoßen. In: Leistungssport 36 (2006) 4, S. 44 – 50

Beckmann, H./Gotzes, D.: Differenzielles Lehren und Lernen in der Leichtathletik. In: Sportunterricht 58 (2009) 2, S. 46 – 50

Beckmann, H./Wastl, P.: Perspektiven für die Leichtathletik – Nachwuchsarbeit und Differenzielles Lehren und Lernen. Hamburg 2009

Bertram, A.M./Laube, W.: Sensomotorische Koordination. Gleichgewichtstraining mit dem Kreisel. Stuttgart/New York 2008

Bürger, U./Zietzschmann, O.: Der Reiter formt das Pferd. Reprint von 1939, Warendorf 2007

Deutsche Reiterliche Vereinigung (Hg.): Richtlinien für Reiten und Fahren, Band 1, Warendorf 2005

Deutsche Reiterliche Vereinigung (Hg.): Richtlinien für Reiten und Fahren, Band 2, Warendorf 2001

Engelke, K./Hlatky, M.: Bewegung beginnt im Kopf. Koordination macht´s perfekt. Wien 2007

Ennenbach, W.: Bild und Mitbewegung. Köln 1989

Gallway, W.T.: Tennis – Das innere Spiel. München 2012, 2. überarbeitete Aufl.

Göhner, U.: Einführung in die Bewegungslehre. Band 1, Reinbek 1992; Band 2, 1999

Gröben, B./Maurus, P.: Bewegungsanweisungen – Hilfe oder Hindernis beim Erlernen sportlicher Bewegungen? In: Barb, H./Laging, R. (Hg.) Bewegungslernen in Erziehung und Bildung. Hamburg 1999, S. 103 – 106

HDV 12: Reitvorschrift vom 29. Juni 1912, Berlin 1912

Hirtz, P./Hummel, A.: Motorisches Lernen im Sportunterricht. In: Mechling, H./Munzert, J. (Hg.) Handbuch Bewegungswissenschaft – Bewegungslehre. Schorndorf 2003

Hirtz, P./Nüske, F. (Hg.): Bewegungskoordination und sportliche Leistung integrativ betrachtet. Hamburg 1997

Hirtz, P./Hotz, O./Ludewig, G.: Bewegungskompetenzen. Gleichgewicht. Schorndorf 2000

Heuer, H.: Strukturelle Rahmenbedingungen der Koordination. In: Loosch, E./Tamme, M. (Hg.) Motorik – Struktur und Funktion. Hamburg 1997, S. 39 – 52

Jasper, B.M.: Koordination und Gehirnjogging. Aachen 2003

Kirchner, G./Pöhlmann, R.: Lehrbuch der Sportmotorik. Kassel 2005 (Kap. 4, psychomotorische-koordinative Fähigkeiten)

Kolb, M.: Methodische Prinzipien zur Entwicklung der Körperwahrnehmung. In: Schierz, M./Hummel, A./Balz, E. (Hg.) Sportpädagogik. Orientierungen, Leitideen, Konzepte. St. Augustin 1994, S. 239 – 260

Kosel, A.: Schulung der Bewegungskoordination. Schorndorf 2005, 7. Aufl.

Kunert, Ch.: Koordination und Gleichgewicht. Wiebelsheim 2009

Lange, H.: Facetten qualitativen Bewegungslernens. Immenhausen bei Kassel 2005

Lange, H.: Koordinationslernen – Pädagogische Begründung eines unterrichtspraktischen Modells: In: Sportpraxis 51 (2010) Sonderheft, S. 4 – 9

Loosch, E.: Allgemeine Bewegungslehre. Wiebelsheim 1999

Markova, D.: Die Entdeckung des Möglichen: Wie unterschiedlich wir lernen, denken und kommunizieren. Freiburg (Breisgau) 1993

Meinel, K./Schnabel, G.: Bewegungslehre – Sportmotorik. Berlin 2007, 11. Aufl.

Meyners, E.: Reiten – ein Dialog zwischen Mensch und Pferd. In: Meyners, E. Lehren und Lernen im Reitsport. Lüneburg 2002, 2. Aufl., S. 30 – 46

Meyners, E.: Bewegungsgefühl für Reiter. Langwedel-Völkersen 2008 (DVD)

Meyners. E.: Übungsprogramm im Sattel. Langwedel-Völkersen 2009 (DVD)

Meyners, E. : Der Sitz beim Stellen und Biegen. In: Dressurstudien 5 (2009 – 2) 3, 62 – 68

Meyners, E.: Integrative Bewegungslehre im Reiten – das Bemühen um eine ganzheitliche Sichtweise von Bewegung. In: Dressurstudien 2010

Meyners, E.: Von Dialogen und Spiegelbildern. In: Dressurstudien 14 (2018) 4, S. 87 – 92

Neumaier, A.: Koordinatives Anforderungsprofil und Koordinationstraining. Grundlagen - Analyse – Methodik. Köln 1999

Oliver, N.: Zur Fertigkeitsspezifik der Gleichgewichtsregulation. In: Loosch, E./Tamme, M. (Hg.) a. a. O., S. 72 – 75

Römer, J./Schöllhorn, W./Jaiter, Th./Preiss, R.: Differenzielles Lernen im Volleyball. In: Sportunterricht 58 (2009) 2, S. 41 – 45

Roth, K.: Wie verbessert man die koordinativen Fähigkeiten? In: Bielefelder Sportpädagogen (Hg.) Methoden im Sportunterricht. Schorndorf 1998, 3. Aufl. , S. 85 – 102

Roth, K./Willimczik, K.: Bewegungswissenschaft. Reinbek 1999
Scheid, V./Prohl, R.: Bewegungslehre. Wiebelsheim 2001, 6. Aufl.
Scheid, V./Prohl, R.: Trainingslehre. Wiebelsheim 2003, 8. Aufl.
Schinauer, Th.: Zielbewegungskoordination ganzheitlich betrachtet. In: Loosch, E./Tamme, M. (Hg.) a. a. O., S. 61 – 71
Schnabel, G./Harre, D./Borde, A. (Hg.): Trainingswissenschaft. Leistung – Training – Wettkampf. Berlin 1997, 2. Aufl.
Schöllhorn, W.: Individualität – ein vernachlässigter Parameter? In: Leistungssport 29 (1999) 2, S. 4 – 12
Schöllhorn, W.: Eine Sprint- und Laufschule. Aachen 2003
Schöllhorn, W./Sechelmann, M./Trockel, M./Westers, R.: Nie das Richtige trainieren, um richtig zu lernen. In: Leistungssport 34 (2004) 5, S. 13 – 17
Schöllhorn, W.: Differenzielles Lehren und Lernen von Bewegung – Durch veränderte Annahmen zu neuen Konsequenzen. In: Gabler, H./Göhner, U./Schiebl, F. (Hg.) Zur Vernetzung von Forschung und Lehre in Biomechanik, Sportmotorik und Trainingswissenschaft. Hamburg 2005, S. 125 – 136
Schöllhorn, W.: Schnelligkeitstraining. DVD. Weikersheim 2006
Schöllhorn; W./Michelbrink, M./Grzybowsky, C.: Gleichgewichtstraining (DVD). Weikersheim 2007
Schöllhorn; W./Michelbrink, M./Grzybowsky, C.: Grundlagen des differenziellen Lernens beim alpinen Skifahren. In: Leistungssport 37 (2007) 3, S. 36 – 41; Leistungssport 37 (2007) 4, S. 58 – 62
Schöllhorn, W./Humpert, V./Oelenberg, M./Michelbrink, M./Beckmann, H.: Differenzielles und Mentales Training im Tennis. In: Leistungssport 38 (2008) 6, S. 10 – 14 Sportunterricht Schwerpunktheft: Differenzielles Lernen 58 (2009) 2
Schöllhorn, W./Beckmann, H./Janssen, D./Michelbrink, M.: Differenzielles Lehren und Lernen im Sport. In: Sportunterricht 58 (2009) 2, S. 36 – 40
Steinbrecht, Gustav: Das Gymnasium des Pferdes. Postdam 1892
Tamboer, J.: Sich-Bewegen – ein Dialog zwischen Mensch und Welt. In: Sportpädagogik 3 (1979) 2, S. 60 – 65
Tholey, P.: Prinzipien des Lehrens und Lernens sportlicher Handlungen aus gestalttheoretischer Sicht. In: Janssen, J.P./Schlicht, W./Strang, H. (Hg.) Handlungskontrolle und soziale Prozesse im Sport. Köln 1987
Trebels, A. H.: Das dialogische Bewegungskonzept. Eine pädagogische Auslegung. In: Sportunterricht 41 (1992) 1, S. 20 – 29
Trebels, A. H.: Bewegung sehen und beurteilen. In: Sportpädagogik 14 (1990) 1, S. 12 – 20
Volger, B.: Lehren von Bewegungen. Ahrensburg 1990
von Heydebreck, H.: Die deutsche Dressurprüfung, Singhofen, 3. Aufl. 1988
Weineck, J.: Optimales Training. Erlangen 2007, 15. Aufl.

Register

A
Affenstellung, Longe 42
aktives Entmüden 78
Alltagssituation Reiten 111
Alter 75
Analyse 110
Anatomie Pferd 87, 98
Anfänger 35
Ängste 28
Anlehnung 168ff
Anweisung 119
Armhaltung 64
Atemsystem 72
Atmung 146
Aufgabe 119
Aufmerksamkeit 150
Aufrichtung 187
Aufwärmen Reiter 71ff
Ausbilder 120
Ausbildungsprojekt 214
Ausdauer 175
Aussitzen im Trab 159

B
Bahnfiguren 86
Balanciergleichgewicht 31
Balimo 54ff
Bänder 73
Bauchnabel einziehen 183
Becken 53, 99, 161
Beckenbewegung 20
bedingter Reflex 58
beidseitige Gewichtshilfen 53
Bewegungsgefühl 82
Bewegungsharmonie 23
Bewegungskriterien 145
Bewegungslehre 17
Bewegungslernen 32
Bewegungslösungen 19
Bewegungsprobleme 149
Bewegungsqualität 176
Biegarbeit 87, 198
Biegen 94ff
bildhafte Sprache 148

Bildreihen 129
Bindegewebe 73
Bootsmastmodell 28
Brustwirbelbereich 44

C
Cool-Down-Vorgang 78
Cross-koordinative Übungen 31, 47

D
Daumen 66
Defizite beim Reiter 17
Diagonale Hilfengebung 95
Dialog 18
Drehgleichgewicht 31
Drehsitz 47
Dreidimensionalität 20, 161
Durchlässigkeit 82

E
einseitige Gewichtshilfe 56
Einwirkung 35
emotionales Ungleichgewicht 28
Entspannungsfähigkeit 73
Entwicklungsvorsprung 21
Evaluation 113

F
Fähigkeiten 25
Faust 65
Fluggleichgewicht 31
Form vor Funktion 18
Freizeitpferde 11
Funktion 18
Funktionszusammenhänge 147
Fußungsbogen 205

G
Galopp 160, 189
Gangarten 36, 116
Gangmaß 37
gebogene Linien 86

Geraderichten 190ff
Gerte 66
Gestaltkreis 21
Gewichtshilfen 52ff
Gewöhnungsphase 152ff
Gleichgewicht 27, 31, 80
Gleichgewichtsübungen,
    Boden 38ff
Gleichgewichtsübungen,
    Pferd 40ff
Golgi-Sehnen-Organ 46
große Gelenke 38
Grundausbildung 15
Grundgangarten, Takt 155
Gymnastizierung 85ff
Gymnastizierungsprinzipien 88

H
halbe Paraden 102ff
Halsfallenlassen 165
Haltung 37 Handhaltung 65
Hankenbeugung 205
Heeresdienstvorschrift 9
Herzfrequenz 71
Hilfen 36ff
Hilfen, unabhängige 69
Hilfengebung 50ff
Hilfsmittel 66

I
Ilio-Sakral-Gelenk 163
Informationsorientierung 26
Inhalt der Reiteinheit 110
Innere Einstellung 76
ISG 163

K
Kauen 165
kinästhetisches System 31
Klassische Reitlehre 17
Klemmen 43
Kondition 154
konditionelle Fähigkeiten 25
Kontrastübungen, Longe 41
Kontrasterfahrungen 145
Koordination 32
koordinative Fähigkeiten 25

Kopf-Hals-Nackenbereich 43, 44
Körpertemperatur 71
Kräftigungsübungen 29
Kraftpotenziale 175
Kreuz anspannen 183
Kreuzdarmbein-Gelenk 47, 143
Kurzkehrtwendung 187, 199

L
Lehrmethoden 120
Leichttraben 34, 159
Leistungssteigerung 13
Lektionen 27, 110
Lektionsfolgen 208
Lendenbiegung 97
Lernen 75
Lernen über Sprache 143
Lerntypen 132
Linien, gebogene 86
Lockerheit 80
Longe, Sitzübungen 40ff
Losgelassenheit 163ff
Losgelassenheit Reiter 80

M
Mimik 165
Mitschwingen 162
Mobilität im Becken 47
Motivationshilfen 79
Muskel- und Sehnenreflexe 46
muskuläres Ungleichgewicht 28
Muskulatur 72

N
Natur des Pferdes 16
Nickbewegung 158

O
Oberkörper 53
Objekt-Rhythmus 33
Ohrenspiel 21

P
Paraden, halbe 102ff
Pferdeausbildung 9
Planung Reitstunde 111
Psyche 74

R
Radfahren 49
Reflexe 58
Reitausbildung 9
Reiteinheit 109
Reiten lernen 108ff
Reitersitz 182
Reitlehre 15, 17
Reittechniken 85ff
Reitunterricht 109ff
Renvers 202
Rhythmus 27, 33, 80
Rippenbiegung 97
Rücken, schwingender 166
Rumpf 44

S
6-Punkte-Programm im Sattel
    43ff
6-Punkte-Programm, Longe 43
Schenkel, äußerer 99
Schenkel, innerer 98
Schenkelhilfen 57ff
Schenkelweichen 97
Schiefe 87, 191
Schlangenlinien 112
Schritt 136, 164
Schubkraft 82, 173, 191
Schulterherein 200
Schultern 48
Schweif 147
schwingender Rücken 166
Schwung 176ff
Sehnen 73
Seitengang 199
Sitzübungen an der Longe 40ff
Sitzvorgaben, formale 19
Skala der Ausbildung 11ff
Skala der Ausbildung des Reiters
    79ff
Spannungsbogen 151, 213
Speichelfluss 165
Sporen 66
Sportpferde 11
Standgleichgewicht 31
Stellen 89ff, 195
Stimme 66

Störfaktoren 164
Subjekt-Rhythmus 33

T
Tageszeit 76
Takt 133ff
Techniken 27
Thema der Reiteinheit 111
Tierschutz 12
Trab 158, 177, 188
Tragkraft 82, 173
Trainieren 75
Transfer 25
Travers 202
Traversale 203
Treiben 57, 60ff, 159
Twisten 50

U
Üben 75
Übergänge 102ff, 189
Überkreuzbewegungen 47
Übungsfolgen 113
unbedingter Reflex 58
Ungleichgewichte 28
Unterrichtsverlauf 118
Unterstützungsfläche 212

V
Versammlung 204ff
Verstärkungen 211
Vertrauen 80
verwahrender Schenkel 59
Vorhandwendung 117
Vormachen 128
Vorwärtstreiben 59

W
Wahrnehmung 134
Wendungen 90, 117
Wesen des Pferdes 21
Wirkprinzipien 115

Z
Ziele 113ff
Zügelführung 91ff, 100
Zügelhilfen 63ff

Bildnachweis

Mit 268 Fotos von Horst Streitferdt/Kosmos Verlag, 2 Fotos von Gudrun Braun (Seite 9) und 9 Fotos von Andrea Marquardt/Kosmos Verlag (Seite 41, 42, 43, 44 o., 50, 157).

Mit 27 Farbillustrationen von Cornelia Koller.

Impressum

Umschlaggestaltung von GRAMISCI Editorial Design, Isabelle Fischer, München, unter Verwendung von zwei Farbfotos von Horst Streitferdt/Kosmos Verlag.

Mit 279 Farbfotos und 27 Farbillustrationen.

Alle Angaben in diesem Buch erfolgen nach bestem Wissen und Gewissen. Sorgfalt bei der Umsetzung ist indes dennoch geboten. Verlag und Autoren übernehmen keinerlei Haftung für Personen-, Sach- oder Vermögensschäden, die im Zusammenhang mit der Anwendung und Umsetzung entstehen könnten.

Unser gesamtes lieferbares Programm finden Sie unter **kosmos.de**
Über Neuigkeiten informieren Sie regelmäßig unsere
Newsletter, einfach anmelden unter **kosmos.de/newsletter**

Gedruckt auf chlorfrei gebleichtem Papier

© 2020, Franckh-Kosmos Verlags-GmbH & Co. KG, Stuttgart
Alle Rechte vorbehalten
ISBN 978-3-440-16837-0
Redaktion: Gudrun Braun
Gestaltung und Satz: Atelier Krohmer, Dettingen/Erms
Produktion: Claudia Frank
Druck und Bindung: Westermann Druck Zwickau GmbH, Zwickau
Printed in Germany / Imprimé en Allemagne

Besser reiten — mit viel Bewegung

224 Seiten, ca. € (D) 32,–

Ein spannender Überblick über die Biomechanik des Reiters auf Basis neuester wissenschaftlicher Erkenntnisse. Bewegungsexperte Eckart Meyners macht verständlich, was beim Reiten im Körper passiert. Die Komplexität des Reitenlernens kommt ebenso zur Sprache wie psychologische Aspekte. Seine Vorschläge für Faszienübungen am Boden und auf dem Pferd helfen, Haltung, Fitness und Beweglichkeit zu verbessern.

Reiten mit Franklin-Bällen bringt jeden Reiter aus starren Formen und führt zu vielfältigen Bewegungsmustern. Reiter erleben, wie sie lockerer auf dem Pferd sitzen und wie ihre Hilfengebung effektiver wird. Bewegungsexperte Eckart Meyners erklärt das Reiten mit Franklin-Bällen anhand von Übungen: die Wirkungen, welche Bälle und Rollen sich für welche Körperbereiche eignen, was dabei im Körper passiert und gibt zusätzlich wichtige Informationen über Faszien und Leitbahnen – inklusive Faszien-Übungen am Boden und auf dem Pferd. Das Plus zum Buch: die kostenlose KOSMOS-PLUS-App mit Filmen zu ausgewählten Übungen.

64 Seiten, ca. € (D) 9,99

kosmos.de